PHOTOLITHOGRAPHIE VON ANGERER & GÖSCHL IN WIEN.

ES VOM SARSTEIN AM HALLSTÄTTER SEE.

Lutz Maurer

Aussee

bleibt mir das Schönste

Fleischmann GmbH & Co.

Inhalt

Umschlag vorne: *Plättenfahrt am Grundlsee*

Seite 1: *Leopold Karl Munsch (1826-1888) „Der Altausseer See mit Dachstein", um 1865*

Hintere Umschlagseite: *Alois Wimmer (1852-1901) „Fahrt der Sennerinnen über den Altausseer See"*

ISBN 3-87051-828-6

Produktion und Design: Verlagsbüro Fritz Petermüller, Siegsdorf
Lektorat: Willi Schwenkmeier, Siegsdorf
Satz: Agentur für Satz & Typographie, Grassau
Reproduktionen: ColorLine, Verona
Druck: Litografica Ed. Saturnia s.n.c., Trento

Was tragen Sie in Ihrer Tasche?

„Die Fahrt von Lambach nach Gmunden ist eine der reizendsten Partien in Österreich. Sie führt durch einen steten Wechsel der anziehendsten Gegenden. Äcker, Wiesen, Dörfer und Wälder zieren das Gemälde, und die im Hintergrunde immer kolossaler aufsteigenden Felswände des seebeherrschenden Traunsteins und der Alpen des Salzkammergutes verleihen demselben einen eigenthümlichen Reiz" – Franz Carl Weidmann, Journalist und somit ein früher Kollege, hatte schon recht, damals, vor gut 150 Jahren, als ihn die Pferdeeisenbahn von Linz nach Gmunden kutschierte. Eine Reise ins Salzkammergut ist auch heute noch reizvoll.

Ich habe sie unzählige Male unternommen; sah die Landschaft zuerst vom elterlichen Auto aus, erfuhr sie später gemächlich mit der Bahn, durchfuhr sie danach oft und oft mit dem Wagen, gehetzt, ohne Blick für ihre Schönheit. Deswegen habe ich diesmal den Streß von Staus und Autobahnbaustellen mit der bescheidenen Behaglichkeit eines Eisenbahncoupés getauscht. Habe mir den Luxus geleistet, Zeit zu nehmen, Zeit für eine Reise. Und empfand bereits beim Lösen des Billetts das Gefühl, das sich beim Kauf einer Theaterkarte einstellt: Freude. Vorfreude auf die Inszenierung einer Landschaft.

Die Ouvertüre war zugegebenermaßen lang und nicht sonderlich aufregend: St. Pölten, Amstetten, Linz, Wels. Was soll's, ich hatte mir ja mit dem Billett auch Zeit erkauft. Zeit zu schauen, zu träumen, Zeit zu denken, nachzudenken. Während solch einer Bahnfahrt entstand vor Jahren auch die Idee zu diesem Buch.

Keine Landschaft Österreichs ist während der letzten zwei Jahrhunderte so oft beschrieben worden wie das Salzkammergut, vornehmlich das Steirische, das Land rund um Aussee. Aber wann immer ich über das Ausseerland berichtete, ein Zitat für einen Filmtext benötigte – immer war das richtige Buch am falschen Platz: zu Hause, wenn ich im Salzkammergut drehte, im Salzkammergut, wenn ich zu Hause schrieb oder den Film schnitt. Eine Anthologie all dieser Zitate – alphabetisch, von Auernheimer bis Zand – das war die Idee und zugleich auch Aufgabe für die ferne Pension. Zur Pension ist es noch ein langer Weg, und aus der reinen Zitatesammlung wurde schon vor der Zeit ein richtiges Buch. Durch Zufall hatten sich meine Pläne mit denen eines Verlages gekreuzt. Wo? Es ist nicht schwer zu erraten: in Bad Aussee, im berühmten Café Lewandofsky, das in der altvertrauten Form leider nicht mehr existiert.

Matthäus Loder (1781-1828)

„Aussee bleibt mir das Schönste" ist, so hoffe ich, ein lesenswertes Buch geworden. Ein Buch für stille Stunden in sonniger Landschaft, ein Buch für verregnete Stunden zu Hause. Sie werden darin die Texte vieler bekannter Literaten, Schauspieler, Maler und Musiker, aber auch die Zitate längst vergessener Persönlichkeiten finden. Die Texte wurden bewußt meist in voller Länge und auch in der Schreibweise ihrer Zeit belassen. Das mag nicht unbedingt „modernem Lesekomfort" entsprechen. Es wird Sie aber – so Sie sich Zeit für dieses Lese-Buch nehmen – den Atem einer anderen Zeit spüren, Sie tiefer in die Ausseer Landschaft, in die Seele ihrer Menschen eintauchen lassen.

„Aussee bleibt mir das Schönste" ist aber auch ein Buch der Bilder. Viele von ihnen befinden sich in Privatbesitz, wurden nur selten oder überhaupt noch nie publiziert. Ein Bilderbuch über die Ausseer Berg-, Seen- und Seelenlandschaft ist der Band geworden.

„Ein Buch ist wie ein Garten, den man in der Tasche trägt", sagt ein arabisches Sprichwort. In diesem Buch soll Aussee „blühen und leuchten". So wie ich es mir vor Jahren während einer Eisenbahnfahrt vorgestellt hatte.

„Wir erreichen in wenigen Minuten Attnang-Puchheim" verkündet der Zuglautsprecher. Zeit zum Umsteigen. Die Ouvertüre ist zu Ende, der Vorhang hebt sich…

Im Coupé von Attnang nach Aussee

„SALZKAMMERGUT-BAHN". in Attnang-Puchheim auf dem Salzkammergut-Bahnsteig, ein Kopfbahnhof ist der für sich allein, in den Personenzug zu steigen, der bis Stainach-Irdning durchs Salzkammergut geführt wird; längst gibt es keine Waggons mehr mit nackten Holzbänken, aber in den Klosetts stehen noch Zinkwasserkannen, und bei stärkerem Schneien legen sich Schneewächten bis an die Schiebetüren.

„Grundelsee", Plakat der k.k. österreichischen Staatsbahnen, um 1910

Schon im Einsteigen riecht es nach Salzkammergut, auch bei offenstehenden Fenstern, so gut hält es sich in den Vorhängen und abgesessenen Sitzen: noch nicht nach den erst in einer Stunde an die kleinen Stationen herabreichenden Wäldern, noch nicht nach Sommerwiesen und Heu, aber nach Rindenhütten, nach Lärchenbrettern, nach Sägespänen, nach Harz (Harzflecken manchmal auf den Sitzen), also den mit Salzkammergut imprägnierten Forstmännern, Holzknechten, Zimmerleuten, und so oft jemand ‚aus der Gegend' zusteigt, gesellt sich der Geruch nach Loden, Schafwolle, Lederzeug, alten Rucksäcken oder Rinderstall, auch nach Geselchtem, nach Pfeifentabak hinzu (die meisten Kurgäste und Urlauber kommen mit Zügen angereist, die, wie der ‚Erzherzog Johann', nur in prominenten Ortschaften halten, erst als Ausflügler benutzen sie wie die Bergsteiger für ein paar Stationen den Personenzug)" - so liest man in Julian Schuttings „Wasserfarben" die subtile Beschreibung der Fahrt durchs Salzkammergut, des Er-Fahrens einer Landschaft.

Auf der Fahrt ins Herz des Salzkammergutes dann Sitzplatzwechsel. Einmal links am Fenster, dann wieder rechts, je nach Ausblick in die Landschaft. Längs des Traunsees links „seeseitig zu sitzen, bald hinunterzuschauen auf die Wiesen und kleinen Häuser am diesseitigen Ufer, jenseits des Sees werden Felswände sein...", schreibt Schutting.

Nach Ebensee wieder der Wechsel auf die rechte Seite mit dem Blick auf die Traun: „...in Ortschaften mit Sägewerken und Salinen wird lange gehalten, als wären wir ein Lastzug; die kleinen Stationen sind oft nur eine Holzhütte oder ein Holzdach zum Unterstellen, ihre Namen als eine ein Gedicht gewordene Wanderung zu lesen (Steinkogel, Langwies, Wildpfad)..."

Die rechte Seite gilt bis Obertraun, den dunklen Hallstättersee entlang - nur Hallstatt selbst liegt in der Sonne, geheimnisvoll, drüben am jenseitigen Ufer, das von der Bahnstation aus nur mit dem Schiff zu erreichen ist. Dann, für den letzten Teil der Fahrt, blickt man wieder links hinab in die schattige Tiefe, in der die Koppentraun tost.

Frank Thiess hat in dem Schlüsselroman „Die Straßen des Labyrinths" die Fahrt durch dieses Tal beschrieben: „....Das Tal hatte sich verengt, von den Felswänden stürzten Bäche in den flachen, reißenden Fluß, dessen glasgrüne Farbe die Reinheit des Bergwassers zeigte ... hartes Wasser, schäumend zwischen Bergtannen, auf denen noch Schnee lag; denn die Sonne erreichte erst Ende März diese Seite des Gransteins. Er schaute empor. Ein Berg wie eine riesige Felsschnecke, über die graues Gewölk hinzog. Paulus fröstelte, hob wieder das Fenster an und drehte sich nach der anderen Seite um. Der bewaldete Abhang des Wilden Jägers, in dessen Leib die Salzbergwerke lagen, stieg so steil empor, daß er sich bücken mußte, wollte er den Himmel sehen. Auch hier bedeckte Schnee die Waldung. Dann wurde die Sicht freier, am Ufer des Flusses erkannte er den schmalen Pfad, auf dem er einmal an einem heißen Tage den Schatten des Berges gesucht hatte. Da stand noch die alte Holzhütte, ja, die kannte er, dann öffnete sich weit das Tal. Der Zug lief in die Station ein."

Bad Aussee, Bahnhof Bad Aussee. Man war angekommen. Selten bei schönem Wetter.

„Es regnete und regnete, wie es nur im Salzkammergut regnen kann. Es regnete leise auf die Straße, und es regnete laut auf die Blätter der Bäume, es regnete auf die Schienen und verwandelte die Geleise in Tümpel und Teiche, und auf das blecherne Vordach des Stationsgebäudes prasselte der Regen nieder wie ein lärmender Hagelschauer", schrieb der langjährige Altausseer Sommergast Emil Ertl in der Erzählung „Die grüne Tasche". „Der Bahnhof war geräumig und langgestreckt, auf einen großen Verkehr berechnet, obgleich er ganz einsam dastand und in dem ganzen engen Tal sich kein Ort und auch sonst kaum ein Haus befand. Es war die Eisenbahnstation für eine der bestbesuchten Sommerfrischen, die eine Stunde davon am grünblauen See lag. In der eigentlichen Reisezeit und an schönen Tagen wimmelte es den ganzen Tag von Menschen in der endlos langen, von wildem Wein bewachsenen Bahnhofshalle."

Großer Bahnhof am Ausseer Bahnhof: Kaiser Franz Joseph auf Besuch in Aussee, 6. August 1899

An die 120 Jahre ist sie alt. 1877 wurde Aussee an das Eisenbahnnetz der Monarchie angeschlossen. Davor war eine Reise ins Salzkammergut eine langwierige und mühsame Angelegenheit von Tagen und Wochen gewesen. Viele kamen zu Fuß ins Land, wie Franz Grillparzer, der 1831 mit Freunden von Wien über Heiligenkreuz, Mariazell und den Hochschwab nach Aussee gewandert war. Das letzte Stück auf der Chaussee, die bei Trautenfels vom Ennstal abzweigte und über Mitterndorf nach Aussee führte.

Wer sich's leisten konnte, fuhr mit der Kutsche. Wie der Grazer Reiseschriftsteller Franz Sartori, nicht nur „Mitglied mehrerer gelehrter Gesellschaften", sondern auch scharfer Beobachter von Land und Leuten, wie es seine Reiseschilderung aus dem Jahre 1811 beweist:

„Als ich von Mitterndorf wegfuhr, hatten sich von allen Seiten regenschwangere Wolken über die Gipfel der nahestehenden Berge hereingezogen, und es währte nicht lang, als sie sich zu entladen anfingen, und mich, der ich in einer offenen Chaise daher fuhr, wacker durchnäßten. Die Gegend, durch die ich hinmußte, war eintönig, und noch durch die vielen ex voto-Tafeln, die in derselben errichtet sind, zu einer wahren via mala gemacht worden. Ich wünschte nur zu wissen, wie solche Tafeln, welche meistens für Leute errichtet wurden, die im Rausche zu Schaden gekommen sind, religiöse Gedanken hervorbringen können... Ueber eine Straße, die mit den schönsten Marmorarten beschottert war, erreichte ich Aussee."

Die Mehrzahl der Reisenden kam allerdings schon damals aus dem Norden, betrat in Gmunden das Salzkammergut, nicht ohne dafür einen Paß lösen zu müssen. Die Paßpflicht fiel erst 1850, nach dem Sturz des Metternich'schen Polizeistaates.

Der Historiker August Fournier beschreibt in seinen „Erinnerungen" sehr anschaulich die Reise, die er 1876 - ein Jahr bevor die Eisenbahn Aussee erreichte - auf Einladung seines späteren Schwiegervaters Ludwig Gabillon ins Salzkammergut unternahm. Fournier war mit der Bahn allerdings schon bis Gmunden gekommen.

„Von Gmunden hatte man nur das Dampfschiff bis Ebensee, von wo man, wenn man sich nicht einen eigenen Wagen nahm, was für uns gar nicht in Betracht kam, die Post benützen oder, wie wir es vorzogen, in der prächtigen Natur bei schönstem Wetter zu Fuß gehen konnte. Unser Gepäck nur hatten wir der Post überliefert, wir selbst schlugen den Salinenweg ein, der von Ebensee bis Hallstatt eine der allerschönsten Promenaden bildet, die man kennen lernen kann."

Die Nacht verbrachten die Reisenden in Hallstatt. „Dann ging es in einer ‚Plätte', das ist das im Salzkammergut übliche, langgestreckte Boot für zwei Ruderer, von denen einer zu stehen und ehrlich geschickt zu sein hat, hinüber nach Obertraun und von dort zu Fuß über die Koppen nach Aussee. Auf der Höhe des Koppenweges erblickte ich in der Ferne vor mir einen Berg in der Form einer abgestutzten Pyramide, der vor allen übrigen durch seine bildschöne Fom meine Aufmerksamkeit festhielt. Als ich Gabillon nach dem Namen des Kegels fragte, meinte er: ‚Das ist unser Hausberg, der Backenstein, an dessen Fuß wir leben'."

Fourniers Schilderung zeigt, wie intensiv einst die Landschaft erlebt, wie detailreich sie beschrieben wurde. Mit dieser Intensität des Reisens, die im späten 18. Jahrhundert im literarischen Genre des Reiseromans ihren Höhepunkt erlebt hatte, machte die Eisenbahn allerdings Schluß. Auch im Salzkammergut.

1862 war die durch private Hand finanzierte Westbahn fertiggestellt und nach Kaiserin Elisabeth benannt worden; danach jedoch geriet der Eisenbahnbau in der Monarchie ins Stocken. Ohnedies nur auf den Großraum Wien und die böhmischen Industriezentren ausgerichtet, fehlten dem

Bahnnetz die innerösterreichischen Verbindungen von Ober- und Niederöstereich in die Steiermark und nach Kärnten.

1865 erteilte ein kaiserliches Handschreiben einem privaten Komitee die Bewilligung für den Bau der nach dem gerade sieben Jahre alten Thronfolger benannten „Kronprinz Rudolf-Bahn". Ein Jahr später begannen die ersten Arbeiten an der Trasse, die im Raum St. Valentin/ Haag von der Westbahn abzweigte, durch das Enns- und das Paltental nach Kärnten führte und von dort weiter bis Udine geplant war, wo schon ein Anschluß nach dem österreichischen Venedig wartete. Mit dieser Bahn von Wien bis ans Mittelmeer sollte auch die Monopolstellung der Südbahngesellschaft gebrochen werden.

Im Coupé nach Aussee: der junge Hermann Broch (1886-1951), Photo 1903.

1875 bekam die „Kronprinz Rudolf-Bahngesellschaft" dann die Konzession für die 180 Kilometer lange Strecke von Schärding nach Stainach-Irdning. Dort bestand bereits ein Anschluß an die Linie Bischofshofen-Selzthal.

Noch im selben Jahr wurde die Strecke trassiert und sofort mit dem Bau begonnen. Nach nicht einmal 24 Monaten war er vollendet - eine technische Meisterleistung. Rund 6000 Arbeiter - die meisten aus Italien und Südtirol - bauten siebzehn große Brücken über Flüsse und Schluchten, bohrten und sprengten elf Tunnels mit einer Gesamtlänge von 3600 Metern aus dem Fels. Der Sonnstein-Tunnel zwischen Traunkirchen und Ebensee sollte mit 1429 Metern der zweitlängste Tunnel der Monarchie werden, länger noch als der Scheiteltunnel der vielgerühmten Semmeringbahn.

Der 23. Oktober 1877 wurde ein Festtag für Aussee. Am reich geschmückten Bahnhof erwartete eine frohgestimmte Menschenmenge den von den Lokomotiven „Klachau" und „Hallstatt" gezogenen Eröffnungszug aus Attnang-Puchheim. Unter den Fahrgästen war auch der Redakteur des „Gmundner Wochenblattes": „...immer noch in starker Steigung bis zu einem Vierzigstel, welches Gefälle jenes der Semmeringbahn erreicht, erblickt man nach einer starken Curve die Station Aussee; daß hier ein besonders festlicher Empfang dem Eröffnungszuge der Salzkammergutbahn bereitet wurde, versteht sich von selbst; die Bergmusik intonirte eine Festmarsch, und jubelnd wurde der herankommende Zug von der am Perron versammelten Menschenmenge begrüßt. Aussee, das bisher vermöge seiner erschwerten Communikation von dem Verkehre beinahe abgeschlossen war, ist nun auch weniger bemittelten Sommerfrischlern zugängig gemacht."

Wenn auch der Tagesverdienst eines Ausseer Salinenarbeiters damals nur zwischen 35 und 83 Kreuzern lag und daher für seinesgleichen eine Fahrt mit der Bahn noch immer unerschwinglich war - das wohlhabende Bürgertum und der Adel konnten sich nun eine Reise ins Salzkammergut sehr wohl leisten. Pro Person und Meile kostete die Fahrt in der ersten Klasse 36 Kreuzer, in der zweiten 27, in der dritten 18 und in der nur bei Bedarf eingesetzten vierten Klasse - offene Waggons mit Stehplätzen - 12 Kreuzer. Die Gäste- und Nächtigungszahlen des Ausseerlandes schnellten in die Höhe.

Die Salons der Städte hatten Räder bekommen. In den Coupés konnte man speisen, schlafen, Karten spielen, konnte man Bekanntschaften schließen, flirten, sich an wunderlichen Mitreisenden ergötzen. Wie es Daniel Spitzer - auch er ein Ausseer Sommergast - tat und in seinen „Wiener Spaziergängen" aufzeichnete:

„Im Aussichtswagen, in dem ich die Reise von Ischl nach Aussee fortsetzte, saß neben mir ein wohlgenährter Herr, der mit träumerischer Miene den grauen Himmel betrachtete. ‚Der Himmel hat heute wieder eine Farbe wie die Sauce von eingemachtem Kalbfleisch' sagte er nach einer Weile.

‚Sie sind wohl Landschaftsmaler?' bemerkte ich darauf mit einem verbindlichen Lächeln.

‚O nein', erwiderte er nicht ohne Selbstgefühl, ‚ich bin Koscher-Restaurant'. Und darauf versank er wieder in seine stillen Träumereien und rieb die beiden Handflächen aneinander, als wenn er mich in die Mysterien der Zubereitung von Erdäpfelnudeln einzuweihen vorgehabt hätte.

Nachdem er mich noch durch die Mittheilung überrascht hatte, daß nunmehr auch in Aussee ein Koscher-Restaurant errichtet worden sei, wurde er immer wortkarger; nur einmal verglich er noch während der Fahrt die Formation eines Berges, der eingebuchtet war, mit jener einer Gansleber, und schlief dann ein. Als ich wirklich die Koscher-Restauration des Herrn David Sonnenschein in Aussee sah, mußte ich herzlich lachen und es fiel mir die scharfsinnige ethnographische Hypothese ein, die ein steirischer Troubadour in einem Schnadahüpfl aufgestellt hat:

Der Adam hat d'Liab aufbracht,
Der Noah'n Wein,
Der Dawidl 's Zithernschlag'n -
Müaß'n Steirer g'west sein."

Der von Spitzer apostrophierte Troubadour war Peter Rosegger, der ebenfalls öfters mit der Bahn nach Aussee kam und über diese Reisen schrieb, und die Koscher-Restauration des Herrn David Sonnenschein befand sich im Gebäude des Steirerhofes, einem Haus mit bunter Geschichte. Nach dem Konkurs als Koscher-Restaurant wechselte es mehrmals den Besitzer, diente kurz als Arbeiterheim, um schließlich in den Dreißigerjahren ein Bordell zu beherbergen, mit einer waschechten Puffmutter, die aus voller Brust tremolierend den Erzherzog Johann-Jodler zu singen pflegte, wie sich Peter Wehle erinnerte. Der Wiener Kabarettist verdiente sich in der „Bar Lanzdorf" in der Zwischenkriegszeit als Pianist und erklärter Liebling der Animierdamen sein Taschengeld für die Ausseer Sommerfrische. Eine lustvolle Facette des Ausseer Fremdenverkehrs, nachzulesen in Wehles Biographie „Der lachende Zweite"!

Im Coupé der Salzkammergutbahn konnte man Post erledigen, Tagebücher führen: „5. August 1902, im Coupé zwischen Attnang und Aussee. Der mysteriöse Brief Rothschilds, der mir schon von Konstantinopel gemeldet war, und auf dessen Inhalt ich seit vier Tagen immer dringender depeschierend warte, ist nun enthüllt ...dafür gibt es nur ein Wort: Quatsch!" – vermerkte der enttäuschte Theodor Herzl zum unverbindlichen Brief des Finanzmagnaten, den für seinen Kampf und seinen Traum von einem Staat der Juden zu gewinnen er gehofft hatte..

Im Coupé nach Aussee wurde aber auch ein Traum geträumt, der das Verständnis von der Seele, vom Innersten des Menschen, in neue Bahnen lenken sollte.

Wien-Westbahnhof, 11. August 1898. Am Perron Franz Graf von Thun. Der österreichische Ministerpräsident war auf dem Weg nach Bad Ischl, in die Sommerresidenz des Kaisers. Thun, Feudalherr vom Scheitel bis zur Sohle, wies den Bahnbeamten, der ihn nicht kannte und ihm das Billett abnehmen wollte, mit einer herrischen Handbewegung von sich und bestieg das Coupé erster Klasse. Ein Mitreisender, Arzt von Beruf, hatte diese Szene beobachtet. Zorn und Ressentiment gegen des Adel wallten in ihm auf. Eine Melodie fiel dem Arzt ein, und er ertappte sich dabei, wie er leise Figaros aufsässige Arie anstimmte:

Will der Herr Graf ein Tänzlein wagen,
Soll er's nur sagen,
Ich spiel' ihm eins auf.

Nach dieser aufwühlenden Begegnung schlief der Arzt auf der Fahrt in die Ausseer Sommerfrische im Coupé ein, sah sich im Traume bei einer Studentenversammlung, erkannte dort einen seiner früheren Kommilitonen, den Medizinstudenten Victor Adler, versuchte im Traum „aus der Stadt wegzukommen", an einen Ort zu fliehen, wo „der Hof nicht sein würde", fand sich schließlich am Bahnhof, auf dem alles begonnen hatte, „zu zweit mit einem älteren Herrn", der sich blind stellte, wieder. In der Analyse des Traumes erkannte der Arzt seinen sterbenden Vater .

„Ab zehn Uhr saß ich vor dem Pianino in der Lanzdorf-Bar, lernte das Laster und das Nachtgeschäft kennen" - Peter Wehle über einen vergnüglichen Sommer in Bad Aussee.

Wenige Monate später vollendete der langjährige Ausseer Sommergast die letzten Seiten seines Manuskriptes „Die Traumdeutung" – Sigmund Freud! Der Traum auf der Fahrt nach Aussee war nach seiner Aussage ein „revolutionärer Traum" gewesen. Die Beschreibung und Analyse sollten wichtiges Hauptstück im Beweis des Prinzipes werden, daß ein Wunsch aus erster Kindheit als letzter Grund die Traumdeutungen bestimme.

All dies trug sich auf Eisenbahnfahrten nach Aussee zu. Das Kapitel ist damit wohl auch eine Reise durch die Zeit geworden. Eine Reise, die sich im Coupé von Attnang nach Aussee jederzeit wiederholen läßt. Mit einem Buch – vielleicht diesem Buch – im Reisegepäck.

„Zehn Tage habe ich in Aussee angenehm zugebracht... die Gegend ist von unerschöpflicher Schönheit" - Nikolaus Lenau am 29.7.1840 an Max von Löwenthal.

Das Tal im steirischen Gebirge

Der 19. Juli 1840, ein Sonntag, war ein kalter, nasser Tag, „nur auf wenige Minuten waren die grauen Berge sichtbar und sonderbar war es, daß sie sich im nämlichen Augenblick wieder verhüllten, als ich Ihren Brief einsteckte. Das schlechte Wetter hat nur spärliche helle Zwischenräume. Regen und Regen!".

Es war zehn Uhr abends, als Nikolaus Franz Niembsch Edler von Strehlenau diesen Brief an Sophie von Löwenthal beschloß, die nahe – der Brief ging lediglich bis Ischl – und doch so ferne Geliebte. Sophie war mit Max von Löwenthal, einem Studien- und Jugendfreund des Schreibers, verheiratet.

„Leben Sie wohl, liebe Freundin! Schreiben Sie bald wieder, und ob Ihr kommen wollt. Niembsch." Doch der Edle von Strehlenau schrieb auch: „Ich werde nicht lange hier in Aussee bleiben, denn ich bin hier weniger einsam und ungestört als in Ischl. Zudem kommt in diesen Tagen der Erzherzog Johann her, und da gibt es Triumphpforten und Huldigungen und Festschießen und hundert andere Antipathien für mich" – der Ausdruck der unverhohlenen Abneigung des in Ungarn geborenen Dichters gegen das Haus Habsburg! Sophie Löwenthal las aber auch: „Aussee bleibt mir das Schönste. Gestern that ich allein einen Spaziergang, den ich nie vergessen werde!"

Nikolaus Lenau hat diesen Brief verfaßt. Er, der Zerrissene und Widersprüchliche, der ruhelose Melancholiker. Sein Schwermut sollte schon wenige Jahre später in Wahnsinn enden.

„Aussee bleibt mir das Schönste" – eine Briefzeile nur, am Höhepunkt eines stürmischen, chaotischen Lebens geschrieben. Ein sehr subjektives Urteil zugegebenermaßen. Aber hatte Lenau nicht auch gesagt: „Ich bin, ich muß es sein, ein partheiischer Mensch..."?

Selbstverständlich bin ich Partei. Vor drei Jahren ist es mir endlich gelungen, in Lerchenreith, oberhalb Bad Aussees, ein Haus zu kaufen. Meine Mutter ist seit dem Jahre 1912, mit Ausnahme des Krieges, jeden Sommer hier gewesen. Und als mein Großvater, ein bedächtiger Mann, dem vorschnelle Urteile verhaßt waren, von einer Weltreise heimkehrte, stellte er sich auf die Terrasse des Hotels ‚Wasnerin', von der man das Ausseerland in einem Blick versammeln kann, um zu verkünden: ‚Jetzt kann ich mit Fug und Recht behaupten, daß dies der schönste Platz der Erde ist'."

„Meine sämtlichen Schriften sind mein sämtliches Leben" - Nikolaus Franz Edler Niembsch von Strehlenau (1802-1850), Stahlstich von Andreas Johann Staub (1806-1839)

Das schrieb erst vor wenigen Jahren ein Mann unserer Tage: der Wiener Publizist Peter Michael Lingens. Daß Aussee der schönste Platz der Erde sei, das hatten vor ihm schon viele andere vermerkt, gekrönte Häupter und weitgereiste ungekrönte, Dichter des Biedermeier und Schriftsteller des Fin de siècle. Ein Zeitgenosse wie Lingens, als Journalist kein Mann mehr der Feder, sondern schon des Computers, scheint ein unverfänglicher Zeuge für die Faszination zu sein, die das Ausseerland auf die Menschen ausübt.

Keiner hat auch in neuester Zeit seine Landschaft und deren Menschen umfassender, behutsamer und liebevoller beschrieben als Lingens:

„...die eigentliche Schönheit des Ausseer Landes liegt in seiner Vielfalt. Es besitzt archaische Landschaften, wie man sie im hintersten Tirol nicht unberührter finden könnte: Das plötzliche Begreifen, daß die Erde in Wahrheit ein riesenhaftes, jahrmillionenaltes Tier ist, auf dessen zu Gebirge gefalteter Haut du ein Punkt bist, der sich nur gerade noch wahrzunehmen vermag. Gäbst du jetzt nach, ließest dich völlig fallen, verlören sich die Grenzen zwischen dem Tier und dir, so daß du wieder würdest, was du einmal warst: Ein Stück von ihm – oder verrückt.

Es sind in Aussee so ziemlich alle Landschaftsformen, deren Österreich sich rühmt, auf engstem Raume vereinigt. So als hätte einer ein Landschaftsmuseum errichten wollen, in

„In der kristallnen, tauig kühlen Luft Geruch der pfingstlichen Narzissenwiesen: Schmolz nicht der Morgenwind in diesen Duft? O Duft der Heimat, nie genug gepriesen!" aus „Die Narzissenwiesen von Aussee" von Ernst Waldinger (1896- 1970)

dem nur das Schönste Platz findet: die lieblichste Wiese, der formvollendetste Hügel, der tiefste See, die steilste Felswand, der anmutigste Sattel und das grandioseste Gebirgsmassiv.

Dies alles, um es unterzubringen, in zahllosen Ebenen nach rückwärts und nach oben gestaffelt: Ganz unten der Markt Aussee mit seinem Fluß und seiner Hauptstraße. Darüber, im Halbstock sozusagen, der alte Marktplatz und die herrliche gotische Kirche. Eine steile, den halben Winter kaum befahrbare Straße höher: die Hügel von Reith und St. Leonhard, die sich bis zum Grundl- und zum Ödensee hinüberziehen. Und gegenüber, am anderen Ausgang des Ortes, das Hochplateau der Wasnerin mit seinem Anstieg zum Sommersbergsee.

Nach hinten verjüngt sich dieses Hochplateau mit Hilfe zweier gewaltiger Bergflanken, des Zinken und des Sarstein, zu einem schmalen gotische Bogen, als dessen Schlußstein der Dachstein erscheint. Nach vorne weitet es sich zu einer Art riesigem Tal, in dem, was ich bisher als Senken und Hügel beschrieb, plötzlich nur mehr als Unebenheit in einer weiten grünen Ebene erscheint. Nur, daß diese Ebene, statt leer zu sein, wie sich's für Ebenen gehört, angefüllt ist mit zahllosen, klar voneinander abgegrenzten, zueinander Abstand wahrenden Bergen.

Im Zentrum eine Reihe seltsam symmetrisch bewaldeter Kegel, die aussehen wie kleine Vulkane oder abgelegte Steirerhüte: So als hätte der Schöpfer zeigen wollen, daß er die Gesetze der Geometrie den Gesetzen des Zufalls vorzieht. Ihnen zur Seite, wie kauernde Rinder, die eigentlichen Berge: gleichfalls bewaldet, aber mit einem Rückgrat aus nacktem Fels, dem entlang sie manchmal wie mit einem Beil gespaltet sind – dann verblutet die Sonne am eröffneten Gestein. Nur einer hebt den riesigen steinernen Schädel hoch über die Waldgrenze empor: der Loser, eine in die Steiermark verirrte ägyptische Sphinx, die zum Wahrzeichen der Gegend geworden ist.

Und doch sind selbst diese Berge nur Mittelgrund, Kulisse vor dem silberfarbenen Hintergrund des Toten Gebirges, das diesen riesigen Raum weit hinter dem Grundlsee, dem Toplitzsee und dem Kammersee abzuschließen scheint und doch nur wieder erweitert: Weil hinter jedem Gipfel neue Gipfel sichtbar werden, sodaß aus ihnen letzlich ein weiteres Plateau, diesmal aus lauter Bergen, entsteht, ein von Weltenwind gepeitschtes steinernes Meer.

Es gibt diese Tiefe sonst nur auf Bildern des älteren Breughel: So lange eine Landschaft hinter und über die andere getürmt, bis du den oberen Bildrand erreichst und wieder von neuem, von unten her, zu staunen beginnst.

Um zu entdecken, was du beim ersten Anblick alles übersehen hast, weil es eben, trotz aller Schönheit, doch nur ein Detail in diesem grandiosen Gemälde darstellt: die Seen."

Das weite Land" nannte Lingens das Lob einer Landschaft, und im Untertitel bekannte er: „Aussee ist eine Weltanschauung, die ich nicht nur mit Freunden teile." Dieser Essay mit Fotos von Herbert Pirker erschien vor Jahren in einem Hochglanzmagazin.

Es gibt aber auch ein kleines, schmales Büchlein, 1947 auf billigem Nachkriegspapier gedruckt und nur sparsam mit Federzeichnungen der Altausseer Künstlerin Christl Kerry geschmückt. In meisterhafter Kürze umriß Johanna Gräfin zu Eltz damals die Grenzen des Landes:

„Das Ausseer Land liegt außerhalb der beiden österreichischen Länder Steiermark und Oberösterreich, wird aber von ihnen wie ein wertvoller Stein im Ring von beiden Seiten umfaßt. Bergmauern riegeln das Land gegen alle Seiten hin ab. Verbindungswege nach außen gibt es nur durch enge Täler oder Schluchten und über Pässe..."

Das Ausseerland war in der Tat jahrtausendelang nur schwer erreichbar. Im Norden und Osten die unüberwindliche Felsbarriere des Toten Gebirges, bis 2.500 Meter ansteigend. Ausläufer davon, der Rötelstein und der Radling, umfassen den Ausseer Talkessel auch vom Süden. Nur der Sattel über den Radling war dort passierbar. Unpassierbar bis ins vorige Jahrhundert war auch das enge Tal der Kainisch-Traun, das den Radling von den letzten Ausläufern des Dachstein-Massivs, von Koppen und Zinken, trennt. Im Westen schließen die mächtigen Kalkstöcke des Sarstein und des Sandling den Felskreis. Auch hier war der Zutritt nur durch die enge, dunkle Schlucht der Koppentraun oder über die Pötschen-Höhe möglich.

Inmitten dieses Gebirgskranzes liegt das Tal von Aussee, überschaubar mit einem Blick, in weniger als drei Stunden zu durchschreiten. Wenn man will, eine Sackgasse, ein Tal einstens am Ende der Welt. Für diese Welt lange Jahrhunderte nur des Goldes wegen interessant, das sie aus diesem Tal geliefert bekam, weißes Gold: Salz.

„Seit den letzten Jahren sind mir diese Herbstmonate in Aussee das Wichtigste und Kostbarste vom ganzen Jahr" – Hugo von Hofmannsthal in einem Brief vom 7.9.1926 an Leopold von Andrian

Salz dürften am Sandling schon die Kelten gewonnen haben. Ihre Siedlungsspuren sind im Ausseerland gefunden, Namen keltischen Ursprungs bewahrt worden: Flurnamen wie Anger oder der Name Henar-Alm, vor allem Wassernamen wie der der Traun oder der Liaga, jener geheimnisvollen Felslöcher an der Loserflanke oberhalb des Altausseer Sees. Aus ihnen brechen nach längeren Regenfällen eruptionsartig Wassermassen hervor, die das Gebirge gespeichert hat, und stürzen in Wasserfällen zu Tal. Die Kelten opferten bekanntlich an Quellen und Wasserstellen, und so soll der Überlieferung nach die direkt am Seeufer gelegene Kirche von Altaussee auch über einer keltischen Opferstätte errichtet worden sein. Erst das Konzil von Arles hatte 353 n.Chr. Gebete an Quellen und Wasserläufen, an Steinen und Bäumen verboten.

„Wir kamen durch ein unendlich liebliches Wiesenthal am Fuß dieser Berge und fanden eine Menge der zierlichsten und seltensten Blumen“ – Helmina von Chezy über eine Wanderung im Ausseerland

Die Römer zogen ins Tal, bauten erste Straßen und Handelswege. Ihnen folgten die Slawen, die das Land zu Beginn der Völkerwanderung besiedelten. Viele Orts-, Flur- und Wassernamen erinnern noch an sie: Kumitz, Toplitz, Tressen, Pötschen. Den Slawen wiederum folgten die Bajuwaren. Sie kamen von Westen, sie zogen die Traun aufwärts in das stille Land abseits der großen Heerstraßen.

„Im Frühling wandern großgeäugt die Narzissen über die Wiesen...“ - Bruno Brehm (1892-1974)

„Zur Zeit der ersten Besiedlung muß es ein wunderbares Land gewesen sein, still wie der Himmel, voller Zärtlichkeit für den, der es haben wollte, mit riesigen Wäldern, deren Holz heute noch seinen eigenen Duft hat, wenn es verbrennt, wie nach kräftigen Gewürzen, wie nach Brot, wenn es frisch aus dem Ofen kommt, und das Holz ist ja auch das Brot dieses Landes“, – schrieb Herbert Zand, der als Sohn kleiner Bauern in dem Dorf Knoppen am Rande des Ausseerlands geboren wurde: „Wie das Tal meiner Kindheit ausgesehen hat, läßt sich heute noch sehen und überprüfen. An den Gemeindegründen, die schließlich als Weideplätze übriggeblieben sind, nachdem das Land im großen und ganzen aufgeteilt war. Da gibt es ungerodete Flächen, hügelig, holperig, die Steine liegen zutage, Knieföhren und Wacholder wuchern, ein niedriges, würziges Gras wächst zu einem sehr dichten Rasen zusammen. Und auch in die Kulturen bricht noch der Krokus ein. Die Narzisse, der uralte Schachtelhalm. An den Waldrändern stehen die Farne. Und über die Hochmoore hin blühen die zartesten Moose.“ „Seine Worte sind vom Schweigen genährt“, schrieb Elias Canetti über den viel zu früh verstorbenen Dichter, „es wird den Lärm, der uns mit Taubheit schlägt, überdauern.“

Die Jahrhunderte vergingen, das Ausseerland lag weiterhin abseits der großen Welt, auch wenn sogar einmal – es war 1511 – der Kaiser auf Besuch kam, Maximilian, der letzte Ritter. Und vor ihm ein König: Friedrich II. auf dem Weg von Graz zur Königskrönung nach Aachen, 1442. Zehn Jahre später wurde er in Rom zum Kaiser gekrönt. Sein Symbol AEIOU, das allerdings keine Devise, sondern ein persönliches Zeichen war, ist oft gedeutet worden: „Alles Erdreich ist Österreich untertan“ oder „Austria est imperare orbi universo“. Es sei auch eine Ausseer Version gestattet: „ Aussee erit in orbe ultima!“

Die Wege, die im Spätmittelalter und in der Renaissance zum ersten Mal Dichter und Maler in den Süden Europas führten, verliefen nicht über das Salzkammergut oder gar über Aussee. Obwohl seine Handelsstraßen schon weit in den Süden reichten, Ausseer Salz bis nach Venedig geliefert wurde. Nach Aussee reisten nur Kaufleute, später dann Beamte des Kaiserstaates. Es galt, den Abbau des Salzes und seinen Transport, gemeinhin das ganze Salzmonopol zu überwachen, stützten doch die Einnahmen daraus ganz wesentlich die chronisch schwachen österreichischen Staatsfinanzen. Demgemäß beschränkten sich Aufzeichnungen über das Ausseerland jahrhundertelang zumeist auf kaufmännischen Schriftverkehr, der das Salz-, Forst- und Fischereiwesen betraf.

Das 18. Jahrhundert lieferte erste Reisebeschreibungen aus der Steiermark: Berichte über das Bergbauwesen des Landes vor allem, mineralogische und botanische Vermerke dazu. Über das Land selbst, im Norden der Steiermark, über seine Schönheit, erfuhr man nichts. Und auch nichts über seine Menschen. Mit gutem Grund vielleicht, denn das 18. Jahrhundert war für das Salzkammergut und damit auch Aussee ein Jahrhundert der Armut, des Hungers und der Seuchen, eine Zeit politischen Drucks und religiöser Intoleranz. Der Geist der Aufklärung fand den Weg in die österreichischen Länder erst sehr spät.

„Von der Alpe tönt das Horn, Gar so zaubrisch, wunderbar. Es ist doch eine eig'ne Welt Nah dem Himmel schon fürwahr" Kupferstich, Wien, frühes 19. Jahrhundert

Die neue Zeit und ein neues Denken brachen mittlerweile aber woanders an. 1761 erschien in der fernen Schweiz ein Roman, der ein neues Zeitalter der Empfindung, der Gefühle und damit auch des Verhältnisses zur Natur einleiten sollte: „Man weiß, was ich unter einer schönen Gegend verstehe: Gießbäche, Felsen, Tannen, dunkle Wälder, Berge, auf und ab führende Pfade und Abgründe neben mir", pries Jean Jacques Rousseau seine ideale Gebirgswelt. Sein Roman „Julie ou la nouvelle Héloise – Julie oder die neue Heloise – Briefe zweier Liebenden aus einem Städtchen am Fuße der Alpen" erzielte durch glühende, schließlich in Trauer verklärte Leidenschaft und eine grandiose Schilderung der Schweizer Berg- und Seenlandschaft in Europa eine ungeheure Wirkung. Er löste einen unbeschreiblichen Naturkult aus und ließ die Schweiz binnen weniger Jahre zum beliebtesten Reiseziel des Kontinents werden. Mit Rousseaus Roman im Gepäck bereiste Johann Wolfgang von Goethe 1779 bereits zum zweiten Mal die Schweiz, erkundete die Bergriesen des Berner Oberlandes und wandte sich schließlich sogar dem Mont Blanc zu. Sieben Jahre später dann wurde der höchste Berg Europas zum ersten Mal bestiegen.

Die Ostalpen hingegen waren mit wenigen Ausnahmen – der Triglav etwa, Teile der Dolomiten und der Tauern, die Zillertaler Alpen – noch kaum erschlossen. Bayerische Berge und die Gipfel nahe der k.k.Haupt- und Residenzstadt Wien, so der Schneeberg, wurden die nächsten Reiseziele. Die nördlichen Kalkgebirge der Steiermark und Oberösterreichs hingegen waren noch immer ein fast unbekanntes, kaum begangenes Land. Eine Schriftstellerin und ein Schauspieler, beide aus Wien, sollten die ersten sein, die dieses Land des Naturerlebnisses willen bereisten und beschrieben:

1792 kam Karoline Pichler erstmals ins Salzkammergut – und war beeindruckt. Die Landschaft um den Mondsee pries sie als „wild-schöne Gegend" und das Windischgarstner Becken als „schaurig-schönes Thal". Wenig später unternahm Joseph von Lange, Heldendarsteller am k.k. Hoftheater nächst der k.k.Burg, seine erste Reise ins Salzkammergut. Aber Pichler gelangte nur bis Ischl, und Lange blieb am Traunsee hängen, dem „lacus felix", dem „glücklichen See" der Römer. Er baute sich dort ein sommerliches Refugium und wurde damit wohl zum „Urvater" aller Zweithausbesitzer im Salzkammergut.

„Ich gestehe, daß ich in der Schweiz keine solchen Naturszenen kenne als diese hier..." – auch Alexander von Humboldt war hingerissen. „Sie sollten einmal eine Excursion dorthin machen", schrieb er an Josef von Schot, den Leiter des botanischen Gartens der Universität Wien, „ich werde zu Fuß nach Ischl, Hallstatt und, wenn die Witterung sich hält, bis Aussee in Steiermark gehen!"

„In der Mitte dieser großartigen, sich hintereinander verschiebenden Gebirgskulissen liegt in tiefer Ruhe und Stille der Rauchkristallspiegel des einsamen Sees." - Carl Gottfried von Leitner über den Grundlsee.

1794 bereiste ein 21jähriger Student aus Wien erstmals das Ausseer Land. Er stammte aus einfachsten Verhältnissen, schwärmte für Rousseau und begeisterte sich für die Ideen der französischen Revolution: Joseph August Schultes (1773-1831). Ein außergewöhnlicher Mann, voll Wissensdurst, mit dem Blick für Zusammenhänge, ein Mann, der zu formulieren und zu berichten verstand, – wenn auch mit Übertreibungen, Fehlurteilen und manchen Entgleisungen. Mit 24 Jahren hatte Schultes sein Medizinstudium abgeschlossen und war bereits Professor der Zoologie und Technologie an der k.k.Theresianischen Ritterakademie zu Wien. Mit 31 Jahren hatte er schon drei große Reiseberichte verfaßt, darin unter anderem die Besteigung des Schneebergs und des Großglockners beschrieben. Gespannt warteten Leser und Kollegen auf das nächste Werk. Es sollte mehrere steirische Orte wie Admont und Aussee beschreiben: „Wir sind dadurch zu den schönsten Hoffnungen für die Bereicherung der Naturgeschichte unserer Steyermark berechtigt, die uns die Hand dieses thätigen und kenntnißreichen Gelehrten zuführen wird" – mit diesen Vorschußlorbeeren bedachte 1806 der Grazer Professor und Reiseschriftsteller Franz Sartori seinen Kollegen. Doch das großangekündigte Werk ließ auf sich warten.

„Die Südwestseite vom Grundelsee" - Titelblatt der „Summarischen Haupttabelle über den Quadratinhalt des ausseeischen Salzkammerguts Bezirck", Aussee 1803

Schultes war in der Zwischenzeit zunächst Universitätsprofessor im neuerdings österreichischen Krakau geworden, dann einem Ruf an die Universität im damals bayerischen Innsbruck gefolgt. 1809 – Andreas Hofer hatte Tirol zurückgewonnen – wurde Schultes seiner bayernfreundlichen Haltung wegen verhaftet. Nach seiner Freilassung ging er als Professor an die bayerische Universität von Landshut, und nun endlich konnte auch sein zweibändiges Werk „Reisen durch Oberösterreich in den Jahren 1794, 1795, 1802, 1803, 1804 und 1808" erscheinen, und zwar in Tübingen. Es war nicht nur einem bayerischen Förderer, dem Grafen Arco gewidmet, sein Vorwort war zugleich eine einzige Anklage gegen den österreichischen Polizeistaat:

„Auch dieses Werk würde nicht haben erscheinen können, wenn nicht glückliche Verhältnisse mich jetzt aus den österreichisch-kaiserlichen Diensten in jene meines ursprünglichen Vaterlandes, des Königreiches Baiern, gebracht hätten, wo liberaler Geist alles das zu denken und schreiben erlaubt, was die Summe des menschlichen Wissens ist, und folglich auch das Wohl des Landes zu befördern im Stande ist. In Österreich durften diese Briefe, die seit dem Jahre 1804 beynahe so fertig lagen, wie ich sie jetzt Ihnen öffentlich zu überreichen die Ehre habe, nicht gedruckt werden; man würde sie als einen Hochverrath an den weisen Einsichten des Salzoberamtes, und dieses würde sie wohl gar als Staatsverrath erklärt haben ...diese Engbrüstigkeit des österreichischen Censurwesens ist auch die Ursache, warum hier mehrere ältere Daten vorkommen..."

Vielleicht auch dieser offenen Worte wegen wurde das in Briefform verfaßte Werk ein großer Erfolg. Für viele Jahre blieb es auch Maßstab für alle späteren Salzkammergut-Reisebeschreibungen, und das zu Recht. Schultes war nicht nur der erste, der die Landschaften am Oberlauf der Traun in ihrer Gesamtheit beschrieb und dafür das Schlagwort von der „österreichischen Schweiz" prägte. Er lieferte auch zahllose botanische, geologische und metereologische Daten. Vor allem untersuchte und analysierte er die katastrophalen wirtschaftlichen Verhältnisse jener Jahre, studierte mit dem Auge des Mediziners Militärerhebungslisten und Totenbücher und suchte als erster auch Kontakt zur Bevölkerung – nicht nur zu Beamten und geistlichen Herren, sondern vor allem zum einfachen Volk: zu Salzarbeitern und Bergknappen, Holzknechten und Sennerinnen, Handwerkern und Kleinstbauern. Schultes beschrieb die sozialen und wirtschaftlichen Zustände kritisch, die Menschen besorgt – aus dem Blickwinkel des Arztes eben –, die Landschaft plastisch, oft auch poetisch.

„Wenn irgend ein Ländchen in Deutschland nur den hundersten Theil der hohen Schönheiten aufzuweisen hätte, mit welchen die Natur hier einen kleinen Winkel Landes von kaum 12 Quadratmeilen schmückte, es würde längst ebenso gepriesen seyn, als das Salzkammergut unbekannt ist", beginnt Schultes Bericht. „Wie viele Reisende, die in dem Harze und im Fichtelberge eine Schweiz sich erträumen, wissen es, daß hier auf einem Flecke von kaum 12 Quadratmeilen nicht weniger als 20 Seen sind... ‚daß hier Berge sind, in welchen man 2 Brocken über einander aufthürmen, und den Spessart noch oben drauf legen kann, ohne daß eine Fichte heraussieht...ich will mich mit Ihnen an die oberste südöstliche Grenze des Salzkammergutes, an den

Ursprung der schönen Traun nach Aussee versetzen, und von diesem Orte an wollen wir dem Lauf des Flusses folgen, wollen mit ihm in dasselbe einbrechen, mit ihm durch die prachtvollen Seen, und durch das schöne lange Thal, das er in diesem Ländchen bildete, hinabirren, und auf ihm dann hinausschiffen durch die große Welserheide in die majestätische Donau. Dieser Gang ist mir desto natürlicher, weil ich immer aus Steyermark, von Aussee herein, meine Wanderungen im Salzkammergut begann."

Sie führten Schultes von Aussee zunächst über Hallstatt und Ischl zu Wolfgangsee, Mondsee und Attersee, dann über das Mitterweißenbachtal zurück zur Traun und den Fluß entlang zum Traunsee, um schließlich am Traunfall unterhalb von Gmunden zu enden.

„Sie wußten noch nicht, als Sie nach Aussee kamen, daß Sie hier wieder in einem Salzkammergute sind. Aussee ist mit einigen Kammerherrschaften in Obersteyermark für Innerösterreich das, was Hallstadt und Ischel für Oberösterreich sind. Nur ist es alles dies im Kleinen. Indessen trägt es doch dem Staate an die 1 1/2 Millionen, und dies ist eben nicht etwas Kleines; ist allerdings der Mühe werth, daß man eine eigene Topographie davon liefere, damit die Oesterreicher und Steyermärker ihre Goldgruben besser kennen lernen..."

Mit der Kenntnis der Goldgruben war es offensichtlich nicht so weit her. Wo Aussee lag, das wußten lediglich die Beamten, die meisten Untertanen wußten es offensichtlich nicht:

„Aussee ist ein sehr wenig bekannter Ort in der österreichischen Monarchie. Sie müssen jedesmal, wenn Sie Briefe dahin adressiren wollen, auch wenn dies von Wien aus geschähe, unter Aussee schreiben, Aussee in Steyermark, sonst gehen die Briefe nach Aussee in Mähren, einem weniger interessanten, aber mehr bekannten Orte. Dies ist mir einige Male begegnet" – so der Rat Schultes. (Mit Aussee in Mähren war übrigens das heutige tschechische Usov gemeint.)

Josef Allmer (1851-1931) „Erzherzog Johann als General", Kopie nach Leopold Kupelwieser (1796-1862)

Unvergessen ist in Österreich, in der Steiermark vor allem und ganz besonders im Ausseerland der hohe Herr, dem selbst der kritische Schultes im steten Kampf gegen Obrigkeit und Polizeistaat hohe Achtung zollte:

„Erzherzog Johann hat auf seinen Reisen durch die norischen Alpen, die Er jährlich wiederholt, eine Sammlung von Mineralien und Pflanzen, von statistischen Daten, und von Zeichnungen und Gemählden der interessantesten Gegenstände, die sich ihm auf seinen Reisen darboten, veranstaltet, die der Welt, wenn Er sie bekannt machen wollte, eben so angenehm und nützlich seyn würde, als es ehrenvoll für Ihn wäre, wenn Er dieselbe erinnert, daß der Geist der Maximiliane noch nicht ganz von dem österreichischen Hause gewichen ist. Er ist es allein, von dem Länder- und Völkerkunde Österreich etwas erwarten darf."

Schultes irrte nicht. Keiner hat für Handel und Industrie, Wissenschaft und Bildung, Volkskunde und Volkskultur der Steiermark mehr geleistet als Johann, der „steirische Prinz", der von Metternich und dem Kaiserhaus politisch kaltgestellte Bruder des regierenden Kaisers. Welch ein Gegensatz der beiden Brüder! „Regiere und verändere nicht" – der Grundsatz Franz II., römisch-deutscher Kaiser und seit 1804 auch Kaiser von Österreich. „Unaufhörliches Fortschreiten ist das Ziel des Einzelnen, jedes Staatenvereines, der Menschheit. Stillstehen und Zurückbleiben ist im engen Leben des Weltschauspiels einerlei." Das hingegen war das Credo des um 14 Jahre jüngeren Johann, niedergeschrieben in den Statuten des von ihm gegründeten Joanneums in Graz.

„So kam ich nach Aussee, das mit seinem weissen Thurme zwischen den Bäumen, an denen ich hinfuhr, hervorschimmerte" – Franz Sartori über seine Reise nach Aussee, 1811

Johann war bereits im Geist der Aufklärung erzogen worden. Graf Mottet, ein gebürtiger Schweizer, hatte ihn schon früh mit einem Lehrgedicht seines Landsmannes Albrecht von Haller bekannt gemacht, das 1732 erschienen war und dreißig Jahre vor Rousseau eine erste Welle eines neuen Naturgefühls ausgelöst hatte: Der natürliche Mensch sei auch ein besserer Mensch, so formulierte es Haller in dem Gedicht „Die Alpen".

Nach einer sorgfältigen Ausbildung in Botanik, Mineralogie und Geologie, in Berg-, Hütten- und Wirtschaftskunde – wieder war ein Schweizer, der Historiker Johannes von Müller dafür verantwortlich – verstand Johann rationell zu denken und knapp und präzise zu schreiben, aber auch zu beschreiben. Johann ist die umfassendste frühe Schilderung des Ausseerlandes zu danken, niedergeschrieben in den Tagebüchern und der Autobiographie „Der Brandhofer und seine Hausfrau", die zum größten Teil die Geschichte seiner Liebe zur Ausseer Postmeisterstochter Anna Plochl, die Geschichte seiner Verbundenheit mit Aussee, seinen Menschen und seiner Landschaft ist.

„Da wo das Oesterreichische Salzkammergut wie abgeschlossen erscheinet und das wildschöne Becken des Hallstätter Sees bildet, von hohen Wänden umschlossen, über welchen im Südwest der 9600 Fuß hohe Dachstein mit seinen Eisfeldern thronet, lieget gegenüber dem an der Bergwand angeklebten Markte Hallstadt, östlich, beynahe verborgen, von der übrigen Welt abgeschlossen, die kleine Gemeinde Ober Traun, zerstreute Häuser zwischen Wiesen und Obstbäumen, am Fuße der nördlich gelegenen Wände des Saarsteines und der südlich gelegenen des Krippensteines, am Eingange eines düsteren waldigten Felsenthales". So beginnt das erste Kapitel „Das Ausseer Land."

Titelkupfer zu Johann Georg Kohl „Reise in Steiermark und im baierischen Hochlande", Dresden und Leipzig, 1842

„Durch dieses Thal führet die Traun ihre Wässer dem Hallstädter See zu aus einer hohen, damals wenig besuchten Gegend der oberen Steyermark, nemlich dem Steyermärkischen Salzkammerguthe. Da wo das Thal beginnt, erhebet sich ein Weeg auf die Höhe des Koppens und begleitet an dem Abhange der südlichen steilen Felsen Abhänge durch den Wald die in der Tiefe entgegenströmende Traun. Einsam ist diese Gegend, man überschreitet die Landes Gränze der Steyermark, nach einer Weile entfalten sich im Hintergrunde sonderbar gestaltete Berge, scharf, steil, hie und da ausgerissen, grüne Weiden blicken zwischen diesen hervor, ihre unteren Abhänge mit Waldungen, welche sich gegen die Thaltiefe herabsenken, bedecket; an diese sanftern Absätze sich anschließend von bebauten Gründen umgebene Wohnungen. Nach 2 Stunden senket sich der Weeg herab und es zeiget sich eine Gruppe ausgedehnter Gebäude mit ihren rauchenden Schornsteinen. Dieß ist die Kainisch mit den neueren Salz Pfannen. Nun wird die Gegend freundlich, man schreitet längst der Traun im Thale fort, eingeenget durch die steilen niederen Abhänge der die Gegend ausfüllenden flacheren Gebürgsfüße, zwischen unregelmäßig gelagerten hübschen reinlichen Häusern, Gärten, Wiesen, Baumgruppen zu dem eine halbe Stunde entfernten Markt Aussee."

„Unter anderem war ich auf dem Loser, einer der interessantesten Alpen, die es giebt; das heißt, ich habe mein Leben noch nichts schöneres gesehen. Diese Urbäume, die göttliche Aussicht auf den Dachstein, nein! das ist zu schön, das halt ich nicht aus..." - der Maler Friedrich Gauermann (1807-1862) über eine Reise nach Aussee 1851.

Johann begnügte sich aber nicht mit seinen schriftlichen Aufzeichnungen. Johann Kniep, Karl Ruß, Johann Knapp, Ludwig Schnorr von Carolsfeld, Jakob Gauermann und Jakob Alt, vor allem aber Matthäus Loder und Thomas Ender – der Kreis der Kammermaler des Erzherzogs –, sie haben Johanns Ideen und Interessen, seine Erlebnisse auf Wanderungen und Reisen, nicht zuletzt seine Liebe zu Anna Plochl und seine Besuche im Ausseerland im Bild festgehalten.

Die Kunde von der Schönheit des Landes hatte durch das in Tübingen verlegte Werk von Schultes, durch Berichte französischer Soldaten, die in Aussee stationiert gewesen waren und wohl auch durch den steirischen Prinzen selbst das Ausland erreicht. 1815 unternahm Johann eine mehrmonatige Reise nach England. Er wollte im Kernland der industriellen Revolution die englische Montanindustrie kennenlernen. Vielleicht ist er damals auch mit Sir Humphry Davy, dem großen englischen Chemiker und Montanisten, zusammengetroffen und hat ihm von Aussee erzählt. Aus dem Kreis um Davy müssen jedenfalls noch vor den großen Besucherströmen aus der Monarchie die ersten reiselustigen Ausländer nach Aussee gekommen sein. Keine Bergsteiger wie ihre Väter und Großväter, die die Westalpen erkundet hatten, keine Künstler wie die Maler und Dichter aus Wien, die ihnen folgen sollten, sondern – very british – Fliegenfischer. Ihnen ist später ein eigenes Kapitel gewidmet.

„Damals war das schöne Salzkammergut noch nicht von jenem Heere von Touristen und von eleganten Badegästen aus allen Zonen überfluthet, die so leicht im Contact die naiven Sitten der Bewohner corrumpiren und deren Ansprüche steigern, sondern nur einzelne Freunde von Naturschönheiten durchpilgerten das gemüthliche Land und mußten, ganz anders als in der Schweiz, ihre Genüsse mit manchen Entbehrungen erkaufen..." – wehmütig und voll Nostalgie erinnerte sich der Wiener Schriftsteller Alexander Baumann Mitte der 50er Jahre des letzten Jahrhunderts seiner Jugendreisen, die ihn um 1830 nach Aussee geführt hatten. Mit seinem Freund, dem Schubert-Sänger Carl Freiherr von Schönstein, war er, von Wien kommend, die Traun aufwärts durchs Salzkammergut gezogen. Das Beispiel beider machte Schule, immer mehr Reisende kamen des Schauens und Staunens wegen nach Aussee, unter ihnen viele Maler und Schriftsteller, manchmal auch Künstler, die beides waren, wie jener junge Mann aus dem Böhmerwald, von dem später zu berichten ist.

Baumann zog die Konsequenz: „Als nun die Schönheiten des Salzkammergutes immer bekannter, die Heerstraßen immer lebendiger, die Wirtshäuser immer bevölkerter wurden, da war es freilich gerathen – für denjenigen, der die Natur recht ungestört genießen wollte – den breiten Fahrweg zu verlassen, ins Herz der Gebirge vorzudringen und dort Land und Leute kennen zu lernen. Und so that ich auch...“ Man sollte in Kenntnis heutiger Fremdenverkehrszahlen Baumanns Schilderung nicht belächeln. Immerhin hat uns das Naturgefühl seiner Zeitgenossen unvergängliche Kunstwerke geschenkt: die Bilder eines Ferdinand Georg Waldmüller, Friedrich Gauermann oder Jacob Alt, die Lieder Franz Schuberts. Auch er hatte das Salzkammergut bereist, am Traunsee Station gemacht.

„Um das zum Greifen klare Land Blaut wieder die Unendlichkeit Des Herbstes allererster Tag ist heut.“ Aus „Ausseer Dreizeiler“ von Rudolf Felmayer (1897-1970).

1831 starb Joseph August Schultes in Schwermut und tiefer Verbitterung, von Feinden, die er sich durch seine kritischen und schonungslosen Berichte geschaffen hatte, als Mensch und Wissenschaftler in Isolation und Einsamkeit getrieben.

Aber schon standen seine Nachfolger bereit, die Reiseschriftsteller einer neuen Generation, viele von ihnen aus dem Kreis um Erzherzog Johann. Sie bekamen Einblick in seine Reisetagebücher, durften Einzelheiten kopieren und verarbeiten und widmeten ihm dafür ihre Werke.

Der produktivste war der Journalist und Schriftsteller Franz Carl Weidmann. Mehr als die Hälfte seiner 1834 erschienenen „Darstellungen aus dem Steyermärkischen Oberlande“ war der Ausseer Landschaft und ihren Menschen gewidmet: „Die malerisch gelegenen zerstreuten Höfe, umgeben von ihren Feldern und Wiesen, immer mehr zusammengedrängt, je näher dem Markte, die reinlichen Häuser größtentheils von Holz und ausgetaufelt, alles von Wald in steter Abwechslung von Nadel- und Laubholz umgeben, getrennt durch gut gehaltene Einfriedungen,und mit mannigfaltigen Fußsteigen verbunden, bey den Häusern, an den Wegen und Strömen die herrlichsten Ahorne, Eschen, Linden und Buchen, alles rein, freundlich und heiter, ein herrlicher weiter Naturgarten; in solchem Reize prangt vor allen die Gegend von Aussee und gegen den Grundlsee hin. Als majestätische Schlußsteine des bezaubernden Bildes erheben sich dann die mächtigen Alpengebilde, mit ihren oft so grotesken Formen, kahl rauh und steil emporsteigend...die Gesammtheit des Anblickes dieser herrlichen Gegend vereinigt alle Reize eines schönen landschaftlichen Gemäldes...“ Ist Arkadien jemals farbiger beschrieben worden?

Dieser Reize wegen pilgerten dann nicht nur Johanns Kammermaler, sondern auch unzählige andere Zeichner, Aquarellisten, Kupferstecher und Lithographen nach Aussee.

Schon 1841 findet sich eine kritische Anmerkung Johann Gabriel Seidls in seinen „Wanderungen durch die Steiermark“: „Wie imposant der herrliche Loser mit seiner scharfen westlichen Kante in's Thal hineinragt, wie majestätisch in dem ruhigen Gewässer der Seen um Aussee die pittoresken Bergufer sich spiegeln, welche Masse malerischer Gruppen und interessanter Studien in allen Gräben und Ausbuchtungen dieses Thales verborgen ist, – das liegt in zahlreichen Abbildungen vor, das zeigt sich bei allen Kunstausstellungen, das findet man in Panoramen und Album's mit Feder und Grabstichel, mit Farben und Worten geschildert. Es ist unglaublich, wieviele Künstler und Kunstfreunde, namentlich von Oberösterreich aus, hierher pilgern, als ob Steiermark's Naturschönheit hier allein konzentriert, und im ganzen übrigen Lande nichts vorhanden wäre, was der hiesigen Gegend auch nur nahe käme...“

Seidl konnte nicht ahnen, daß nur vier Jahre später Adolph Schaubach in Jena sein fundamentales Werk „Die deutschen Alpen“ herausgeben würde. Aussee und seiner Umgebung war darin bereits breiter Raum gegeben: Die Tourenvorschläge für das Tote Gebirge füllten allein an die dreißig Seiten, die Schilderung des Ausseer Talkessels selbst übertraf alle bisherigen Lobeshymnen:

„Schon der Eingang von Hallstadt her, oder von Goisern über die Pötschen, ist wahrhaftig überraschend; es ist wieder eine ganz andere Natur, als diejenige, die wir bisher kennen lernten. Ueppig grünende Thalgelände,umlagert von eben so grünen Höhen, auf denen Fluren und Matten mit Wald- und Häusergruppen auf das anmuthigste wechseln, darüber ein magischer Kranz von hohen, nackten schneegefurchten Kalkriesen, halb in den violetten Duft der Schattenmassen gehüllt, halb leuchtend im Weissgrau der Lichtpartien und überflort von dem Rosenschimmer der Morgen- oder Abendröthe, umgaukelt von leichten Wölkchen; diese Kalkmassen ragen aber hier, wie Säulen des Himmels, in einzelnen Gruppen auf, welche durch Zwischenräume getrennt werden und erscheinen dadurch umso grossartiger...."

War es ein Zufall, daß nur ein Jahr später in Altaussee der erste adelige Sommersitz, der erste „Zweitwohnsitz" des Ausseerlandes gebaut werden sollte? Noch dazu für eine aus Deutschland stammende Familie?

Und dann 1848, das Jahr der Revolution, das Ende des Vormärz, die vorübergehende Umkehr aller Werte – das Ende aber auch der ersten Epoche eines neuen Sehens und Wahrnehmens, einer neuen Naturbeschreibung. Mit Hallers und Rousseaus Schriften, mit der Aufklärung hatte sie begonnen. Mit dem poetischen Realismus des Biedermeier, seinem Heimatgefühl als Einheit von Natur, Mensch und Geschichte endete sie. Mit den Augen der Aufklärung hatten Schultes und Erzherzog Johann als erste das Ausseerland beschrieben und damit die Tore des Landes geöffnet. Die Menschen des Biedermeier waren eingetreten mit der ihre Zeit prägenden Einstellung, die Welt – so wie sie war – zu erforschen, zu erleben, sie voll Freude zu akzeptieren und in dieser Welt verstehen zu lernen, das Schöne zu suchen.

Der politischen Revolution war zudem eine technische Revolution vorausgegangen. Industrialisierung und zunehmende Mobilität bestimmten immer mehr das Leben der wohlhabenden Schichten. Denn noch immer waren Reisen – sah man von den wandernden Handwerksburschen ab – ausschließlich ein Privileg des Adels und des wohlhabenden Bürgertums.

Zugleich hatte sich im Salzkammergut eine neue Facette des Reiseverkehrs aufgetan: Salz, das weiße Gold, hatte einen neuen Wert bekommen – die Heilkraft der Sole war entdeckt und für die damalige Zeit erstaunlich professionell vermarktet worden. Die Salinenärzte des Salzkammergutes hatten schon zu Beginn des Jahrhunderts Solebäder angewandt. Als dann der Wiener Arzt Dr. Wirer 1822 die ersten vierzig Badegäste nach Ischl sandte und wenige Jahre später die bis dahin kinderlos gebliebene Sophie von Bayern dem österreichischen Erzherzog Franz Karl nach Kuren in Ischl drei Söhne gebar – die „Salzprinzen" Franz Joseph (1830), Ferdinand Maximilian (1832) und Karl Ludwig (1833) – wurde Ischl rasch zu dem Modebad der Monarchie. Gekrönte Häupter und ungekrönte Gäste aus ganz Europa kamen in Scharen und besuchten von Ischl aus auf ihren Ausflügen auch das Ausseerland. 1852 eröffnete der bürgerliche Wundarzt und Magistratschirurg Dr. Franz Vitzthum in Aussee die erste Badeanstalt. 1853 wiesen die erstmals gedruckten Gästelisten noch bescheidene 42 Kurgäste auf, 1863 hatte sich die Zahl bereits verzehnfacht. 1868 schließlich wurde Aussee zum Kurort erklärt.

Das Kurmittelhaus von Bad Aussee, nach Plänen des Wiener Architekten Franz Kachler vom Ausseer Baumeister Max Cordignano erbaut, wurde 1889 als „Kaiser Franz Joseph-Bad" eröffnet.

Während der kaiserliche Hof, die allerhöchsten Hofbeamten und der größte Teil des Hochadels zur Kur und Sommerfrische nach Ischl reisten, bevorzugten Großbürgertum und Geldadel, Künstler und Wissenschaftler eher das Ausseerland.

Mit ihnen allen kam eine neue Zeit in das Salzkammergut. Die alte, die Zeit der Entdeckung einer fremden, oft „schaurig-schönen" Landschaft war endgültig zu Ende. Man kannte nun die Landschaft und begann sie zu „verschönern" – das Zeitalter der „Verschönerungsvereine" brach an.

Auch in Aussee wandelten die größtenteils weiblichen Kur- und Sommergäste in großer Toilette – von den Einheimischen darob oft bestaunt, manchmal verspottet, vielleicht aber auch beneidet – auf eigens für sie errichteten Promenadewegen, rasteten auf zahllosen Ruhebänken und ließen sich für gelegentliche Ausflüge in die nähere und weitere Umgebung fast genormte Spazierrouten vorschreiben. Stolz vermerkte Dr. Eduard Pohl, „Doctor der Medizin und Chirurgie, Magister der Geburtshilfe, k.k. Salinen-Physiker und Mitglied mehrerer wissenschaftlicher Vereine" in seinem 1871 herausgegebenen Führer „Der Curort Aussee in Steiermark": „Nun besitzt Aussee die langersehnte herrliche, 20 Klafter lange, 3 Klafter breite Wandelbahn, wo die Curgäste ihre Heilwässer trinken und welche sich auch zu musikalischen Unterhaltungen, Concerten, theatralischen Vorstellungen, Ausstellungen etc. eignet. In dem schönen Cursalon, mit einer Gallerie für die Musikkapelle, steht auch ein Clavier, liegen Zeitungen auf. Die darin während der Saison abgehaltenen Tanzkränzchen fanden viel Anwerth..."

Emanuel von Stöckler (1819-1893) „Sommerfrische in Aussee", um 1880

Die früh verstorbene Felicitas Frischmuth, Schriftstellerin wie ihre Nichte Barbara, hat diese Jahre einer gewissen geistigen und körperlichen Bequemlichkeit treffend „das Zeitalter der Ruhebänkchen" genannt. Nicht zufällig hatte Dr. Pohl auch stolz von „viel Sinn für Lecture-über 20 Exemplare der ‚Gartenlaube' im Ausseer Bezirk" berichtet. Der Stil der „Gartenlaube" prägte auch die Reiseliteratur jener Jahre: Überschwengliche lyrische Ergüsse lösten die schlichte Prosa der biedermeierlichen Natur- und Landschaftsbeschreibung ab. In Marie von Plazers „Historische Wanderungen Traunkirchen-Aussee" findet man sie:

Die wilde Traun möcht' ich belauschen,
Was dem Walde sie verspricht!
Ob ihr berückend' Rauschen
Tauig' Sehnen in die Zweige flicht?

Ich möchte schwelgen in den Lüften,
Träumen von des Glückes All,
Die Alpenwelt mit ihren Düften
Grüßen mit der Lieder Hall!

Auf hohen Bergen möcht' ich weilen,
Elementen widersteh'n,
Mit Sonnenstrahlen dann enteilen,
Mit der Freiheit untergeh'n!

Mit der Eröffnung der Salzkammergut-Bahn 1877 verdoppelte sich die Zahl der Ausseer Kur- und Sommergäste. Sie kamen nicht nur aus allen Teilen der Monarchie, sondern aus ganz Europa, ja sogar aus Übersee. Die Salons des Wiener Adels, der Wiener Industriellen und Bankiers, Verleger und Zeitungszaren übersiedelten zur Sommerszeit nach Aussee und umgaben sich auch dort mit Politikern und Gelehrten, Malern, Musikern und Schriftstellern: Eine Weltstadt auf Sommerfrische in Aussee.

Eine Stadt, die sich aber auch als Kunststadt par excellence fühlte. Einer, der in unserem Jahrhundert viele Monate arbeitend und schreibend im Ausseerland verbracht hat, bestritt dies allerdings heftig. „Wien war nämlich weit weniger eine Stadt der Kunst als der Dekoration par excellence. Entsprechend seiner Dekorativität war Wien heiter, oft schwachsinnig heiter, aber von eigentlichem Humor oder gar von Bissigkeit und Selbstironie war da wenig zu spüren. An literarischer Produktion war außer einem gefälligen Feuilletonismus so viel wie nichts vorhanden; der Heimgang Stifters und Grillparzers, die den einzigen gewichtigen Beitrag Österreichs zur deutschen und damit zur Weltliteratur geliefert hatten und nun ohne Nachfolge geblieben waren, berührte fast niemanden. Dichtung war eine Angelegenheit von Goldschnittbändchen auf dem Salontisch..."- Hermann Broch in „Die fröhliche Apokalypse Wiens um 1880".

Die Nachfolger eines Stifter, eines Grillparzer – Ferdinand von Saar etwa – schrieben nichts über die Landschaft ihrer Sommerfrische. Peter Rosegger war eine Ausnahme:

„Das Ausseer Tal ist klein, ja es ist eigentlich gar kein Tal, es besteht aus sanften, zumeist mit grünen Matten, teilweise mit Nadelwald bedeckten Höhungen und engen Schluchten, in denen überall klare, stattliche Wasser rauschen. An den Ufern rasseln Holzsägen, klappern Mühlen, kocht aus den Felsbergen geschwemmt das köstliche Gewürz unseres Brotes, der Weisheit und der Ehre Symbol – das heilige Salz. Hier an der Grenze hat die Natur alles, was sie an Großartigem besitzt, auf einen Fleck ausgeschüttet. Dort wo in der Muschelkrone der Felsen, im Glanz der Seen die Perle von Steiermark ruht – das herrliche Aussee..."

Das Lob der Landschaft erklang erst wieder zu Ende des Jahrhunderts, als eine neue Generation von Schriftstellern heranwuchs. Sie kamen zum allergrößten Teil aus Wien: „Jung-Wien" hat sie die Literaturgeschichte folglich genannt, Hermann Bahrs engere Tischgesellschaft aus dem legendären Café Griensteidl am Michaelerplatz, nächst dem alten Burgtheater: Leopold von Andrian, Richard von Beer-Hofmann, Hugo von Hofmannsthal, Felix Salten, Arthur Schnitzler und die vielen anderen, schon Vergessenen. Fast alle waren sie Söhne jener ersten Ausseer Sommerfrische-Generation aus dem Wiener Adel und Großbürgertum. Und sie sahen, im Gegensatz zu ihren Vätern, die Landschaft wieder, sie sahen sie aber anders als ihre Großväter.

Als elfjähriger Bub war Rainer Maria Rilke mit seinem Vater 1886 in einem Ausseer Hotel abgestiegen. Als Achtundzwanzigjähriger schrieb er:

„Es ist interessant zu sehen, wie auf jede Generation eine andere Seite der Natur erziehend und fördernd wirkt; diese rang sich zur Klarheit durch, in dem sie in Wäldern wanderte, jene brauchte Berge und Burgen, um sich zu finden. Unsere Seele ist eine andere als die unserer Väter; wir können noch die Schlösser und Schluchten verstehen, bei deren Anblick sie wuchsen, aber wir kommen nicht weiter dabei. Unsere Empfindung gewinnt keine Nuance hinzu, unsere Gedanken vertausendfachen sich nicht, wir fühlen uns wie in etwas altmodischen Zimmern, in denen man sich keine Zukunft denken kann. Woran unsere Väter in geschlossenem Reisewagen, ungeduldig und von Langeweile geplagt, vorüberfuhren, das brauchen wir. Wo sie den Mund auftaten, um zu gähnen, da tun wir die Augen auf, um zu schauen..."

In Wien hatten die jungen Schriftsteller einander in kurzen Notizen, auf Visitkarten oder in langen Briefen – Telefon gab's ja noch keines – vom Alltag, von Café- und Theaterbesuchen erzählt. Auch die Wiener Landschaft – von den großen Parks über den Prater bis hin zum Wienerwald – spiegelte sich in diesen Berichten.

In Aussee trafen sie sich in der Sommerfrische wieder und korrespondierten mit in der Stadt zurückgebliebenen Freunden oder Angehörigen. Besonders umfangreich ist der Briefwechsel Hugo von Hofmannsthals mit seinem Vater, mit Arthur Schnitzler und mit Leopold von Andrian, dessen Eltern in Altaussee eine Villa besaßen. Darin finden sich subtile Landschaftsimpressionen übers ganze Jahr.

Tressenweg
(alte Salzstraße zwischen Bad Aussee und Altaussee)

Wie oftmals bin ich diesen Weg gegangen
vom Bahnhof her; in einem Heimverlangen,
auf dem die Süße der Erfüllung lag.
Ich sah ihn weißverschneit im Frostgeschmeide,
erlebte ihn in seinem Frühlingskleide
und auch an manchem heißen Julitag.

Ob auf den Wiesen die Narzissen blühten,
in Bauerngärten Flox und Nelken glühten,
ob vor des Herbstes, vor des Winters Last
die Apfelbäume sich erschauernd neigten:
wo auf der Höhe sich die Wege zweigten
am Waldesrand, hielt ich stille Rast.

Ich blickte auf zur eisgekrönten Stirne
des Königs Dachstein, dessen lichte Firne
aus schattenschwerer Schlucht im Abendschein
sich sieghaft hoben. Wenn sie mir die roten
Willkommensgrüße dunkelglühend boten,
sog ich zutiefst den Hauch der Heimat ein.

Felicitas Frischmuth

Aber nicht nur Schriftsteller, sondern auch Musiker – wie der Komponist Egon Wellesz – priesen Aussee:

„Es ist schwer, die einzigartige Schönheit der Ausseer Landschaft zu beschreiben, die harmonische Gliederung des Gebirges, die Anmut der Hügel und Wiesen, der Anblick des Dachsteins an klaren Herbsttagen, wenn man am Ufer

Jahreszeiten in Aussee

„Der Frühling, der immer meine Lieblingsjahreszeit gewesen ist, scheint mir hier noch schöner zu sein, als anderswo, mit seinen wundervollen éclatanten und etwas falschen Farben, eine entzückende Scala von grauem Elfenbeinweiß, hellem blaugrün, und gelbgrün, und nichts verschmolzen wie im Herbst, sondern aufgesetzte Stickereien (die vielen Blumeninseln), oder helle Seidenpaneaux auf dunklen Hintergründen. Besonders die jungen Lärchen sind meine Freude. Übrigens ist alles noch weit zurück, die Narcissen fangen erst an, der Flieder ist noch ganz geschlossen. Nur die Obstbäume, die Veilchen, die Primeln, der Enzian u. all die anderen Blumen blühn – es ist die eigentliche Blumenzeit. Du solltest doch einmal, wenn Du auch später wegfährst, einen Frühlingsaufenthalt hier versuchen, Fremde sind fast noch gar keine da, viel weniger noch als im Herbst."

(Leopold von Andrian an Hugo von Hofmannsthal)

„Liebster Papa,

jetzt ist wirklich die gewisse sagenhafe Reihe von herbstlich schönen Tagen, einer schöner wie der andere, fast unerwartet eingetroffen. Der Himmel ist blau und trägt hie und da eine kleine Wolke, die Berge scheinen aus einer ganz neuen Substanz gebildet, von Osten her geht immerfort ein kühler Luftstrom, die Obstbäume werden immer bunter und auch die Laubbäume im Wald sind schon hellgelb oder feuerfarb angefärbt. Eine besondere Schönheit ist die allgemeine Stille , auf allen Promenadewegen kann man mit dem Rad lautlos hinschwimmen wie ein einsamer Fisch..."

(Hugo von Hofmannsthal an seinen Vater)

„Mein Sommer (der Sommer im Gebirge) ist ein ganz anderer. Es sind die Wiesen von einem so satten und reichen Grün, daß sie einem fast weh tun, die sich in die Fichtenwälder einwühlen unter den Bergabhängen; es sind die Sommernächte, wenn es gegen Morgen wird, nicht die wunderbaren der Stadt, die heißen, sondern die kühlen Sommernächte mit den Gebirgen als stylisierter Architectur und einem hohen lichtblauen Himmel voll Sterne, nur der Gletscher des Dachstein cremefarbig...eine hohe kühle raffinierte Stimmung..."

(Leopold von Andrian an Hugo von Hofmannsthal)

Die Landschaft

Ich will Dir die Landschaft beschreiben,
In der mich das Wunder ergriff;
Und nicht länger war hier mein Erleben
Als die Lüfte vom Schwingenschlag beben
Der Vögel, die sich erheben.
Als die Spuren im Wasser bleiben
Von einem zierlichen Schiff.

Das Rund von gewaltigen Bäumen
War geballt vor des Himmels Blau.
Die Wiesen blumenbesponnen,
Von blitzenden Quellen durchronnen,
Und drüber war Fußspur von Träumen
Wie vom seligen Schritt einer Frau.

Und ich sagte: Hier darfst du nicht wohnen,
Gib dich hin, und das sei genug!
Denn es dienten diese Narzissen
Einer irrenden Göttin zum Kissen.
Und es hängt in den mächtigen Kronen
Von Göttern und von Dämonen
Noch Feueratem und Flug.

Max Mell, Freund und langjähriger Briefpartner Hofmannsthals,
schrieb dieses Gedicht nach einem Aufenthalt in Aussee.

des Sees stand; die blendende Weiße des Eises gegen das Blau des Himmels und das Grün der Wälder, aus denen der dunkle Berg mit seinem Gletscher herauswuchs..."

Den tiefsten Eindruck jedoch hinterließ die Ausseer Landschaft wohl in jenen, die das Schicksal oft ungewollt in dieses Land geführt hatte, die nicht selten krank an Leib und Seele – wie einst Johann – nach Aussee gekommen waren. Vor allem aber in den Verfolgten und Vertriebenen, die sich in der Emigration nach dem Lande ihrer Kindheit und ihrer Jugendsommer sehnten.

Der Schriftsteller Jakob Wassermann hatte sich nach einem unsteten Wanderleben 1922 ganz in Altaussee niedergelassen:

„Zwischen meinem dreißigsten und vierzigsten Jahr bin ich in Italien von Stadt zu Stadt gezogen, aber alles Entzücken über die Schönheit, alle Sehnsuchtsbefriedigung konnte mich auf die Dauer nicht festhalten. Nach einer Weile verlangte mich nach einem Wald, nach einer Wiese, einem schattengebendem Baum, ja sogar einem schweren Wolkenhimmel. Der Süden rief mich, aber dem Norden war ich zu eigen. So fand ich dann den Ort, an dem ich mich dauernd niederließ, das Tal im steirischen Gebirge, und diese Landschaft wurde mir zum Freund wie einem ein Mensch zum Freund wird, nach jahrelanger Erprobung, Erprobung des Winters und des Frühlings, des Bodens und der Atmosphäre, der Menschen und der Bäume. Es war deshalb auch kein plötzlicher Entschluß, es war die langsame Erfahrung eines wohltätigen Einflusses. Es war nicht nur die Einsamkeit und Stille, die mich lockten und allmählich festhielten, es war im höheren Grad eine, wenn ich so sagen darf, übersinnliche Bindung. Ich merkte immer deutlicher eine konstitutionelle Übereinstimmung zwischen der Landschaft und mir, eine Übereinstimmung, die in dem liegt, was ich den Rhythmus der Landschaft genannt habe und die sich für mich wohltätig erkennbar im geistigen Schaffen spiegelte, so daß ich nur da mit allen Sinnen wach war, nur da alle Gesichte die Überzeugungskraft hatten,und mit dieser Erfahrung stand ich vor einer magischen Tatsache.

Ich bin noch heute der Ansicht, daß eine Influenz des Gesteins vorliegt, des Minerals, damit des Wassers und der Luft; dadurch werden auch alle äußeren Formen sinngemäß bedingt, die ruhende Fläche des Sees, die ineinander geschobenen Kulissen der Hügel bis hinauf zu dem beherrschenden Gletscher, das Ganze von einer harmonischen Ordnung ohne Beispiel, als ob die Hand des Schöpfers hier mit besonderer Liebe ans Werk gegangen wäre...ich besitze eine Art Landschaftstagebuch, das ich nicht veröffentlicht habe und das Zeugnis ablegt von dem lebendigen Verhältnis zwischen einem geistig schaffenden Menschen und seiner Wahlheimat."

Die Wand vor der Haustür – Blick vom Elternhaus des Altausseer Alpinisten Paul Preuß auf die Trisselwand

Voll stiller Wehmut sind auch die Ausseer Erinnerungen, die Richard Beer-Hofmann in der amerikanischen Emigration niederschrieb:

„Tage, in sanft rauschende, streichelnde Regen gehüllt – voll besonnte, heiß atmende, duftende Wiesenhänge, mündend in dunkel dämmernde, von Sonne durchsprühte Wälder, verwitterte entblößte Wurzeln zwischen großem rundgeschliffenen Geröll und quelltrunkenem Moos aufragend – Frühlingswiesen, See-Ufer, wildstürzende Bäche -"

Viele Generationen lang hatten Fremde, die nach Aussee gekommen waren und sich hier dauernd oder auf Zeit niederließen, die Landschaft beschrieben und aus ihr Kraft, oft auch Trost geschöpft.

Erst in unserem Jahrhundert sind es Ausseer selbst, die dies auch taten: Hans Vlasics, Herbert Zand, Felicitas und Barbara Frischmuth, Alfred Komarek. Ist es ein Zufall, daß einige von ihnen lange in der Fremde oder auch in einem inneren Exil gelebt und gelitten hatten?

Barbara Frischmuth – weitgereist und lange Jahre fern von Aussee lebend – hat die unerklärliche Kraft der Landschaft zu ergründen versucht:

„Ich fürchte, es wird auch mit gründlicher Selbsterforschung nicht zu eruieren sein, ob ich dasselbe für diese Landschaft empfände, wenn sie nicht meine erste gewesen wäre und gelegentlich Elternrolle übernommen hätte. Dennoch läßt sich einiges über die Beziehung sagen. Es ist nicht nur jene ‚amoralische Lieblichkeit', die Broch ihr vorwirft. Es ist, so merkwürdig das klingen muß, das Fremde, das mich bindet. Was Landschaft für mich bedeutet, diese Landschaft vor allem, stellte ich daran fest, daß ich mich ihr seit dreizehn Jahren wieder Sommer für Sommer aussetze, freiwillig, ja geradezu süchtig. Am liebsten sitze ich schreibend im Freien an einem Gartentisch mit Blick auf die Trisselwand.

Im Nachbarhaus, das eine Veranda hat, soll ein Wiener Arzt Sommer für Sommer und das siebenundzwanzig Jahre lang seine Ferien damit verbracht haben, die Trisselwand anzuschauen und dazu täglich eine Doppelliter Wein zu trinken. Als er dann das Haus nicht mehr mieten konnte, weil die Wirtsleute es selber brauchten, ist er nicht mehr nach Altaussee gekommen, so sehr hatte er sich an diesen bestimmten Blick, besser gesagt, an den Blickwinkel gewöhnt.

Auch ich empfinde mich mit der Zeit als eingeschworen auf ein bestimmtes Arrangement von Landschaft, auf eine gewisse Ansicht, die alles an Einsicht in sich aufnehmen kann, die das Fremde mit einschließt, das auf merkwürdige, unerklärliche Weise fremd bleibt. Und nur dadurch ist diese Ansicht noch immer hinsehenswert, all die Jahre entlang, und behält den Stachel des Nie-zu-Ende-beschrieben Seins..."

„Der Partner Landschaft ist eine Herausforderung, seelisch und physisch", formulierte der Regisseur Hans Neuenfels bei der Eröffnung der „Via Artis", jenes in Österreich wohl einmaligen Wanderweges durch eine Landschaft der Kultur. „Denken ist ein sinnlicher Vorgang, wenn man es vom Körper nicht trennt, und dieser Weg soll wohl die Gedanken beschleunigen oder verlangsamen, je nach Notwendigkeit und Bedürfnis. Der Weg sollte nicht nur Erinnerung sein, sondern Vergegenwärtigung dessen, was die Menschen und Künstler in den vergangenen Jahrzehnten aus dieser Landschaft für sich gewannen."

Auch Neuenfels und seine Frau, die Schauspielerin Elisabeth Trissenaar, haben – wie so viele vor ihnen – ihr Refugium inmitten der Ausseer Landschaft gefunden.

Aprilabend in den Bergen

Der Bergwind saust im hohen Ahornbaum.
Geäst verzweigt sich kahl im blauen Raum;
ihn weiten Glanz und goldner Sonnenduft.
Talbrunnen rauschen durch die klare Luft,
das Lied der Finken schmettert froh darein-
da kann der Frühling nimmer ferne sein.
Auch blüht der Krokus schon, weil Gott es will,
an diesem frühen Abend im April.

Hans Vlasics

„Der Himmel hat sich aufgetan, im Tau blitzt alle Nähe, und wieder steh'n die Berge rings in ihrer alten Höhe." Aus „Ausseer Dreizeiler" von Rudolf Felmayer.

Der Mittelpunkt Österreichs

Im September 1949 feierten die Einwohner von Bad Aussee mit einem großen Musik- und Trachtenfest, was ihnen eine Illustrierte mit wissenschaftlichem Brief und Siegel bescheinigen hatte lassen: daß nämlich der Markt Bad Aussee der geographische Mittelpunkt Österreichs sei. Im Kurpark wurden rot-weiß-rote Fahnen gehißt, und der Rundfunk übertrug die Feierlichkeit. Erst ein Jahr zuvor war ja das Ausseerland, das 1938 Oberösterreich, dem damaligen Gau Oberdonau angegliedert worden war, nach langen Diskussionen – etliche von den Ausseern geforderte Volksabstimmungen kamen nicht zustande – wieder zur Steiermark zurückgekehrt.

Der Mittelpunkt Österreichs zu sein, das war schon etwas, und das ließ sich auch für den Fremdenverkehr des Ortes vermarkten. Wenngleich Bad Aussee jahrhundertelang das wirtschaftliche Zentrum des Landes gewesen war, in den Anfängen und der ersten Blüte des Fremdenverkehrs und damit auch in der (Reise)-Literatur war es lange im Schatten der Grundlseer und Altausseer Landschaft gestanden.

Noch zu Beginn des vorigen Jahrhunderts war sein Bekanntheitsgrad nicht allzu hoch gewesen, wie der Rat von Joseph August Schultes, alle Briefe nach Aussee mit dem Hinweis „Aussee in Steyermark" zu versehen, bewies. Auch sonst fand der scharfzüngige Reiseschriftsteller nicht allzu Erwähnenswertes am Ort, und er hielt mit seiner Meinung auch nicht hinterm Berg:

„So alt auch dieser Markt ist (seine Salinen werden seit dem 12. Jahrhunderte bebaut), so wenig weiß ich Ihnen davon zu erzählen; er hat nichts Merkwürdiges, hat nicht einmal ein gutes Einkehrhaus, und ich bin sehr in Verlegenheit, wenn ich Sie hier unter Dach bringen soll... Sie werden, wie ich, wochenlang in Aussee seyn können, ohne in Aussee zu seyn; werden wie ich, die Morgen am Grundelsee, den Abend am alten Aussee hinbringen, und nicht eher heimkehren, bis die Dunkelheit der Nacht den unglücklichen Markt, der gar keine Resource Ihnen darbietet, (es sey dann, Sie lebten dort in den Armen solcher Freunde, wie ich sie an v. Lenoble und Ritter fand) mit allem seinem Elende eben so gleichgültig, als Paris mit allen seinen Schönheiten deckt..."

Das war denn doch ein starkes Stück, diese 1809 in Tübingen gedruckte Kritik des Herrn Professor Schultes! So empfand's wohl auch sein Grazer Kollege Dr. Franz Sartori.

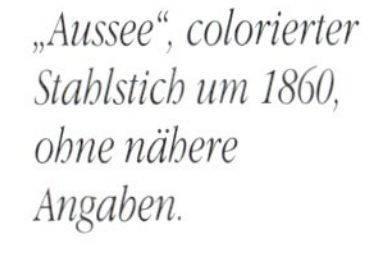

„Aussee", colorierter Stahlstich um 1860, ohne nähere Angaben.

Jedenfalls beeilte er sich, in seiner nur zwei Jahre später erschienenen „Neuesten Reise durch Oesterreich ob und unter der Ens, Salzburg, Berchtesgaden, Kärnthen und Steyermark" die Dinge wieder ins rechte Lot zu rücken:

„Aussee ist im Ganzen ein ansehnlicher Markt von mehr denn 170 Häusern, der aber ziemlich unordentlich gebaut, in einem Kessel liegt, welcher von hohen Bergen umgeben ist. Dieser Ort liegt gerade an dem Zusammenfluß dreyer Flüßchen, wovon das eine aus dem Oedensee, das zweyte aus dem Grundelsee, und das dritte aus dem Altaussee kommt, und die hier die Traun bilden... Aussee gewinnt dadurch ungemein an Lebhaftigkeit, daß es der Sitz des landesfürstlichen Salzoberamtes in der Steyermark ist. Dieses Salzoberamt ist eigentlich die Direction des Salzbergwerkes zu Aussee; es besteht aus einem Director, und aus fünf Assesoren, wovon einer Pfannhausverwalter, ein anderer Oberwaldmeister, ein dritter Salzkämmerer, ein vierter Kammergutsphysikus und der fünfte Pfleger der dazu gehörigen Herrschaften ist. Der dermahlige Oberamtmann des Steyermärkischen Salzkammergutes ist zugleich Oberinspektor der Kammeral-Herrschaften Pflindsberg, Hinterberg und Grubeck, und hat erst vor Kurzem die Würde eines k.k. innerösterreichischen Gubernialrathes erhalten. Es ist der um das Salzwesen durch seine verbesserten Pfannen so hochverdiente Hallurge Hr. Joseph Lenoble Edler von Edlersberg, dessen Haus nicht allein den Beamten in Aussee sehr erwünscht ist, sondern auch jedem gebildeten Reisenden eine angenehme Bekanntschaft seyn wird... ehe ich von diesem Markt scheide, muß ich Reisenden das Wirthshaus empfehlen, das dem lächerlich bemahlten Rathhause gegenüber steht, in dem ich zwar kein modern möblirtes Zimmer und keine Leckerbissen, aber reine Betten, gute bürgerliche Kost und billige Rechnung fand..." – mag sein, daß Sartori geringere Ansprüche gehabt hat als der verehrte Herr Kollege Schultes...

Wie so oft stammt die umfassendste und exakteste Schilderung aus der Feder Erzherzog Johanns:

„Der Markt Aussee, am Vereinigungs Punkte der zwey Traune in der Thaltiefe zusammengebauet, hat seine Gestalt durch die beengten 3 Thäler und zum Theil steilen, dieselben begleitenden Absätze bedingt, dazu kömmt noch, daß die Hauptstrasse aus dem inneren der Steyermark, so wie jene aus dem Lande ob der Enns, beyde über die Berge geführet, die zwey Traune vor ihrer Vereinigung übersetzen. Die Häuserreihen sind in den Thälern und an den Strassen gereihet und bilden die größere Häuserzahl bey der Vereinigung der Gewässer. Auf der einen Seite der Grundlseer Traun und entlängst der Strasse Steyermarks lieget am Fuße des Abhanges die alte ehrwürdige Pfarrkirche, umgeben vom Leichenhofe, mit dem Pfarrhofe und der Schule, eine Gasse aus Bürgerhäusern führet hinab zu einem kleinen Platze, an dessen einer, längeren Seite die alte Spital Kirche und gegenüber auf der anderen Seite ein Bürger- und Gasthaus und daran das ehmalige Posthaus liegen. Vom Platze weiter gelanget man zur Traunbrücke, jenseits derselben, am Zusammenfluße der zwey Traune, zwischen ihnen die alte Salzpfanne mit den Magazinen und anderen Gebäuden; weiter lieget an der alten Ausseer Traun der größere Theil des Marktes, der untere Markt Platz mit Bürger- und Gasthäusern und dem früher bemahlten, nun neugebauten Rathause. Oberhalb der obere Marktplatz mit dem Getreidekasten, dem alten Ober Amts Hause und Bürgerhäusern, Mühlen, Schmidten, Gärten, und weiter in den Thälern sowohl, als auch an und auf den grünen, von Bäumen beschatteten Abhängen zerstreute Häuser; mannichfaltige Weege, Steige, mit Gittern abgeschlossen oder durch Stiegeln unterbrochen, durchkreutzen die ganze Gegend, das ganze ein herrlicher mannichfaltiger Garten. Ein altes aber reinliches Gepräge trägt der Markt. Beamte, Bürger, Gewerbe treibend, eine große Zahl Salzarbeiter bewohnen denselben...damals war in Aussee ein selbstständiges Oberamt und ein Mann von seltenen Gaben Vorstand, redlich, rastlos, verständig, von seinen Untergebenen geliebt. Dieß war Lenoble; eine Anzahl Beamte ihm zur Seite, die ihrer Bestimmung entsprachen...es war ein freundliches Leben in jenem damals wenig beachteten Winkel, noch waren nicht fremde Sitte, nicht städtisches Wesen, nicht Luxus, nicht das Verderbniß über die Pötschen herübergewandert, denn jenseits hatte sich noch nicht das bunte Treiben der Hauptstadt eingebürgert. Was gut war, wußte Lenoble anzuregen und wurde hierin von den übrigen treulich und freudig unterstützet..."

Thomas Ender (1793-1875) zugeschrieben „Die Mauthbrücke zu Aussee"

Der von allen so hochgelobte Joseph Edler von Lenoble (1749-1823) war in den schweren napoleonischen Zeiten sicher die bedeutendste Persönlichkeit des Ausseerlandes gewesen. Seit 1775 in Aussee tätig, hatte er sich mit der Errichtung der ersten Tirolerpfannen in den Sudhäusern in der Unterkainisch große Anerkennung erworben. Diese Pfannen erzeugten bei geringerem Holzverbrauch mehr Salz. 1795 nach Gmunden berufen, kehrte er 1802 als Oberamtsvorsteher nach Aussee zurück, um hier bis 1816 zu wirken. Auf der Rückseite eines Portraits, das das Ratsgremium von Aussee 1816 in Auftrag gab, war vermerkt, daß er „als Salzoberamtmann unter den bedrängten Kriegszeiten 1805 – 1813 sich mit solcher Klugheit benommen hat, daß sämtliche Kassen und Gerätschaften nicht nur allein gerettet, sondern auch während des Durchzuges von mehr als 32.000 Mann feindlicher Truppen nicht der mindeste Exzeß begangen, auch denselben weder Geld, noch sonst etwas geleistet wurde..."

Unerklärlich bleibt, warum Johann, der so an der steirischen Geschichte und ihren Denkmälern interessiert war, 1839 beim Umbau des alten Rathauses nichts zur Rettung der prachtvollen alten Fresken an der Rathaus-Fassade

„Das sehr getroffene Portrait des Joseph Edler von Lenoble, 1816 gemahlen" - so beschrieb ein Ausseer Ratsherr das Bild des unbekannten Malers.

unternahm. Immerhin war er ja erst ein Jahr zuvor sogar Hausbesitzer in Aussee geworden.

Auch wenn der – wie's scheint – nicht allzu kunstverständige Sartori von einem „lächerlich bemahlten Rathause" gesprochen hatte, so empfahl noch 1834 Franz Carl Weidmann in seinen „Darstellungen aus dem Steyermärk'schen Oberlande" dem Kunstfreund „einen flüchtigen Blick auf das nach alter Weise bemalte Rathhaus" im ansonst wenig sehenswerten Markt.

Das Rathaus war 1654 durch den Kauf und die Verbindung zweier Privathäuser, die schon damals mit Fresken und Girlanden geschmückt waren, entstanden. Davor hatten die Marktrichter noch in ihren Privathäusern amtiert. 1659 wurden die Fresken vom Gmundner Maler Virgilius Reither erneuert. Er hatte – leuchtendes Beispiel für alle Handwerker späterer Jahrhunderte - „mit Hand und Mund gelobt, daß solche beständig sein sollen – wenn nicht, begehrt er, sie auf seine Unkosten wiederum zu renovieren!"

Reither war ein Meister seines Faches,hielten doch seine Farben 180 Jahre, um dann einem wohlbedachten Bildersturm zum Opfer zu fallen. „Wegen der Strafrechtspflege und der erforderlichen Arreste" wurde dem Markt 1838 der Bau eines neuen Rathauses aufgetragen. Dabei wurden die alten Fresken vernichtet. Ungewollt? Doch eher gewollt, und wahrscheinlich hat man es auch verstanden, dem Erzherzog den Umbau zu verheimlichen. „Daß der Saaltrakt abgerissen wurde, ist auf ein Mißverständnis zwischen der Abbruchfirma und deren Subunternehmer zurückzuführen" – kein Protokollauszug aus dem Jahr 1839, sondern ein Vermerk aus dem Jahr 1995, als man beim Umbau des alten Kurhauses auch ein bisserl zu schnell und ein bisserl zu viel abtrug. Mißverständnisse baulicher Art scheinen in Aussee, wie das Beispiel zeigt, lange Tradition zu besitzen...

Das Bild, das der Salinenkassier Josef Poestion knapp vor dem Abbruch gemalt hatte, läßt die Schönheit der alten Rathaus-Fassade ahnen. Sie wäre wohl heute eine Ausseer Fremdenverkehrsattraktion ersten Ranges!

Die Ausseer kümmerte in jenen Jahren das alte Rathaus wenig, sie hatten andere Sorgen. Von ihnen berichtet eine Zeitgenossin Johanns, die Schriftstellerin Wilhelmina von Chezy in ihrem „Neuen, ausführlichen Handbuch für Alpenwanderer und Reisende", das 1833 mit dem Titel „Norika" im Münchner Verlag Fleischmann erschien:

„Ehemals ein selbständiges steyermärkisches Salinenoberamt, hat nun auch Außee den Wechsel der Zeiten empfunden, und ist dem obern Kammergut einverleibt, dem Oberamt Gmunden untergeordnet worden. Zu den vielen Unglücksfällen, die Außee getroffen, gehört vorzüglich das Abbrennen der drei großen Pfannhäuser am 14. Julius 1827. Unvergeßlich wird es den Einwohnern bleiben, daß im Augenblick ihrer höchsten Angst, Abends gegen 6 Uhr, wo der Sturm die Flamme wie eine Säule nach dem Markt hinzuwehen begann, die ganze Gegend von Rauch umhüllt

Josef Poestion (1781-1866) „Das Rathaus des landesfürstlichen Marktes Außee", 1838.

war, und der glühende Odem der Feuersbrunst wie ein Sirokko die Gassen durchsenkte, der Herr Dechant an der Spitze der Geistlichkeit, und von der innbrünstig betenden Schaar der Kinder aus der ganzen Umgebung begleitet, nach der Brandstätte sich hin begebend, dort im Gebet vor Gott sich beugend, verharrte, und urplötzlich der Sturm sich legte, ein sanftes Wehen aus Nordwest aber die Flammen und den undurchdringlichen Qualm der Rauchsäulen rückwärts lenkte, so daß die Rauchwolken über die Gebirge, durch die Schluchten nach dem Hallstädter See hinzogen, und am 15. Julius Morgens ihre Richtung nach Goysern nahmen, dessen ganzes Thal sie erfüllten, und sich dann langsam weiter zogen und zerstreuten..."

„Der Brand im Markt Außee im July 1827", unbekannter Maler.

Der Schaden war mit über 80.000 Gulden enorm, dazu kamen die in der Nachbarschaft der Sudhütten abgebrannten Häuser. Ihre Besitzer klagten die Salinenverwaltung an, 4 Jahre prozessierten sie, bis zur höchsten Instanz – ohne Erfolg. Inzwischen waren ihre Anwesen durch die Zusammenarbeit aller Bürger auch ohne nennenswerte öffentliche Hilfe wieder aufgebaut worden. Nachdem die Salinenverwaltung zum Wiederaufbau der Sudhütten an die 600 Maurer, Zimmerleute und Holzknechte aus dem ganzen Salzkammergut zusammengezogen hatte, lief schon ein Jahr nach dem Brand die Salzproduktion in Unterkainisch wieder auf vollen Touren.

Die „Wittwe von Chezy", wie die Verfasserin standesbewußt am Titelblatt ihres Reisewerkes vermerken ließ, fand in Aussee zwar „eine schöne Kirche, wo treffliche Kirchenmusik gehalten wird, ein Rathhaus, wo Bürgermeister und Syndikus angestellt sind, ein Pfleggericht und ein Verwesamt, einen ausgezeichnet geschickten Arzt, und mehrere Bewohner von Bildung", schränkte aber gleich darauf ein, „wer nicht mit Empfehlungsschreiben an Einwohner versehen ist, nichts in Aussee will, als die Reize der Gegend genießen, wird vielleicht besser thun, sich mit einem flüchtigen Durchblick zu begnügen, und in Altenaussee zu übernachten, wo es gut seyn ist ..."

Dem Auge der ehrbaren Witwe waren die verborgenen Schönheiten des Marktes wohl entgangen. Ein anderer, der den Blick für die kleinen, stillen Dinge des täglichen Lebens hatte, schrieb darüber zur gleichen Zeit:

„Aussee, 15. August 1834. Es ist heute Sonntag und auch nicht mehr viel davon übrig. Ich will ihn größtenteils zum Schreiben an dich verwenden.. nach dem Frühstück sahen wir bei den Fenstern auf eine Art Platz hinaus; es war wieder schön, ja der Himmel hatte ein noch blaueres Sonntagsgewand angetan und die Sonne strahlte festlich geschmückt. Der Platz vor dem Hause war sauber gekehrt, auf der Bank unten saß ein uraltes Mütterchen, schön angezogen wie ein Kind, das man sonntags putzt: ein nettes Mädchen ging vorüber, den Braten zum Bäcker tragend, und gegenüber vor einem Hause standen die Leiterwagen in einen Winkel geschoben, und der Hahn stand darauf und krähte seinen Morgenruf hinaus. Landleute in ihrem Feiertagsanzuge kamen und aus den Tälern erschienen geputzte Älpler. Um neun Uhr gingen wir alle in die Kirche und wohnten dem Gottesdienst bei. Nach demselben, als die Landleute vor der Kirche standen, und die Frauen nach Hause trachteten, und geschmückte Mädchen herumsahen, und der Pfarrer vorüberging, und alles die Hüte abtat: da mahnte es mich heimwehmütig, weil mir einst in meiner Eltern Tale das alles so tief feierlich erschienen war. Als wir noch aus den Fenstern sahen, erblickten wir durch die ruhigen Gefilde überall die heimkehrenden Kirchengänger und sonntäglichen Gruppen, die an den Bergen klommen. Meine Reisefreunde gingen nach dem Essen alle zu dem Grundelsee..." – Adalbert Stifter im Kapitel „Liebfrauenschuh" in der Erzählung „Feldblumen".

Der Aufschwung des Marktes Aussee begann mit der Entdeckung der Heilkraft der Sole. 1850 hatte Dr. Vitzthum im Ort die erste Badeanstalt eröffnet, 1853 waren bescheidene 42 Kurgäste gezählt worden. 1868 wurde Aussee mit „hohem Statthaltereierlaß" zum „Alpencurort und Soolenbad" erklärt. 1869 – im Todesjahr Stifters – war die Zahl der Kurgäste schon auf 1608 gestiegen. Aber noch immer hatte Altaussee mehr Bewohner (1310) als der Markt Aussee.

1882 stiftete Anna Gräfin von Meran, die einstige Postmeisterstochter Anna Plochl, zur Wiederkehr des hundertsten Geburtages ihres Gemahls Johann ein Denkmal zu dessen Ehren. Mit dem Hofzug kam wenige Tage später Erzherzogin Valerie nach Aussee, zu Fuß hingegen über das Rettenbachtal aus Ischl die Kaiserin, Elisabeth von Österreich. Ihre Hofdame ließ sich allerdings in einem Tragsessel transportieren. Unter den bürgerlichen Kurgästen war ein junger Mann aus Wien: Richard Beer-Hofmann. Und so wie Stifter beschrieb auch er den sonntäglichen Markt Aussee:

Emanuel von Stöckler (1819-1893) „Messe in der Frauenkapelle der Pfarrkirche Aussee", 1884

„Zum ersten Mal bin ich 1882 – mit sechzehn Jahren – den ganzen Sommer über in Aussee (mit Papa, Mama und Großmama). Wir wohnen mitten im Markt, im ersten Stock der Apotheke, der Apotheker (Saherpöck) hat den Betrieb der Apotheke einem jüngeren Apotheker (Lang) übergeben, lebt im Winter mit seiner Frau und seiner Tochter Ernestine in Graz, im Sommer in der Apotheke, und eine größere Wohnung im Haus hat er an uns vermietet. Vom Fenster aus sehe ich am Sonntag die Sommergäste, die zur Kirche, zur Apotheke, und um Einkäufe zu besorgen, von ringsum in den Markt kommen:

Vom Tressen-Plateau der russische Staatsrat Cramer – mit zwei hochgewachsenen älteren Damen – weißhaarig, ernst und gemessen; vom Teichschlössel an der Ischlerstraße – wo im Mai weithin in durchtränkten Wiesen Narzissen in Blüte stehen – der russische Hofmaler Emmanuel Stöckler – Photographien seines Bildes ‚Ausseer Kinder beim Gottesdienst in der Kirche' sind in allen Läden zum Verkauf; vom Grundlsee kommen die Hofschauspieler Sonnenthal, Hartmann, Gabillon, Lewinsky, der Grundlseer Adel: die Rebenburg, Kesselstadt, Meran, der Alt-Ausseer Adel: die Eltz, die Westfalen, die Andrian-Werburg, Hohenlohe, Liechtenstein, dann Beamten-Adel, die Exzellenzen Schmerling, Braun, Chlumetzky – alles das drängt sich an einem Sonntag-Vormittag in der Hauptstraße vor den Fenstern unserer Wohnung..."

Genau zehn Jahre später stieg im „Hotel Franz Carl", dem späteren „Hotel Post", der 18-jährige stud.phil. Hugo von Hofmannsthal zum ersten Mal im Markt Aussee ab. Zwei Jahre zuvor hatte seine Freundschaft mit Beer-Hofmann begonnen. Sie sollte das Leben des älteren Freundes bestimmen:

„Ich wußte nie, was ich werden wollte...hätte ich nicht durch einen reinen Zufall den Hugo Hofmannsthal, Schnitzler und

Franz Barbarini (1804-1875) „Alte Salzstraße am Gasteig im Markt Aussee"

Bahr kennengelernt, wäre ich vielleicht nie zum Schreiben gekommen."

Fast vier Jahrzehnte dauerte die tiefe Freundschaft. Sie begann mit den ersten literarischen Versuchen beider im Wien des Fin de siècle, überdauerte alle inneren und äußeren Krisen, überstand auch den Zusammenbruch der Monarchie.

Hugo von Hofmannsthal mit seiner Mutter in steirischer Tracht, um 1883

„Ich weiß genau, daß es keinen Menschen gibt, dem ich so viel schuldig bin wie Ihnen", schrieb Hofmannsthal in einem Brief an den Freund. Die letzten Zeilen an Beer-Hofmann verfaßte er an seinem Todestag.

Hugo von Hofmannsthal und Richard Beer-Hofmann, zwei Dichterleben, verbracht in Wien und viele Sommer lang in Aussee.

Als im Juni 1891 das erste Mal elektrisches Licht in Aussee aufflammte, dichtete ein Kurgast:

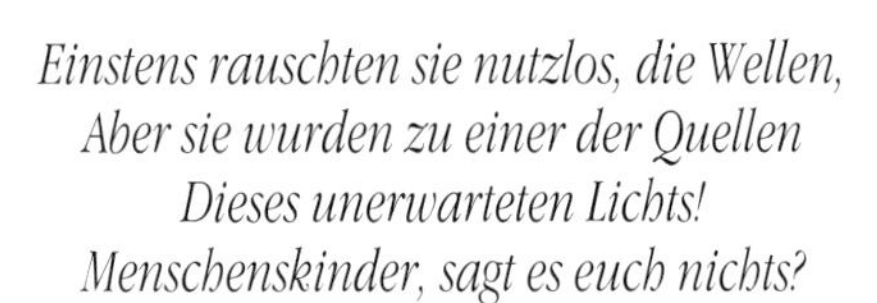

Einstens rauschten sie nutzlos, die Wellen,
Aber sie wurden zu einer der Quellen
Dieses unerwarteten Lichts!
Menschenskinder, sagt es euch nichts?

Der Kurgast war Theodor Herzl, Journalist, Schriftsteller und Prophet eines eigenen Staates der Juden. Er war auch fast ein Ausseer Ortschronist. Über 20 Jahre hat er aus und über Aussee geschrieben, so ihm sein Traum und die Korrespondenz, die er zur Erfüllung seines Traumes auch von Aussee aus mit den Mächtigen seiner Zeit führte, Zeit dazu ließen.

„Aus den Fluten, welche unheimlich schwellen, erhebt sich eine Stimme der Hilflosigkeit" - Theodor Herzl (1860-1904) über die Hochwasserkatastrophe im Sommer 1897.

In „Überschwemmung in der Sommerfrische" berichtet Herzl von dem großen Hochwasser, das im Juli 1897 das Ausseer Land verheerte:

„...unser Ort liegt recht angenehm an einem hellen Wasser, das über blanke Kiesel eilt und in welchem die fröhlichsten Forellen heranwachsen, bis sie groß genug sind, um den Feinschmeckern mit Butter und Kartoffeln vorgesetzt zu werden. Auf beiden Ufern stehen zierliche Villen, in denen man nur über gute Geschäfte nachdenken kann. Eine Promenade dehnt sich im Schatten der Bäume, da steht auch Bank an Bank, und die Lästermäuler lästern, während die Kurmusik den holden Abendstern aus ‚Tannhäuser' spielt. Das Wasser fließt hell dahin, und manche Sommergäste mögen seit Jahren hierherkommen, ohne jemals in die Wellen geschaut zu haben..."

Voll Sarkasmus schildert Herzl die Schaulust der Kurgäste, die aus sicherer Entfernung den aussichtslosen Kampf der Ausseer Feuerwehrmänner, vieler Freiwilliger und einer eilends aus Bruck herangeführten Jäger-Kompanie betrachteten:

„Dort an der alten braven Brücke, die so lange widerstand, ist das Hotel mit der großen Loggia. In dieser Loggia saß man trocken und gut. Es bildeten sich angenehme Kreise, in denen man scherzte, flirtete, Neuigkeiten besprach und auf den Untergang der Brücke als auf etwas immerhin Interessantes wartete. Als das Wasser stieg, war man in der Loggia wie im Speisesaal eines Ozeandampfers, unter den Fenstern rauschten die Wellen..." Die Überschwemmungen forderten mehrere Tote, zerstörten viele Straßen, fast alle Brücken des Ausseerlandes und im Tal der Koppentraun auch die Bahntrasse – eine Katastrophe für die Wirtschaft des Ausseerlandes, für seinen Fremdenverkehr!

Für die Kurgäste hingegen war es „wirklich keine ernste Sintflut, wir litten auch leiblich keine Not. Nur die Brücken hatten wir verloren, unsere Brücken: die Bahn, die Post, den Telegraphen, die Zeitung. Da konnten wir eine Philosophie des Verkehrs anstellen...jeder klagte nur über seine zerstörten Brücken. Wie wir so mit einem Ruck in die Hilflosigkeit der Zeit zurückgeworfen waren, welche uns nicht ferner liegt als das Leben unserer Großväter, da wurden wir uns jäh und vorübergehend unseres Reichtums

bewußt. Denn unsere Brücken sind schnell wieder aufgerichtet und tragen uns nach den fernsten Ufern. Was war das für eine heitere Rührung, als die Post wieder kam..."

Sie kam aus Richtung Ischl – wie in früheren Zeiten – mit der Postkutsche! Zweimal täglich überquerte das alte

Karl Reinhold (1820-1887) „Der Curpark von Aussee", um 1875

Gefährt wieder die Pötschen, über ein Jahr lang. Denn erst im Oktober 1898 konnte die Bahntrasse im Koppentrauntal wieder in Betrieb genommen werden.

Mit einem Schlag sah sich das Ausseerland in jene Zeit zurückversetzt, als es – durch die Bergmauern von der Außenwelt abgeschirmt – nur mühsam zu betreten war, in jene ferne Zeit, in der der wißbegierige Schultes zum ersten Mal nach Aussee gekommen war. 1908 müssen sich die Ausseer Gemeindeväter seiner Mahnung, Briefe nach Aussee nur mit dem Vermerk „Aussee in Steyermark" abzusenden, erinnert haben. Ihr Antrag um die Zuerkennung des Titels „Bad" enthielt unter anderem die Begründung, daß damit Verwechslungen mit Mährisch-Aussee vermieden würden. Drei Jahre später, im März 1911 war es soweit: stolz konnte sich der Markt „Bad Aussee" nennen!

Seither wird aber auch der Ortsname stets falsch, auf der zweiten Silbe betont. Denn wenn der Name Aussee auch mit Wasser zu tun hat, das heutige Wort „See" ist darin nicht enthalten. Die Sprachforscher neigen zur Meinung, daß die zwei Silben aus dem Keltischen stammen und einen „das fließende Wasser schöpfenden und es wieder weitersendenden Ort" bezeichnen würden.

Als „ausse interiori" war der Name im 13. Jahrhundert erstmals urkundlich genannt worden. Der Zusatz „interiori" galt der Unterscheidung von „ausse" im Ennstal, dem späteren Assach.

Aussee soll auch nichts mit dem altslawischen „osoje" zu tun haben, einem „auf der Schattenseite liegenden Ort".

Denn selbst wenn es im Lauf der Zeit manchmal im literarischen Schatten von Altaussee und Grundlsee – wohin die nächsten Kapitel führen – gestanden sein mag: im Schatten ist das 1994 zur Stadt erhobene Bad Aussee nie gelegen. Sondern eher wohl auf der „Sonnseite", topographisch wie auch seiner Bewohner wegen, vornehmlich der weiblichen.

Wie heißt's doch in dem bekanntesten aller Ausseer Gstanzln, in dem der Name Aussee übrigens noch immer richtig auf der ersten Silbe betont wird?:

„Aussee is a lustigs Tal,
Das sag i allemal.
San schene Mentscha drein,
Da mecht i sein."

„Ich stand zuweilen auf der ganz kleinen Fläche des letzten Steines ... ich sah die Täler wie rauchige Falten durch die Gebirge ziehen und manchen See wie ein kleines Täfelchen unten stehen ..." - Adalbert Stifter (1805- 1868)

Das Dorf im Gebirge

Es war eine sonderbare Streitmacht, die anno 1800 an einem regnerischen Frühsommertag im Ausseerland einmarschierte. Die Soldaten trugen russische Uniformen, standen in englischem Sold und fochten unter österreichischem Kommando gegen das napoleonische Frankreich: das Emigrantencorps der Condéer, geführt vom königstreuen Louis Philippe Prinz von Condé. Der Veteran des Siebenjährigen Krieges hatte die kleine Armee nach dem Sturm auf die Bastille aus französischen Adeligen aufgestellt. Sie war eine wenig schlagkräftige Streitmacht, doch ein riesiger Troß - nicht weniger als 1400 Kinder und Frauen, über 100 Priester, unzählige Diener, dazu nicht weniger als 2000 Hunde - begleitete die etwas mehr als 3000 Soldaten.

Ob ihres hochfahrenden Auftretens waren sie bei den österreichischen Militärbehörden schlecht angeschrieben, und auch die Zivilbevölkerung haßte sie wegen ihrer Diebstähle und Schulden. Es war ein verlorener Haufen, der, von der Geschichte überrollt und von den verbündeten Mächten nur geduldet, durch Europa zog, heimatlos und kriegsmüde wie der Chevalier Thibault, dem wir eine erste, von Wehmut geprägte Schilderung Altaussees verdanken:

„Heute am 11. Juni, sind wir in dem reizendsten Dorfe, das es geben kann. Es liegt in einem kleinen, sehr fruchtbaren und sehr reichen Tälchen, völlig einsam, von Bergen umgeben. Die Bewohner von Alt-Aussee, gut und sanft, leben behaglich in ihren Bretterhäuschen, die wie Schiffskajüten aussehen. Reinlichkeit und Frieden herrschen in ihren von angenehmen Obstgärten und üppigen Wiesen umgebenen Wohnungen; ihren Spaziergängen spenden Sykomoren und Tannen allerwärts Schatten. Ach! habe ich mir heute oft gesagt, warum kann ich nicht mit vier oder fünf Freunden meiner Wahl in solcher Zurückgezogenheit den Krieg und die Revolutionen und die Verbrechen dieser Welt vergessen?"

Das Blutbad der französischen Revolution, der Zusammenbruch einer Gesellschaft, die Kriegserklärung Frankreichs 1792 an Österreich, die ersten Feldzüge Napoleons - all das geschah draußen, in der fremden, fernen Welt, zu der die Ausseer keinen rechten Bezug hatten. Erst 1797 schreckten sie auf:

„Da wurde das erste mal ein sehr großer Auflauf sowohl bej Geistlichen wie bej Weltlichen, bej Jungen und bej Alten Leuten, weinen und heilen, Zidern und zagen, so daß man sich gleich so gern in die Erde lassen graben, gleich so sterben und nit mehr leben, als den Franzosen Feind kommen sehen", notierte Johann Wimmer damals in einer Altausseer Chronik.

„Alt Aussee", colorierter Stahlstich um 1860, ohne nähere Angaben.

Die Schrecken der napoleonischen Zeit endeten erst 18 Jahre später, und wieder schrieb Johann Wimmer darüber: „Nabolian oder Panabart wurde damals in Paryß gefangen und von den russischen und deutschen Kajser Frantz und den König von Preisen und andern hohen mächten auf das Meer auf eine Insel Elbä genannt hingebracht...durch Listigkeit und Falschheit von dieser Insel ausgekommen hatte er geschwind wieder ville tausend Anhenger bekommen und ist wider in's Frankreich gezogen, aber die Macht der drey Kaysern hatten gleich widerum mit ihm ein End gemacht und wurde Nabolian auf die Insel Helena gebracht, da sollt er immer bleiben."

Möglicherweise ist noch vor dem Chevalier Thibault der weitgereiste Joseph August Schultes in Altaussee gewesen. 1794 hatte er ja das erste Mal das Salzkammergut bereist, aber erst 1809 waren seine poetischen Reisebeschreibungen erschienen. Darin heißt es:

„Einen Grundelsee finden Sie am Alten-Ausseer-See nicht mehr; seine Ufer athmen nicht mehr das Romantische, das Hehre, das die Phantasie beflügelt; er ist heiterer, offener, und bringt Ihnen eben dadurch einen Ersatz, den Sie an keinem der übrigen Alpenseen umher treffen. Es ist der Spiegel

Friedrich Gauermann (1807-1862) „Altausseer See mit Dachstein", 1827

des über 1400 Klafter hohen Dachsteines, dessen silberne, ewig beeiste Gipfel in seinen schwarzen Tiefen zu versinken scheinen. Es gewährt ein Vergnügen eigener Art, sein Schiffchen auf dem See umhertreiben zu lassen, in dessen Tiefen die Stützen des Himmels versenkt zu seyn scheinen... die Pracht des Thales, das am Ausgange dieses Sees sich vor Ihnen öffnet, wo über mächtige Berge und Felsrücken die eisigen Zinnen des Dachsteins hereinblicken auf die bebauten Anger, wo der Sandlingberg und der Felsengipfel der Landeskrone kühn über Waldgebirge in die Lüfte emporsteigt; diese Pracht vermag ich nicht Ihnen zu schildern...bald hätte ich in der Trunkenheit der Erinnerungen an die Schönheiten vergessen, Ihnen zu sagen, daß Sie am Alten-Ausseer-See einen ziemlich bedeutenden Ort, Alt-Aussee finden. Die Lage dieses Ortes an den Ufern des Sees, und in dem magischen Thale, das die Zinken des Dachsteines früher als andere Thäler mit ihrem Morgenpurpur, und später noch als andere Thäler mit ihrem Abendgolde erleuchten, ist ungemein lieblich. Und wenn Sie, theils um den Berg öfters zu befahren, und die Mineralogie der Gegend (die aber bald abgefertigt ist) genauer zu studiren, theils um zu botanisiren auf den Alpen umher und an den Ufern der Alpen-Seen, oder um zu zeichnen, oder endlich auch bloß um zu schwelgen im müßigen Genusse der reinsten und höchsten Schönheiten der Natur in diese Gegend zu kommen; so werden Sie besser thun, sich in Alt-Aussee, als zu Aussee zu fixiren. Sie sind dort in dem Wirthshause ebenso gut, als in dem Markte. Mehrere Bergbeamte wohnen auch, um dem Berge näher zu seyn in diesem schönen Dörfchen."

1810 - Napoleon stand nach der Hochzeit mit Marie Louise, der Tochter des österreichischen Kaisers, auch am gesellschaftlichen Höhepunkt seiner Macht - kam der erbitterte Gegner des Korsen, der Onkel Marie Louises, nach Altaussee: Erzherzog Johann.

„Den 18. August. Der Tag war grau, und ich wünschte einen Nord- oder Ostwind, damit er den Nebel zerstreue, gutes Wetter, um mit Musse Alles zu beobachten", vermerkte der Erzherzog in seinem Tagebuch. „Um halb 11 Uhr fuhr ich weg, gleich hinter dem Amtshause längs der Traun, bei der Lend vorüber geht es in einem engen Thale durch den Wald aufwärts; schöne Ahornbäume zieren die Gegend. Von da ging es in den Kessel vom alten Aussee; bunt geschmückte Wiesen und fruchtbare Äcker stellen sich angenehm dem Blicke dar. Hier sieht man zerstreute Höfe, zwar gut gebaut, doch meist vom Holz...das Dorf liegt schön zerstreut, auf der kleinen Ebene die Kirche zunächst dem See, den ich befuhr; er mag ungefähr eine Viertelstunde lang, eine breit sein; er ist sehr angenehm zu sehen. Die Abhänge der Berge sind hier waldig und voll Wände; der See soll über 100 Klafter Tiefe haben, er ist sehr reich an Fischen, vorzüglich an trefflichen Saiblingen.- In Altaussee gibt es Uhrmacher, die geschickt sein sollen, es sind Bergarbeiter. Die Kirche ist alt, aus dem 15. Jahrhundert."

Damit bezog sich Johann auf den 1434 durchgeführten Umbau einer uralten, einst dem hl. Martin geweihten Kapelle, die um 800, wahrscheinlich über den Resten eines heidnischen Tempels, errichtet worden war. Erst Jahrhunderte später ist das Gotteshaus dann Ägydius, dem Schutzherrn der Kaufleute, geweiht worden.

Johann ließ sich auch auf dieser Reise von einem Kammermaler, damals dem Zeichner und Aquarellisten Karl Ruß begleiten. Franz Sartori dürfte dessen Bilder gleich nach der Rückkehr gesehen haben, denn er berichtete 1811 von „Schätzen, welche der hohe Kunstfreund Erzherzog Johann, der mit den Naturschönheiten dieser Länder so innig vertraut ist, durch seinen Landschaftszeichner sammeln ließ, der auch den Altausseer See für diese Sammlung zeichnete." Vom See schrieb er, daß er „von hohen Bergen umschlossen, und in Nebel gehüllt sich längs dem Gebirge hinab zog in die dunkelblaue Ferne, und die Kolossen, die sich ihm zu beyden Seiten hinan thürmten, bald hervorblicken ließ aus den mannigfaltigen Windungen des Gewölks bald wieder hinter dieselben verbarg."

Die umfassendsten, vielleicht auch schönsten Worte über die Landschaft rund um die Ausseer Seen fand damals der Schriftsteller und Historiker Carl Gottfried von Leitner 1830 in der „Steiermärkischen Zeitschrift" des Grazer Joanneums.

„Wir kamen allmählig aus dem Walde. Hie und da schritten wir an einer einzelnen Bauernhütte vorüber, einen Anger voll rosiger Zeitlosen hinab, einen Hügel hinan, wieder einen Schwarzwald, von goldenen Streiflichtern durchzogen, hindurch, bis nach einem dreiviertelstündigem, höchst anmuthigem Wege, ein schönes, lichtes Thal vor uns lag. Links streckte ein hohes Gebirg sein eisbehelmtes Haupt aus dem Schattendunkel der in einem Winkel zusammen rückenden Waldgebirge. Meine Begleiterin nannte ihn den Schneeberg, ich hielt ihn aber für den hohen Torstein. Vornhin beschränkten die Ischlerberge den fernen Gesichtskreis, und rechts stand der vieldurchschachtete Sandling, hier nur der Salzberg genannt, an dessen Fuße der Ort Alt-Aussee in mahlerischer Unordnung gelagert ist. Nach einer Viertelstunde stand ich an der Seeklause des Alt-Aussees. - Ein schöner Anblick! Das gewaltige Haupt des höchst eigenthümlich gestalteten Losers erhebt sich von der einen Seite, und verbindet sich mit dem etwas niedrigeren Breining, welcher sich gegen den Hintergrund des Sees hinzieht, und sich allmählig zum Wasserspiegel herabsenkt. Hinter diesem steht dann als Mitteldekoration der steinige Graskogel, welcher sich wieder von der andern Seite zur schroffen, roh abgerissenen Sattlerwand erhebt. In diesem groß gestalteten Steinbecken ruhet der leise bewegte serpentingrüne, nur etwas in's Blaue spielende See, an dessen Strande, gerade unter dem düstern Breining, und vor

Carl von Binzer (1824-1902) „Morgennebel am Altausseer See"

einer hellgrünen schief an dem Bergabhange lehnenden Wiese, eine kleine Kirche mit einigen grauen Hütten stehet. Viele ziehen diesen See - aber mit Unrecht - dem Grundelsee vor. Nicht als ob er, weil er um die Hälfte kleiner ist, weniger mahlerisch seyn müßte, sondern weil er des Zaubers einer umdüfteten Fernsicht entbehrt, welche der Fantasie ein freieres Spiel darböthe..."

Franz Steinfeld (1787-1868) „Der Altausseer See mit Trisselwand", um 1825

Carl Gottfried von Leitner, von Johann 1858 zu einem der drei Kuratoren des Joanneums ernannt, schrieb auch nach dem Tode Johanns dessen erste Biographie. Seine Balladen, Romanzen und Novellen waren im ganzen deutschsprachigen Raum bekannt, einige seiner Gedichte wurden von Franz Schubert vertont.

So wie Leitner ist auch die reiselustige Wilhelmina von Chezy heute als Schriftstellerin vergessen. Wie Leitner hat auch sie es einem großen Musiker zu verdanken, daß wenigstens ihr Name ab und zu genannt wird. Allerdings geht das Musiklexikon mit Chezys Textbuch zu Karl Maria von Webers Oper „Euryanthe" hart ins Gericht: „...eine verworrene Szenenfolge mit oft läppischen Versen!" 1823 war die Oper in Wien am Kärntnertortheater uraufgeführt worden, im Beiseins Johanns, der der spitzzüngigen, resoluten Dame während ihrer Reisen mehrmals beistehen mußte. „Die Poesie der Weiber stiftet doch wenig Rechtes und Gutes" - zu diesem wenig schmeichelhaften Urteil über Wilhelmine von Chezy kam der große Publizist und Schriftsteller Joseph von Görres.

So wie Schultes war auch die Chezy von Aussee wenig, von Altaussee hingegen hell begeistert:

„Ein irdisches Paradies der Anmuth und Großherrlichkeit. Der mit ewigem Schnee umkleidete Thorstein blickt auf die lieblichen Ufer des stillen Sees herab und spiegelt sich in seinen klaren Fluthen. Dieser entzückende Ort hat eine unendliche Süßigkeit und Großartigkeit zugleich der näheren Umgebungen, und was ihm den Vorzug vor vielen anderen Ausichtspunkten dieser Gegend sichert, herrliche Fernen, da die, auf einem großen Raum wildherrlich durcheinander geworfenen, kühn gruppierten und wundersam geformten Felsmassen weite Zwischenräume lassen, durch welche die fernen Gebirgsketten sichtbar sind... aller Zauber holder Waldeinsamkeit, lachender Fluren, heller Fluthen, thronen hier, von Felsenherrlichkeit mit wunderbar rührendem Reiz umfangen. Wer einen ganzen Sommer lang in Naturgenüssen schwelgen, in der reinsten und erquickendsten Gebirgsluft sich stärken will, schlage sein Zelt in Alten-Außee auf. Ich wüßte mir nichts süßeres, als dort in Frieden zu wohnen!"

In Altaussee in Frieden zu wohnen, und dies nicht nur wenige Tage in fremden Mauern, sondern einen ganzen Sommer lang im eigenen Haus - diesen Traum verwirklichten sich wenig später ein Wiener Schriftsteller und ein deutsches Dichterehepaar. Fügung des Schicksals oder Hinweis auf spätere Zweitwohnungs-Besitzer?

1846 erstanden August Daniel und Emilie von Binzer, wahrscheinlich auf den Rat Adalbert Stifters hin, in Altaussee ein Bauernhaus. Ein Jahr später bauten sie zusammen mit dem Wiener Schriftsteller Christian von Zedlitz eine Villa, das „Seehaus". Über Zedlitz, die Binzers und ihren Freundeskreis mehr in einem späteren Kapitel, mehr vor allem über Emilie von Binzer, deren Dramen am Wiener Burgtheater aufgeführt wurden und deren Novellen Stifter begeisterten. Sie schuf sich in Altaussee ein sommerliches Tuskulum.

„Ich komme von Aussee, wo das Haus der Familie von Binzer und von Zedlitz eine wahre Idylle ist. Eine schöne Lage, frische Wiesen, ein malerischer See, tiefe Schatten, ein elegantes, einfaches und bequemes Haus in ländlichem Stil", notiert 1850 die Herzogin von Dino, eine Tante der Binzer.

Wenige Jahre nach den Binzers und Zedlitz erschienen wiederum hohe Gäste.

„Meine Großeltern Hohenlohe kamen im Jahr 1858, gelegentlich einer Jagd im Toten Gebirge, über Wildensee, in das durch Berge umschlossene Tal von Alt-Aussee", schrieb Johanna Gräfin zu Eltz in ihrem Buch „Das Ausseer Land." „Die Alt-Ausseer Alpenlandschaft, die so viel Schroffes und so viel Sanftes in sich schließt, entzückte sie. Aussee war damals ein stilles entlegenes Tal. Seine Bewohner waren genügsame Bergarbeiter, Holzfäller, Jäger und Kleinbauern. Fremdenverkehr gab es noch keinen. Meine Großeltern kauften das Schneiderwirtshaus und bauten es um. Bald gingen Gäste aus und ein. Sie waren von der Schönheit des Tales so begeistert, daß sie immer wieder kamen und andere nach sich zogen."

Diese Neugierigen reisten wohl auch mit dem in Jena gedruckten Buch „Salzburg, Obersteiermark, das Oestreichische Gebirge und das Salzkammergut", mit dem Adolph Schaubach das Zeitalter der exakt recherchierten Reiseführerliteratur eröffnete. Blumige Landschaftsschilderungen ergänzten topographische Angaben von bisher unbekannter Genauigkeit und von bisher ungewohntem Umfang:

„Rechts von der Straße auf einer kleinen Anhöhe erblickt man die ganze Umbordung des Sees: die südwestliche, auf welcher wir stehen, ist sanft geformt, mit einem grünen Teppich überzogen, dessen Schmelz noch gehoben wird durch den Schlagschatten hochstämmiger Ahorne; durch diese und unter ihnen schimmert die grüne Flut des Sees, in welcher sich links die Hütten des Fischerdorfes spiegeln. Rechts und links öffnen sich, um den lieblichen Spiegel zu umfangen, die Felsenarme des Gebirges; in ihrem Schosse ruht die hintere Bucht des Sees. Ist es eine schöne Abend- oder Nachmittagsbeleuchtung, so steht rechts am See die glänzende Trisselwand in vollem Lichte, ihr Bild verdoppelnd in der öligen Flut, und um das blendende Weiss ihrer Marmorwände in einem noch glänzenderen Lichte zu zeigen, wirft sie einen zwar neidischen, aber dennoch äusserst malerischen Schlagschatten auf die gegenüberliegende schroffe Seewand und verdunkelt das ganze hintere Seegewände..."

„Das Dorf Altaussee gegen den Dachstein" – Ferdinand Lepié (1824-1883)

Carl Millner (1825-1895) „Blick von der Seewiese auf die Trisselwand“

Das zu sehen kamen die Gäste nun schon in Scharen, auch aus dem Ausland; die Eröffnung der Salzkammergutbahn im Jahr 1877 trug das ihre dazu bei. Nach dem Vorbild des Adels baute sich nun auch das wohlhabende Bürgertum in Altaussee Sommervillen. Altaussee, das bis dahin fast ausschließlich vom Salz und einer bescheidenen Landwirtschaft gelebt hatte, bot der beginnende Fremdenverkehr neue Einnahmequellen, die man geschickt zu fassen verstand:

„Um nun den Touristen und Sommerfrischlern einen bequemen, gefahrlosen Spaziergang zu bereiten, läßt der Alt-Ausseer Verschönerungsverein Sprengungen vornehmen und den schmalen, felsigen Pfad am Nordufer des Sees bis auf vier Schuh Breite erweitern, ein gewiß löbliches Unternehmen, zumal die Preise für die Kahnfahrt in Alt-Aussee sehr hoch sind. Überhaupt will er durch Anbringung von Täfelchen, Ruhebänken usw. an passenden Orten den Liebhabern der Gegend die Auffindung der schönsten Punkte und das Verweilen an denselben erleichtern.“ So konnte man es in einem Reisebericht der 70er Jahre lesen. Felicitas Frischmuth hatte mit ihrem „Zeitalter der Ruhebänkchen“ nicht so unrecht...

Neben dem vielgerühmten Dachstein-Blick beeindruckte vor allem ein Platz am See die Wanderer: die Seewiese. „Ein großartiges Amphitheater" nennt sie der erwähnte Reisebericht, „riesige Felsblöcke, so die Regengüsse von der Höhe herabgewälzt, haften auf der Seewiese. Diese gigantischen Zeugen einer wilden Zerstörungswuth wechseln mit sanften Wiesenteppichen, auf denen Kühe weiden, und Blumen."

Die Seewiese wurde bald zum meistbesuchten Ausflugsziel der Altausseer Sommergäste. Neben dem Jagdhaus der Fürstin Hohenlohe entstand eine „vielbesuchte Restauration, zu Fuss oder im Kahn erreichbar, wo alle Erfrischungen zu haben sind."

Sie wurde aber auch literarischer Schauplatz. „Ein Märchen aus Altaussee" nannte der Wiener Schriftsteller Hermann Ritter Mitscha von Maerheim seine Dichtung „Die Seewiese". Auch der einst vielgelesene Altausseer Sommergast Emil Ertl, ein Freund Peter Roseggers und Wilhelm Kienzls,

„Das Gasthaus am hinteren Ende des Sees ist ein beliebtes Ausflugsziel… unter einem Kastanienbaum sitzt eine Gesellschaft von Leuten…" – Barbara Frischmuth in „Tage und Jahre" über das aufgelassene Gasthaus auf der Altausseer Seewiese

beschrieb sie in seiner Erzählung „Die grüne Tasche": „...eine versteckte, stille Einöde, wo durch einen Bergsturz oder von einem Zentaurenkampf, der an dieser Stelle ausgefochten worden sein mochte, gewaltige Felstrümmer umherlagen, auf denen Moos und Buschwerk, hie und da sogar mächtige Tannen Wurzeln gefaßt hatten. Walderdbeeren lugten gleich roten Korallen aus dem feuchten, üppigen Grün der Blätter und Kräuter hervor, die zwischen den Felsblöcken wucherten...davor eine Landzunge, deren sanftgrüne, gegen das Wasser abfallende Wiesenmatten durch alte Bestände mächtiger Buchen und Weißtannen zum Teil beschattet, zum Teil unterbrochen wurden."

Rosegger selbst, oftmaliger Besucher des Ausseerlandes, nannte Altaussee „den allerschönsten Punkt der Steiermark, an welchem des Morgens zwei Sonnen glänzen, die von Osten aufsteigende und das Eisfeld des Dachsteins!"

Kaum einer der Gäste, die zu Herbstbeginn wieder in die Städte zurückkehrten, kannte aber die Altausser Landschaft im Winter. Heinrich Noé, einer der Klassiker der alpenländischen Reiseliteratur, hat in seinem „Österreichischen Seenbuch" eines der raren Winterbilder aus jener Zeit gezeichnet:

„Sonnenbeglänzter Nebel verhüllt uns die Berge und läßt den gefrorenen schillernden See als ein arktisches Märchen erscheinen... dort wo ein vom Schneewasser geschwellter Bergbach, dessen Wellen eine graue Hütte, einen Fischbehälter durchrauschen, in den See stürzt, hat sich das Eis weithin in den wärmeren Fluten gelöst. Weit draußen erst schwimmt die silberstrahlende Fläche des Eises, wie ein Land jenseits des Meeres, von Wundern und Geistern bewohnt... endlich sind die Dünste zerronnen, der Dachstein ragt als Kristall in die unermeßliche Bläue."

Noé beschrieb aber auch jene merkwürdigen, schon in den ersten biedermeierlichen Reiseskizzen abgebildeten wasserführenden Löcher, hoch oben in den Felswänden über dem See. „Liegern" hießen sie damals, „Liaga" noch heute.

„Schaut man in einiger Entfernung südlich von Altaussee nach dem Gipfel des Loser, so erblickt man zwischen diesem und dem Adlerkogel eine mächtige Wassersäule, welche jäh aus einer Höhlung herausbricht, in ununterbrochenem Sturz an der Wand hinabfällt und in einer anderen Höhlung spurlos verschwindet, bis wir sie hier als Bach wieder um die Blöcke schäumen sehen. Merkwürdig ist das Leben der Wasseradern an den umgebenden Wänden der Seewiese. Wenn gegen Ende des Aprilmonates das Eis im kleinen Augstsee, welcher dort oben in einer Mulde des grauen Gipfels liegt, zerrinnt und wenn der Schnee von den Bräuning-Alpen wegtaut, dann rauscht durch die unbekannten Klüftungen des Berginnern ein Fluß.

Wir sehen hoch an der Kogelstellerwand die dunklen Mündungen dreier Röhren. Aus diesen bricht der kurzlebige Strom, den Sonne und Südwind erzeugt haben, zutage. Der Donner der Lawinen, welche jetzt ununterbrochen in den tiefen Falten der Trisselwand hinabrollen, verhält sich zum Geräusch der Kaskaden wie ein sanftes Summen. Die Seewiese erscheint in jenen Tagen als ein Teil des Sees selbst, und nur die höchsten Blöcke ragen daraus hervor, lärchenbewachsene Felsinseln, zwischen welchen hindurch der Kahn bis zu der Felswand mit den Wasserstürzen vorzudringen vermag."

Ein Vierteljahrhundert lang priesen hauptsächlich Reiseführer die Altausseer Landschaft. In der Literatur fand sie nur wenig Niederschlag.

November 1896. In München übernimmt ein junger Redakteur des „Simplicissimus", der 23jährige Jakob Wassermann, das Manuskript eines 22jährigen. „Das Dorf im Gebirge" nennt Hugo von Hofmannsthal, der neben seinem Namen auch noch das Pseudonym „Loris"angab, unter dem er bis dahin geschrieben hatte, die Erzählung. Diese frühe Prosa des Dichters schildert das sommerliche Altaussee jener Zeit, als in den Bauernhäusern die besten Stuben geräumt und an die Gäste aus der Stadt vermietet wurden. Die Hausleute zogen sich währenddessen in die Dachkammern oder in kleine Nebenhäuser, „Sommerkuchln" genannt, zurück.

Keiner hat die Altausseer Landschaft schöner, keiner ihre Besucher subtiler geschildert als Hofmannsthal, dazu in einer Sprache,die in ihrer frühen Vollendung an das Werk von Adalbert Stifter, („einer der geistigen Ahnen Hofmannsthals", so Hermann Broch) anschloß.

Ihretwegen war der junge Dichter binnen weniger Jahre zum Idol der kulturgierigen Wiener Intelligenz geworden; „sie glühte dunkel in Purpur und Gold, schimmerte in weltmüdem Perlmutterglanz", urteilte Carl Schorske in seinem Buch über Geist und Gesellschaft im Wiener Fin de siècle. Nur Karl Kraus verachtete Hofmannsthal, „diesen Edelsteinsammler aller Literaturen: er flieht noch immer das Leben und liebt die Dinge, welche es verschönern". Altaussee gehörte wohl dazu.

Hugo von Hofmannsthal war im August 1892 noch im Markt Aussee abgestiegen. Im Herbst des folgenden Jahres hatte er in Wien den um ein Jahr jüngeren Leopold Freiherr von Adrian zu Werburg kennengelernt, dessen Eltern 1871 in Altaussee das Haus Fischerndorf 48 - an seiner Stelle steht heute die Wassermann-Villa - erworben hatten. Leopolds Großvater mütterlicherseits war übrigens der berühmte Opernkomponist Giacomo Meyerbeer gewesen.

1894 schuf sich Andrian mit der Erzählung „Der Garten der Erkenntnis" über Nacht einen literarischen Namen. Im gleichen Jahr überredete er Hofmannsthal, die Sommerfrische

erstmals in Altaussee zu verbringen. Dort trafen die beiden viele Literaten aus „Jung-Wien", Hermann Bahrs engerer Tischgesellschaft aus dem „Café Griensteidl", wieder : Richard Beer-Hofmann, Felix Salten, auch Arthur Schnitzler, der vor allem in seinen späteren Jahren einer der treuesten Altausseer Sommergäste werden sollte. In seiner Jugend hatte er sich mit dem Ort und dem See allerdings wenig anfreunden können:

Altausseer See

Nun ich den See im Abenddunkeln schau,
fällt mir ein Schatz der frühen Schulzeit ein -
die nieberührte Wasserfarbe „Taubengrau".

Aus „Ausseer Dreizeiler" von Rudolf Felmayer

Das Dorf im Gebirge

I

Im Juni sind die Leute aus der Stadt gekommen und wohnen in allen großen Stuben. Die Bauern und ihre Weiber schlafen in den Dachkammern, die voll alten Pferdegeschirrs hängen, voll verstaubten Schlittengeschirrs mit raschelnden gelben Glöckchen daran, alter Winterjoppen, alter Steinschloßgewehre und unförmlicher rostblinder Sägen. Sie haben aus den unteren Stuben alle ihre Sachen weggetragen und alle Truhen für die Stadtleute freigemacht, und nichts ist in den Stuben zurückgeblieben als der Geruch von Keller mit großen Rahmeimern und altem Holz, der sich aus dem Innern des Hauses durch die kleinen Fenster zieht und in unsichtbaren Säulen säuerlich und kühl über den Köpfen der blaßroten Malven bis gegen die großen Apfelbäume hin schwebt. Nur den Schmuck der Wände hat man zurückgelassen: die Geweihe und die vielen kleinen Bilder der Jungfrau Maria und der Heiligen in geschnitzten und papierenen Rahmen, zwischen denen Rosenkränze aus unechten Korallen oder winzigen Holzkugeln hängen. Die Frauen aus der Stadt hängen ihre großen Gartenhüte und ihre bunten Sonnenschirme an die Geweihe; in der Schlinge eines Rosenkranzes befestigen sie das Bild einer Schauspielerin deren königliche Schultern und hochgezogene Augenbrauen unvergleichlich schön einen großen Schmerz ausdrücken; die Bilder von jungen Männern, von berühmten alten Menschen und von unnatürlich lächelnden Frauen lehnen sie an den Rücken eines kleinen wächsernen Lammes, das die Kreuzfahne trägt, oder sie klemmen sie zwischen die Wand und ein vergoldetes Herz, in dessen purpurnen Wundmalen sieben kleine Schwerter stecken.

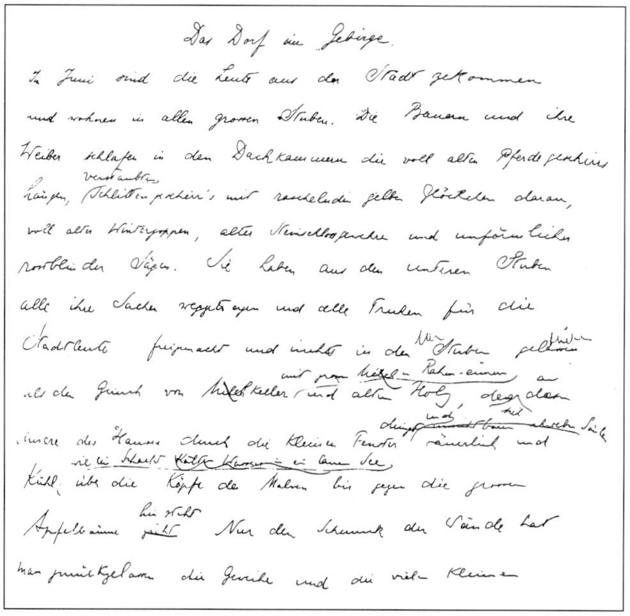
Das Dorf im Gebirge.
Im Juni sind die Leute aus der Stadt gekommen
und wohnen in allen grossen Stuben. Die Bauern und ihre
Weiber schlafen in den Dachkammern die voll alten Pferdegeschirrs
hängen, verstaubten Schlittengeschirr's mit raschelnden gelben Glöckchen daran,
voll alten Winterjoppen, alter Steinschlossgewehre und unförmlicher
rostblinder Sägen. Sie haben aus den unteren Stuben
alle ihre Sachen weggetragen und alle Truhen für die
Stadtleute freigemacht und nichts in den Stuben gelassen
als der Geruch von Keller mit grossen Rahmeimern und altem Holz, der aus dem
Innern des Hauses durch die kleinen Fenster säuerlich und
kühl über die Köpfe der Malven bis gegen die grossen
Apfelbäume hin schwebt. Nur den Schmuck der Wände hat
man zurückgelassen die Geweihe und die vielen kleinen

„Das Dorf im Gebirge", handschriftliches Manuskript von Hugo von Hofmannsthal (1874-1929)

Sie selber aber, die Frauen und Mädchen aus der Stadt, sieht man überall sitzen, wo sonst kein Mensch sitzt: auf den beiden Enden der hölzernen Brunnentröge, wo das zurücksprühende Wasser vom Wind in ihr Haar getragen wird, bis sie ganz voll Tau hängen, wie feine, dichte Spinnweben am Morgen. Oder sie sitzen auf dem Zauntritt, wo sie jeden stören, dessen Weg da hinüberführt. Aber sie wissen nichts davon, daß einer gerade dahin muß, gerade auf dieses bestimmte Feld zwischen den zwei Zäunen und dem tiefeingeschnittenen lärmenden Bach. Für sie ist es gleichgültig, wo man geht. Es liegt etwas so Zufälliges, Müheloses in ihrem Dasein. Sie brauchen keinen Feiertag und können aus jeder Stunde machen, was sie wollen. So ist auch ihr Singen. Sie singen nicht in der Kirche und nicht zum Tanz. Auf einmal, abends, wenn es dunkelt und zwischen die düsternden Bäume, und über die Wege aus vielen kleinen Fenstern Lichtstreifen fallen, fangen sie zu singen an, hier eine, dort eine. Ihre Lieder scheinen aus vielerlei Tönen zusammengemischt, manchmal sind sie einem Tanzlied ganz nahe, manchmal einem Kirchenlied: es liegt Leichtigkeit darin und Herrschaft über das Leben. Wenn sie verstummen, nimmt das dunkelnde Tal sein schwerblütiges Leben wieder auf: man hört das Rauschen des großen Baches, anschwellend und wieder abfallend, anschwellend und abfallend, und hie und da das abgesonderte Rauschen eines kleinen hölzernen Laufbrunnens. Oder die Obstbäume schütteln sich und lassen einen Schauer raschelnder Tropfen von oben durch alle ihre Zweige fallen, so plötzlich wie das unerwartete Aufseufzen eines Schlafenden, und der Igel erschrickt und läuft ein Stück seines Weges schneller.

Manche von den Lichtstreifen aber erlöschen lange nicht und sind noch da, wenn der Große Wagen bis an den Rand des Himmels herabgeglitten ist und seine tiefsten Sterne auf dem Kamm des Berges ruhen und durch die Wipfel der ungeheuren Lärchen unruhig durchflimmern. Das sind die Zimmer, in denen ein junges Mädchen aus einem Buch die Möglichkeiten des Lebens herausliest und verworren atmet wie unter der Berührung einer berauschenden und zugleich demütigenden Musik, oder in denen eine alternde Frau mit beängstigtem und staunendem Denken nicht darüber hinauskommt, daß dies traumhafte Jetzt und Hier für sie das Unentrinnbare, das Wirkliche bedeutet. Aus diesen Fenstern fällt immerfort das Kerzenlicht, greift durch die Zweige der Apfelbäume, legt einen Streifen über die Wiese und über den Steindamm, bis hinunter an den schwarzen Seespiegel, der es zurückzustoßen und zu tragen scheint, wie einen ausgegossenen blaßgelben Schimmer. Aber es taucht auch hinunter und wirft in das feuchte Dunkel einen leuchtenden Schacht, in dem die schwarzgrauen Barsche stumpfsinnig stehen und die ruhelosen kleinen Weißfische unaufhörlich beben wie Zitternadeln.

II

Auf den Wiesen stecken sie ihre viereckigen Tennisplätze aus und umstellen sie mit hohen, grauen Netzen. Von weitem sind sie anzusehen wie ungeheuere Spinnennetze.

Wer innen steht, sieht die Landschaft wie auf japanischen Krügen, wo das Email von regelmäßigen, feinen Sprüngen durchzogen ist: der blaugrüne See, der weiße Uferstreif, der Fichtenwald, die Felsen drüber und zuoberst der Himmel von der zarten Farbe wie die blassen Blüten von Heidekraut, alles das trägt die grauen feinen Vierecke des Netzes auf sich.

Auf den welligen Hügeln, die jenseits der Straße liegen, wird gepflügt. So oft die Spieler ihre Plätze tauschen, um Sonne und Wind gerecht zu verteilen, so oft wenden die Pflüger das schwere Gespann und werfen mit einem starken Hub die Pflugschar in den Anfang einer neuen Furche. Gleichmäßig pflügen die Pflüger, wie ein schweres Schiff furcht der Pflug durch den fetten Boden hin, und die großen, von Luft und Arbeit gebeizten Hände liegen stetig mit schwerem Druck auf dem Sterz. Wechselnd ist das Spiel der vier Spieler. Zuweilen ist einer sehr stark. Von seinen Schlägen, die ruhig und voll sind, wie die Prankenschläge eines jungen Löwen, wird das ganze Spiel gehalten. Die fliegenden Bälle und die anderen Spieler, ja der Rasengrund und die Netze, in denen sich das Bild der Wälder und Wolken fängt, alles folgt seinem Handgelenk, geheimnisvoll gebunden wie von einem starken Magnet.

Ein anderer ist schwach, ganz schwach. Zwischen ihm und jedem seiner Schläge kommt das Denken. Er muß sich selber zusehen. Seine Bewegungen sind von einer tiefen Unwahrheit: zuweilen sind es die Bewegungen des Degenfechters und zuweilen die Bewegungen dessen, der Steine von sich abwehren will.

Ein dritter ist gleichgültig gegen das Spiel. Er fühlt den Blick einer Frau auf sich, auf seinen Händen, auf seinen Wangen, auf seinen Schläfen. Er schließt bisweilen die Augen, um ihn auch auf den Lidern zu fühlen. Er lebt im vergangenen Abend: denn die Frau, deren Blick er auf sich fühlt, ist nicht hier. Manchmal läuft er ein paar Schritte ganz zerstreut dorthin, wo kein Ball aufgefallen ist. Trotzdem spielt er nicht ganz schlecht. Zuweilen schlägt er mit einer großen gelassenen Bewegung, wie einer aus dem Schlaf heraus nach geträumten Früchten in die Luft greifen könnte. Und der Ball, den er so berührt, fliegt mit vollerer Wucht zurück als selbst unter den Schlägen des Starken. Er bohrt sich in den Rasen ein und fliegt nicht mehr auf.

Das Spiel der vier Spieler ist wechselnd: morgen, kann es sein, wird der Gleichgültige den Starken ablösen. Vielleicht auch werden eitle und kühne Erinnerungen und der eingeatmete Morgenwind den zum Stärksten machen, der heute ganz schwach war.

Aber gleichmäßig pflügen die Pflüger und die schönen dunklen Furchen laufen gerade durch den schweren Boden.

Hugo von Hofmannsthal, 1896

„...wo es hier so schön ist, wo ich vielleich mehr ich selbst bin, als an anderen Orten...“ - der Rabenkropf-Bauer in Obertressen, eines der Quartiere Hofmannsthals.

„Im Jahre 70 oder 71 atmete ich zum ersten Mal Salzkammergutluft. Und damals war es, daß ich eines Abends in Alt-Aussee, von der Terrasse des Seewirts aus ins dunkle Wasser blickend, das scheinbar ohne Grenze mit der umgebenden Nacht in eins zusammenfloß, zum erstenmal etwas empfand, das ich Naturgrauen nennen möchte, und das, an den Ort gebunden, wo ich es kennenlernte, länger in mir nachwirkte als jenes erste Naturentzücken, das mir im Thalhofgarten zu Reichenau zuteil geworden war", schrieb Schnitzler in „Jugend in Wien". Und er ergänzte es Jahre später mit einer Tagebucheintragung im Mai 1916: „Terrasse Seewirth (Erinnerung an meinen ersten Aufenthalt, - vor etwa 44 Jahren - damals der Blick in den dunklen, unheimlichen See - von da aus vielleicht meine Aversion gegen den Ort, die erst jetzt schwindet)."

Schnitzler war 28, als er 1890 den 16Jährigen, erste Gedichte schreibenden Gymnasiasten Hofmannsthal kennenlernte. Die Beziehung der beiden, die trotz gegenseitiger Bewunderung und respektvoller Vertrautheit das förmliche Sie in der Anrede nie aufgaben, ist in unzähligen Briefen nachzulesen, in Briefen, in denen vor allem Hofmannsthal immer wieder die Landschaft rund um Altaussee pries. Es waren fast die Worte Lenaus, die er im August 1912 an Schnitzler schrieb: „...mir ist diese Landschaft die schönste und liebste..."

Richard Beer-Hofmann hat beide Freunde - Hofmannsthal starb 1929, Schnitzler 1931 - um viele bittere und schwere Jahre überlebt. Im Herbst seines Lebens schuf er eins der eindringlichsten Altausseer Landschaftsbilder. Das siebenseitige Manuskript blieb unvollendet, begleitete ihn in die Emigration und wurde erst 1949, vier Jahre nach seinem Tod, in New York gedruckt.

Eineinhalb Jahrhunderte war Altaussee mit den Augen Fremder gesehen worden, hatten es Reisende, dann Sommergäste beschrieben. Waren sie objektiv gewesen? Hatten sie nicht etwa nur ihre Wunschvorstellungen in das Dorf im Gebirge projiziert, sich eine Seelenlandschaft fern der Realität geschaffen? Nach einer Heimat gesucht, die sie im Getriebe der Städte nicht fanden?

„Nichts als Lärm, eitles Treiben, Zerstreuung, nichtig Streben, Genuß, Herzlosigkeit, Selbst- und Scheelsucht, niedrige Kniffe hier, welcher Abstand gegen meine Berge; dort hat der Schöpfer mit einfachen Zügen die einfachsten Gesetze geschrieben, die jeder fühlt, wenn sein Herz zur

Altausseer See im Frühherbst

Die Kinder noch im Bad mit jubelndem Geschrei,
die Liebenden auf der verborgenen Uferbank
und ineinander ganz versunken;
die Älteren im Ruderhaus beisammen,
unter dem Lampenlicht bei Speis und Trank geborgen -
und nur du selber auf dem Schattenweg
den See entlang, den schwarzen Fichtenwald zur Seite.

Freudloses Rauchrot der hinabgesunknen Sonne
verrostet schon den Rand der totenstillen Flut,
darin das Bild der abendlich entrückten Berge
im Pfauenschmelz der Wassernacht zerrann,
die aus der Tiefe algendicht emporgedunkelt.
Nur dort, an ihrem Ende hellt sich's magisch auf
zu einem geisterhaften, bleichen Widerschein:

Als wäre dieser kleine See das Leben selbst,
das vor dir unaufhaltsam in das Nichts entschwindet
und läßt an seiner Stelle Finsternis zurück,
droht dort das Jenseits knochenweiß herüber,
ein Steinphantom, entfleischt, phantastisch -
des Todes Mondgebirge türmt sich auf vor deinem Dasein
und schließt es ab mit seiner ungeheuerlichen Wand.

Rudolf Felmayer

Herbstmorgen

Alt-Aussee, 21. September 1935, sieben Uhr früh, am Fenster. Rechts, im Südwesten: die mächtige harte Flanke des Saarstein - vom nackten Gipfel, zuerst in steilem Fall, dann in großen bewaldeten Stufen ins Tal hinabgesandt. Links: im Süden, das ruhige gleichgeschenkelte stumpfe Dreieck des Zinken, mit dem Fuß des Saarstein im Talboden sich fast begegnend. Zwischen ihnen, in die Tiefe zurückgewichen, von Vor-Bergen noch einmal abwehrend umwallt, hebt sich - Herr über die andern - der Dachstein mit seinen Eisfeldern, die, wie zackig aufgebrochene steinerne Frucht, zwischen rings starrenden grauen Felsen das harte weiße Fruchtfleisch ihrer Firne entblößen.

All das, noch hinter dünnen weißen rostbraun getönten Schleiern, die, einer um den anderen herabsinkend, immer stärker durchsonnt, noch verborgenes Blau des Himmels verheißen.

In die fernen Schleier zart eingestickt, schwarz-starrendes Nadelgehölz - vor den Schleiern, von nebeligem Rauch überdampft, helle Massen sich weich ballenden Laubwerks. Dazwischen, manchmal, ein weißer Mauergiebel, braune, grau verwitternde Holzwände eines Bauernhauses mit geschlossenen grünen Fensterläden, langsam ins Sonnenlicht tauchend. Vorne, Wiesen, zum letztenmal im Jahr gemäht, durchzogen von den Streifen der Erdäpfeläcker, der Gemüsebeete, der Bohnenspaliere, die der Frost herbstlicher Nächte schon schwarz verbrannt hat. Auf den Gemüsebeeten vor dem Haus blaugrüne Kohlköpfe, und das kräftig gewellte Blattwerk roter Rüben. Knapp vor dem Fenster: roter Phlox, lila Astern, Kamille, spärlich, in einem kleinen, von glattgeschliffenen Fluß-Kieseln gesäumten Rund. Ein wenig weiter weg - in strengen Wintern und in allzu regenreichen Sommern schlecht gediehen, gealtert vor der Zeit - ein Apfelbaum, schief, verwachsen in der Wiese stehend - seine kümmerlichen, von grauen Flechten überschorften, wie gichtig verkrümmten knotigen Äste greifen, vergebens Halt suchend, in die Luft. Um den Stamm sich häufend, nur einseitig gerötet, unreife Äpfel, runzlig, selbst von den Igeln verschmäht, die jetzt unruhig durch mondhelle Herbstnächte tappend wandern.

Immer rascher sinken die Nebel, lösen sich, zerreißen zu dünn sich fasernden Schwaden, schwanken, verfangen in Baumgipfeln, lagern, wie gelockt von Verwandtem, über dem schmalen nur zwei Spannen breiten klaren Wasserlauf, der die Wiesen vor dem Haus kaum hörbar durchrinnt, eilend, eilend, um den Bach, von dem er eben abzweigte, wieder einzuholen, und mit ihm übermütig sich hinabzuwerfen in die weiß-grün schäumenden, rauschenden Wasser der Traun.

Die ersten Sonnenstrahlen brechen durch. Mir gegenüber, unter dem morschen grauen Vordach des Ziegenstalles geschichtet, leuchten gelblich, noch feucht vom nächtlichen Regen, Tannenscheite, die der junge Roman gestern - den ganzen Tag über - auf dem kleinen Handwagen aus dem Wald geholt. Das nicht entrindete Holz duftet nach Harz, und Harzduft, stärker noch, bringt der leichte frostige Morgenwind aus dem Nadelgehölz des Nachbars, drüben, über dem Wiesenweg. Gestern haben sie dort junge Tannen gefällt, und die kleine ausgeliehene Motorsäge noch am Abend herangebracht. Nun sägen sie die Stämme zu Klötzen, und das mordende rastlose Hin und Her der Säge ist wie der heiser rasselnde Atem eines bösen, tückisch-verborgenen Tieres, der die Stille des schuldlosen Morgens häßlich und drohend zerreißt. Aber drüber ist immer wieder heller, mutig-fordernder Finkenruf.

Große Spinnennetze - gestern waren sie noch nicht zu sehen - überspannen die Ecken, in denen - die Wiesen grenzenddünne Querstangen und Träger sich begegnen. Wie Segel gebläht, schwingen die Netze, in denen Tauperlen blinkend verfangen sind, lässig im Wind. Auf der Nachbarwiese sitzt herrisch, reglos, scheinbar um nichts sich kümmernd, eine schwarze Katze. Sie —

Richard Beer-Hofmann, 1935

Einfalt zurückkehrt", hatte schon Erzherzog Johann geklagt. Erst in unserer Generation ist Altaussee von Menschen beschrieben worden, die dort auch geboren wurden und dort ihre Kindheit verbrachten.

„Der Ort, an dem man aufwächst, ist ein besonderer Ort, der in der Erinnerung einen bevorzugten Platz einnimmt. Und das Haus bleibt das Haus und der Garten bleibt der Garten und die Vorstellung beginnt zu kreisen. Ein bestimmter Goldfisch, der an dem und dem Tag gestorben und an der und der Stelle begraben worden ist, läßt ein klareres Bild zurück, als der Tod des Großvaters. Die Unantastbarkeit der ersten Jahre..." So beschrieb Barbara Frischmuth ihre Heimat Altaussee.

Altausseer und Weltenbürger - Klaus Maria Brandauer

Der Ort hatte zwei völlig verschiedene Seinsweisen. Im Sommer, wenn alles voller fremder Leute war, die sozusagen die Welt an ihn heranbrachten, gab er sich offen, zugänglich und hatte etwas von der verschlissenen Eleganz Adeliger, deren Steireranzüge einen ganz bestimmten Schnitt hatten. Es gab Burschen, die, wenn es ging, sich den Juli und den August über frei nahmen, um sich den fremden Damen zu widmen. Sie standen als Liebhaber hoch im Kurs. Im Winter hingegen verkörperte der Ort ein nach außen hin fast völlig abgeschlossenes Dorf, das im Schnee fast erstickte und außer den paar Gasthäusern kaum einen Lichtblick bot. Dann waren die Einheimischen wieder aufeinander angewiesen, und dazwischen blitzten die Räusche auf, wie die Grablichter zu Allerseelen. Diese Zweigleisigkeit übertrug sich auf so ziemlich alles, und es machte einen Unterschied, ob im Sommer oder im Winter. Ob Skandal oder Anekdote, das hing nicht zuletzt von der Jahreszeit ab."

Barbara Frischmuth hat sich früh von Altaussee gelöst, viele Jahre in der Fremde gelebt, im Ausland und im Osten Österreichs. Als arrivierte Schriftstellerin kehrte sie nach Altaussee zurück und hat - auch wenn sie nicht das ganze Jahr dort wohnt - die Rückkehr mit dem Bau eines Hauses dokumentiert.

Arriviert zu sein, Karriere gemacht zu haben, das bringt Unabhängigkeit. „Es lebt sich einfach besser, wenn man unabhängig ist - überall, im Ausland und in der Heimat". So sieht es Klaus Maria Brandauer, der berühmteste Altausseer unserer Tage:

„Fühle ich mich also wohl in meiner Heimat? Altaussee ist sicher viel schöner als Tatabanya. Es ist der Ort, in dem ich geboren und aufgewachsen bin, und es ist der Ort, in den ich zurückgekommen bin. Warum komme ich immer wieder hierher zurück? Warum komme ich manchmal bloß für Stunden her? Ich habe eine Wohnung in Wien, ich habe eine Wohnung in New York. In beiden Städten fühle ich mich sehr wohl, und ich müßte lügen, wenn ich nicht zuge-

ben würde, daß ich manchmal einen Sonnenaufgang hinter der Skyline von East-Manhattan einem Sonnenaufgang über der Trisselwand vorziehe.

Ich weiß, daß ich an ‚Heimat Altaussee' – denkend eine geheime Sehnsucht nach der Bilderbuchwelt eines heilen, kleinen verschwiegenen Gebirgsdorfs habe. Die Sonne spiegelt sich im See, einsame Spaziergänge, Kuhglockenläuten vor kleinen Bauernhöfen, kein Neubau stört das Auge, gemütliche Wirtshausrunden, im Winter zu Hause mit Freunden um den Kamin sitzen, während draußen dichte weiße Flocken fallen."

Die Enge eines Tales, die Begrenztheit eines Ortes - Altaussee. Ort des Aufbruchs für einige, Zufluchtsort für viele. Refugium besonders für einen, der es tiefer liebte, fast schmerzlich. Der es verloren und wiedergefunden hatte und es auch in der Fremde nicht vergessen konnte. Noch

einmal Klaus Maria Brandauer: „Ganz Altaussee lag im Tiefschlaf. Ein Fenster aber war erhellt. Das einzige in dieser Nacht. Wie in vielen anderen Nächten auch. Rechts unten in der Königsgarten-Villa. Beim Näherkommen sah ich eine Thermosflasche, schwarzer Kaffee war drin, wie ich erst sehr viel später erfahren sollte. Salzgebäck und Nüsse auf dem Tisch. Gespitzte Bleistifte. Und ich sah einen Mann, der fast reglos an diesem Tisch über Papieren saß. Nur manchmal lehnte er sich zurück. Und ich dachte: irgendwann einmal klopf ich da an." In den fünfziger Jahren war das gewesen, und wer der Einsame in der Königsgarten-Villa war, das erfuhr der junge Brandauer von seinem Großvater: „Der Friedrich Torberg wohnt in der Königsgarten. Der Schriftsteller. Woaßt eh!"

Friedrich Torberg! Wer durch Altaussee wandert, vielleicht auf der Via Artis, der die Erinnerungen an die Künstler im Ausseerland wachhält, ein Weg auch nach Innen, ein Weg in die Tiefe - der wird auch an der „Villa Königsgarten" vorbeikommen. Und wird in der Nähe der Kirche das „Haus Wimmer" finden, in dem Torberg in späteren Jahren wohnte. Und am Torberg-Weg die Villa der Frau von Rath, Torbergs letztes Domizil in Altaussee. Drei Häuser, drei Stationen der Via vitae des Friedrich Torberg.

Eine letzte Erinnerung Klaus Maria Brandauers an Friedrich Torberg: „Untreu wurde er, der eingefleischte Altausseer, Altaussee nur beim Essen. Sein bevorzugtes Restaurant war nämlich in Grundlsee!"

„Alt-Aussee oder die Erfüllung eines Kindertraumes" - Friedrich Torberg (1908-1979)

Grundlsee - dies ist ein anderes Kapitel, nicht nur in diesem Buch. Es ist sogar eine andere Welt, wenn man die geheimnisvollen Grenzen kennt, die Altaussee von Grundlsee, die Altausseer von den Grundlseern und die Altausseer Sommergäste von denen des Grundlsees trennen.

Sehnsucht nach Alt-Aussee

Wieder ist es Sommer worden,
dritter, vierter Sommer schon.
Ist es Süden, ist es Norden
wo ich von der Heimat wohn?

Kam ich auf der wirren Reise
nicht dem Ursprung wieder nah?
Dreht die Welt sich noch im Kreise?
Ist es Sommer dort wie da?

Gelten noch die alten Strecken?
Streben Gipfel noch zur Höh?
Ruht im bergumhegten Becken
noch der Altausseer See?

Bot sich einst dem Blick entgegen
spiegelschwarz und wunderbar.
Himmel war nach manchem Regen
Bis zum Dachsteingletscher klar.

Kulm und Kuppe: noch die kleinern
hielten Wache rings ins Land.
Aufwärts ragten grün und steinern
Moosberg, Loser, Trisselwand.

Ins Plateau zu hohem Rahmen
wölbte sich die Pötschen schlank,
und es wuchsen die Zyklamen
nur auf ihrem drübern Hang.

Ach, wie war ich aller Richtung
sommerlich vertrautes Kind!
Ach, wie war mir Wald und Lichtung,
Bach und Mulde wohlgesinnt!

Treibt's mich heut zum See? Zur Klause?
Treibt's mich auf die Blaa-Alm hin?
Wird's beim Fischer eine Jause?
Wird's ein Gang zur Wasnerin?

Wo die Triften sanft sich neigten
vom Geröll zum Flurgeheg -
ach, wo ist's, daß sich verzweigten
Hofmannsthal- und Schnitzlerweg!

Ach, wo hat's mich hingetrieben!
Pötschen weiß ich, und Plateau.
Aber welcher Hang ist drüben?
Aber die Zyklamen - wo?

Friedrich Torberg
(In Kalifornien, 1942)

„Kiek, Hannes, jans wie bei uns dat Alsterbassin" - Jakob Brahms zu seinem Sohn Johannes Brahms beim Anblick des Grundlsees 1867.

Eine Welt für sich

Altaussee und Grundlsee: keine Orte, keine Täler, keine Kessel, keine Gebiete, sondern Weltanschauungen und als solche einander natürlich feindselig. In der Abwehr gegen die Verteidiger anderer Orte, Täler, Kessel, Gebiete und Gegenden einig, befehden und verachten einander die Freunde und Besucher von Altaussee und Grundlsee, sind aber ihrerseits wieder gespalten in die Bewohner und Besucher der einzelnen Sektoren innerhalb der beiden Weltanschauungsräume. Und da es für mich nichts Beglükkenderes gibt als die Landschaft des Grundlsees, kann ich schwer objektiv bleiben.

Es ist an dem (würde Hofmannsthal sagen, der zur Ausseer Partei gehörte), daß die Beziehung zu diesen Dörfern und Seen weit über die flüchtige, widerrufliche des Sommergasts hinausgeht, es ist Liebe, Verfallensein, unauflösliche Bindung, die uns an diese selbstgewählte zweite Heimat kettet, und wer nicht teil hat daran seit jeher, der fühlt sich hier fast wie ein Eindringling, wie ein ungebetener Zeuge des Familienlebens. Es wäre viel zu sagen über Altaussee, das ein Erdteil für sich, über Grundlsee, das eine Welt für sich ist..." – Hans Weigel schrieb dies. Er gehörte seit Kindestagen zu dieser Welt, so wie Friedrich Torberg zum Erdteil Altaussee.

Aber unsichtbare Grenzen trennten auch diese beiden. Aus dem Nachruf Weigels auf Torberg:

„Wir wären prädestiniert gewesen, Freunde zu sein. Wir waren sozusagen zweieiige Zwillinge, beide 1908 geboren, beide unter dem Trauma des Gymnasiums gelitten habend, beide von Karl Kraus und Alfred Polgar herkommend, daher die Familienähnlichkeit unserer kritischen Prosa, Franz Molnár liebend, Kaffeehäuser frequentierend, der Natur, vor allem dem Steirischen Salzkammergut, verfallen, beide aus bürgerlich-jüdischem Haus, beide von Anfang an zur Literatur tendierend... wir waren, wenn nicht Freunde, doch gute Nachbarn. Wir standen, mit einer Ausnahme, immer auf derselben Seite der Barrikade."

Diese Ausnahme war das Verhältnis beider zum Judentum gewesen. Torberg verstand sich als „deutsch-jüdischer, d.h. in deutscher Sprache schreibender Jude" oder - so formulierte es Weigel - als „Jude mit österreichischem Paß und Bekenntnis zu Österreich". Weigel wollte Herkunft und Vergangenheit nicht leugnen, fand aber, „daß die Unterscheidung von ‚Ariern' und ‚Juden' durch die Nürnberger Rassengesetze eingeführt und zugleich mit diesen Gesetzen abgeschafft wurde. Mein religiöses Bekenntnis ist meine Privatangelegenheit".

Matthäus Loder (1781-1828) „Fahrt über den Grundlsee", 1822

Es blieb bei den „gutnachbarlichen" Beziehungen, auch in der Sommerfrische. Nur einmal fand Weigel den Weg zu den Torbergs nach Altaussee. Und einmal nur traf Torberg am Grundlsee Hans Weigel, im Gasthaus des Toni Schraml, dessen Forellen weithin berühmt waren.

„Es war dies ein wunderschöner Abend, es war auch mein erster Aufenthalt am Grundlsee, von dem mir der Weigel so viel erzählt hatte, von dem er so oft geschwärmt hatte", erinnert sich Elfriede Ott. „Die beiden, Torberg und Weigel, waren so gleichen Sinns, das Gespräch von so einer Harmonie, ich hab mich den ganzen Abend immer wieder gefragt, gibt's denn das. Da saßen vier Menschen, der Torberg, die Marietta Torberg, der Weigel und ich am abendlichen See und waren einfach glücklich. Zwei Tage später, in Wien, ein unbedeutender publizistischer Anlaß, und mit der Harmonie zwischen Torberg und Weigel war's wieder vorbei." Ja, sie hätten Freunde sein können, der bekennende Altauseer Torberg und der stille Grundlseer Weigel...

„Man sagt, der Grundlsee wäre düster und kalt", schreibt Weigel über seinen See. „Man sage es! Schon daß ich hier einiges wenige des großen Geheimnisses preisgegeben habe, reut micht. Denn es könnte sein, daß der Grundlsee allzu sehr unter die Leute kommt und so seine Besonderheit verliert, die da heißt: Einsamkeit.

„Die Musik der Ausseer Landschaft ..." - Hans Weigel (1908-1991)

Seltsam sind die Ortsnamen: ‚Im Kreuz', ‚Im Schachen' nennen sich die Häusergruppen an dem einen ureinsamen Ufer, noch einsamer bist du am anderen Ufer, wo die Siedlung ‚bei den Wienern' liegt, am fernen Ende erstreckt sich das ‚Gößl', da bist du so weit fort vom Ort Grundlsee, als läge ein Grundlozean zwischen dir und ihm, Bad Aussee gar ist wie unerreichbar, Wien ist ein ferner Stern und Amerika ist undenkbar. Und jenseits des Gößls liegt der Toplitzsee, und jenseits des Toplitzsees der Kammersee, und da scheint schon Gößl in weite Ferne gerückt.

Allerdings geschieht alles, um jedem einzelnen Columbus sein Entdecken zu erschweren. Grundlsee wirbt nicht um Gäste, Grundlsee beantwortet bestenfalls Anfragen mit Rückporto, und auch dies zögernd und lässig. Ein Aufenthalt dort ist nicht einfach durchzusetzen, ist wie der Zutritt in einen Orden, eine geheime Gesellschaft. Komfort und Bequemlichkeit finden sich nur in Spuren. Die wohlhabenden Leute leben hier in Bauernhäusern ohne Fließwasser, führen selbst Haus oder legen weite Strecken zum nächsten Gasthaus zurück, die Post funktioniert mit allen erdenklichen Hemmungen, Boote überqueren gelegentlich den See und bringen Post oder Botschaften. Auch regnet es oft. Gott hat Kärnten sonnig geschaffen, auf daß es die Menschen aus allen Richtungen anziehe, aber das Salzkammergut hat er regnerisch werden lassen, um nicht alle anderen Landstriche zu entvölkern. Das Salzkammergut liebt man trotzdem, das Salzkammergut ist trotzdem überfüllt. Ein leicht erreichbares und vorwiegend sonniges Salzkammergut wäre zu paradiesisch, zu vollkommen. Selbst mit all seiner klimatischen Fragwürdigkeit, seiner verkehrstechnischen Problematik und seiner trotzig unzugänglichen Bevölkerung ist es fast zu schön für diese Welt. Ich zum Beispiel liebe den Grundlsee so sehr, daß ich es jahrelang vermied, ihn wiederzusehen."

Woran liegt's, daß der Erdteil Altaussee so viel öfter besungen wurde als die kleine Welt des Grundlsees? Lag's an den Gästen? Merkwürdigerweise zog es die Schriftsteller fast immer nur nach Altaussee. Lag's an den Einheimischen? Gab's in Altaussee die besseren Hotels, die gemütlicheren Wirtshäuser, die freundlicheren Vermieter? Oder lag's vielleicht auch an der Landschaft?

Der Altausseer See – das ist ein „bergumhegtes Becken", ein geschlossenes Rundpanorama, in dem Loser, Trisselwand und der Dachstein-Gletscher den Blick fesseln. Die Landschaft um den Grundlsee ist offener, weiter, der Blick verliert sich gegen Westen fast im Unendlichen. Erst ganz weit draußen ist an klaren Tagen die Bischofsmütze zu sehen.

Der Altausseer See ist ein Gebirgssee. Der Grundlsee hingegen erinnert an die Fjorde Skandinaviens, an die einsamen Seen im Norden Englands. Ist es ein Zufall, daß der Dichter Felix Braun in der englischen Emigration von einer „Heimweh erregenden Ähnlichkeit" mit den Seen des Salzkammerguts sprach? Ist es ein Zufall, daß die ersten ausländischen Gäste am Grundlsee Engländer waren? Zufall,

„Mir ist diese Landschaft die schönste und liebste" - Hugo von Hofmannsthal 1912 in einem Brief an Arthur Schnitzler

Grundlsee

Stille Seeflut, grün kristallen,
Bis zum Grunde sonnenklar,
Durch das Wasser webts wie Wallen
Von gesträhltem Nixenhaar.

Felsen, goldbraun sich erhebend
Aus dem nächtlich tiefsten Grün,
Grundgewächse, lichtwärts strebend,
Die nur träumen, daß sie blühn.

Auf des Grundes wellgen Matten,
Auf des Sandes gelbem Plan
Huscht von einem Fisch der Schatten,
Gleitet an dem Fels hinan.

In mein eignes Antlitz starr ich
Von des Nachens schwankem Sitz,
Süßen Schwindels voll, erharr ich
Einer Schuppe Silberblitz.

Waches Träumen – doch allmählich
Löst sich aus des Herzens Schoß
Ein Erinnern, rein und selig,
Wie des Himmels Bläue, los;

Daß ich einst in goldner Stunde
In ein Auge, klar und traut,
Bis zum sonnenhellen Grunde
Einer Seele hab geschaut.

Alfred von Berger
Der Universitätsprofessor, Schriftsteller, Dramaturg und Grundlseer Sommergast war 1910 bis 1912 auch Direktor des Wiener Burgtheaters.

daß sich der weitgereiste Joseph August Schultes beim ersten Anblick des Sees der Schilderung schottischer Seen in den Gesängen des sagenhaften irischen Barden Ossian erinnerte?

„Wir eilen über die Hügel hinauf, die Aussee in einen engen Kessel schließen, und sind in einem Stündchen schon an dem göttlichen Grundelsee. Durch liebliche Anger und Auen von Laubholz und Nadelholz, im Geräusche von Bächen, die herbeyeilen,um die neugeborene Traun zu grüßen, an ihrer Geburtsstätte, wo sie dem See entströmt, schlängelt unser Weg sich über Hügel hinan und durch Thäler hinab zum See der schönen Najaden. Berühmt ist er, der magische Grundelsee ob der schönen Mädchen, die seine Ufer bewohnen. Von Abend gegen Morgen hin zieht er in einem sanften Ovale; anderthalb Stunden würden wir brauchen,um ihn hinabzufahren in seiner ganzen Länge, und mehr als eine halbe Stunde, wenn wir ihn in seiner Breite überschiffen wollten. Amphitheatralisch öffnet sich das Thal vor uns, das diesen weiten krystallnen Spiegel umschließt. An der einen Seite im Vordergrunde ein weißer Kalkfels, an den zwey dunkle Nadelwaldhügel sich anschließen; an der andern eine leichte Waldhöhe, umgürtet am Fuße mit schwarzem Nadelgebirge, das Buchten in den See hinaustreibt. Nun reihen Berge auf Berge sich hinan im luftigen Grau an den beyden Ufern, den See zu umfassen, und in ihm sich zu spiegeln, und im Hintergrunde hängt schweigend in der Ferne ein Wasserfall herab über die Felswände, und über schwarze Waldrücken blicken beschneyte Alpengipfel herein, (die Hitzkögel, der Schachen und der Gaiswinkel). Ein Dörfchen liegt einsam hinten am See: die Wogen eines zweyten Sees umfluthen seine Gründe, und scheinen sie trennen zu wollen vom Lande. Dieser See ist der Töpplitzsee und das Dörfchen im Hintergrunde ist Gössel. Gruppen und Fischerhütten mit Kähnen und Netzen stehen schweigend an den melancholischen Ufern, und scheinen sie mehr zu verdüstern als zu beleben.

Man scheint in Oesterreich diesen See gar nicht zu kennen, den man hat nicht einmal eine auch nur erträgliche Zeichnung von demselben. Die tiefsten Stellen an diesem See halten ungefähr 60 Klafter. Er ist wenig stürmisch, da er fast ganz von Bergen eingeschlossen ist; nur im Winter,

Franz Barbarini (1804-1875) „Der Grundelsee“

wenn er überfroren ist, und die Einwohner, um den Weg zu ihren Hütten sich zu kürzen, über seine betrügerische Eisdecke gehen, ist er gefährlich, und ward schon oft das Grab von manchem wackeren Steyrer.

Wenn irgend ein See die Phantasie zur süßen Schwermuth zu stimmen, und Bilder, wie Ossian sie sah an den Ufern der schottischen Seen, in der Seele des begeisterten Schwärmers zu wecken vermag, so ist es gewiß der Grundelsee. Sie kehren gewiß wieder an seine Ufer zurück, wenn Sie einmal dort gelegen sind an seinen Abhängen, und die Geister der Vergangenheit und die Schattenbilder der Zukunft aus seinen schwarzen Tiefen zu Ihnen emporsteigen sahen. Tage werden hier Stunden, und Stunden fließen hier in Augenblicken hin, ehe man sie gewahret."

Wenige Jahre später, im August 1810, sah auch Erzherzog Johann zum ersten Mal den Grundlsee. Er kam aus Altaussee und vermerkte nüchtern in seinem Tagebuch: „Zu beiden Seiten erheben sich hohe Alpen, deren Abhänge waldig sind und das Holz für die Salzpfannen liefern; an ihrem Fusse liegen auf der sanfteren letzten Abdachung, und da, wo Seitengräben ihre Wasser dem See zuführen, Höfe; so auf dem nördlichen Ufer: Gasperlhof, Hopfgarten, Sperbihel, Steinwandl, Rösslern, Gaiswinkel, Ladner, Schachen; auf dem südlichen und schattseitigen: In der Au, Wienern. Diese alle sind von ihren Grundstücken umgeben und haben ein schönes Ansehen. Verfolgt man den See bis zu Ende, so steigt man bei dem Gössler Grunde, wo mehrere Häuser sind, ab. Von Gössl kommt man zu dem Tauplitz-See; dieser ist eine halbe Stunde lang und nicht gar halb so breit."

Poetischer schon die Schilderung der Landschaft in Johanns Autobiographie:

„Es übertrifft weit alles,sobald man entweder längs der Traun und dem Thale kommmend die Brücke bey der Claus betritt oder über die Höhen in dem Schatten alter Ahornbäume auf dem Abhange ersterer hervortritt und sich vor einem der herrliche Grundelsee entfaltet mit seinen mahlerischen Umgebungen.... das Bild schließen am Ende des Sees, von Wiesen umgeben, zwischen Bäumen die Häuser von Gößl. Es lieget über dieser Gegend eine Ruhe, die jeden, welcher Gefühl für die großartige Natur hat, ansprechen muß. Durch die Wiesen von Gößl gelanget man zu einem Walde, und wenn man denselben am Fuße der nördlich gelegenen Gößlwand zurückgeleget hat, so öffnet sich zwischen mit Wald bewachsenen Felswänden der eingeschloßene lange Toplitzsee. Einsam und abgelegen ist diese Gegend, keinen Laut vernimmt man hier, die Stille wird nur durch das Rauschen des Falles des Vordernbaches, der durch die Axt des Holzknechtes gefällten Bäume oder des Knalles einer Büchse unterbrochen. Im Hintergrund dieses düsteren Sees gelanget man durch eine kurze Strecke Waldes zu dem letzten und kleinsten, am Fuße der Felsenwände gelegenen, von Auen umschlossenen See, dem Kammersee."

Jakob Alt (1789-1872) „Blick auf die Seeklause beim Grundlsee", 1838

Lag diese subtilere Schilderung vielleicht daran, daß sich an Grundlsee und Toplitzsee zwischen diesen zwei Aufzeichnungen das private Schicksal Johanns erfüllt hatte?

Sommer 1816. Johann stand noch immer unter dem Eindruck eines mehrmonatigen England-Aufenthaltes. Im Herbst 1815 war er im Auftrag seines kaiserlichen Bruders Franz nach Großbritannien gereist, hatte dort erstmals die Dampfmaschine gesehen, mit ihrem Erfinder James Watt gesprochen, die modernsten Bergwerke der damaligen Zeit und die neuesten Fabriken der hochentwickelten englischen Eisen- und Stahlindustrie besucht, die erste Lokomotive bestaunt. Das alles hatte ihn interessiert, fasziniert. Aber Johann übersah dabei auch nicht die unmenschlichen Arbeitsbedingungen, die Kinderarbeit, die Entwurzelung des Landvolkes, das in Bergwerken und Fabriken zum namenlosen Proletariat herabsank. Die englischen Industriellen, ansonsten ausländischen Besuchern gegenüber sehr mißtrauisch, hatten dem hohen Gast stolz alle technischen Errungenschaften gezeigt. Sie konnten nicht ahnen, daß Johann dank seiner exzellenten technischen und naturwissenschaftlichen Ausbildung fast so etwas wie Werksspionage betrieb und das Gesehene in den Jahren danach zum Wohle der steirischen Industrie, des steirischen Montanwesens umsetzen würde.

Leopold Kupelwieser (1796-1862) „Erzherzog Johann in Rock mit grünen Aufschlägen", 1828.

Nach der Berichterstattung am kaiserlichen Hof war er wieder in die Steiermark zurückgekehrt, hatte die erste Augusthälfte im Toten Gebirge verbracht, war nach Gößl abgestiegen und beim Ladner von Freunden und Bekannten empfangen worden. Nach dem Mahl brach man zur Seeklause in Grundlsee auf, wo zu Ehren des hohen Gastes ein Fest stattfinden sollte. Johann in seiner Autobiographie, in der er sich selbst nach seinem Anwesen in der Nähe Mariazells „der Brandhofer" nannte: „Einige luden den Brandhofer zum Tanze ein, die Bürger vom Markte (Aussee) mit ihren Frauen und Kindern waren anwesend. Als sich das ganze zu dem landesüblichen Wechseltanz gestaltete, kam zuletzt ein Mädchen an die Reihe, sie mochte höchstens 14 Jahre alt seyn, kaum aus den Kinderjahren heraus, frisch, fröhlich, die, als ihre Reihe vorüber war, wieder wegsprang und sich unter die Leute verlohr. Das Mädchen war die älteste Tochter des braven Bürgers und Postmeisters von Aussee Jakob Plochl. Dieß sagte dem Brandhofer der anwesende Amts Rath Ritter. Es war eine Erscheinung, die schnell verschwand, was konnte so ein junges Wesen für einen Eindruck zurücklassen, es wurde davon nicht weiter erwähnt. Konnte denn der Brandhofer ahnen, was dieses junge muntere Mädchen ihm einst werden würde?" Johann war der bei diesem ersten Zusammentreffen mit Anna Plochl 34 Jahre alt gewesen.

Jakob Gauermann (1773-1843) „Spaziergang bei Gössl am Grundlsee", 1821

Drei Jahre später. Wieder war es Sommer geworden, der Sommer 1819. „An einem schönen Morgen des Monathes August, so wie sie in den Hoch Gebürgen zu seyn pflegen, warm, bey reiner Luft, nicht wolkenlooß, daher die Sonne auch auf Augenblicke verdecket, ruhte am Ufer des kleinen Kammersees zunächst am Durchlaß im Schatten des Waldes, welcher den Raum zwischen ersterem und dem Toplitzsee bedecket, eine Gesellschaft von Männern. Auf einem Steinblock saß unter ihnen der Brandhofer, den über die im Hintergrund stehende Wand sich herabstürzenden Wasserfall der Seicherin betrachtend, welcher in dieser Jahreszeit aus Mangel an Wasser unansehnlich war. Nach einer kurzen Weile erhoben sich alle und wandelten zu dem Kahn, welcher am Toplitzsee wartete. Ich sagte früher, wie der Toplitzsee ein eigenthümliches Gepräge hat, lang, schmahl, von hohen, steilen, mit Wald bewachsenen Bergen umschlossen, sein Wasser von einem klaren dunklen Blau, noch dunkler durch die sich in ihm spiegelnden Fichtenwälder, keine Wohnung an demselben, seine Stille zum Ernst und zur Schwermuth stimmend. Keine Luft regte sich, glatt wie ein Spiegel war der See, im Schatten des südlichen Ufers gleitete das Schiff seinem Ziele zu, der Au von Gößl. Im freundlichen Gespräche unterhielt sich die Gesellschaft und hatte bereits die halbe Länge des Sees zurückgelegt, als einer unter ihnen auf vier weiße Punkte in der Gößlerau aufmerksam machte, welche, unbeweglich, von allen für aufgehängte Wäsche gehalten wurden. Als aber das Schiff sich näherte und jene Punkte die Plätze veränderten, erkannten alle, daß es belebte Gegenstände waren: jeder sprach darüber seine Meinung aus, die sich zuletzt darinn vereinigte, es müßten Bewohner aus Gößl oder Sendinnen seyn, welche Neugierde hierhergezogen hatte. Bald lößte sich das Räthsel, als der Kahn an das Ufer stieß und alle an das Land gestiegen waren, denn es kamen dem Brandhofer vier Mädchen entgegen.

Jakob Gauermann „Ankunft beim Ladner", 1820

Obgleich dem Schnitte nach in Landestracht gekleidet, zeigten Stoff und Zusammenstellung, vor allem der Anstand und ihr Benehmen, daß sie nicht Landleute waren. Weiße Kleider von Perkal, grüne Mieder mit Goldbörteln einfasset, weiße Strümpfe und leichte Bundschuhe, ein Vortuch von Seide bildeten die Kleidung, während ein grüner Huth, nach Landes Art mit gleichfärbigen Bändern gezieret, das einfach geordnete Haar bedeckte. Eine schöne Überraschung für alle..."

Eines der der vier Mädchen war Anna, die älteste Tochter des Postmeister Plochl, gerade 15 Jahre alt. Gemeinsam spazierte man über die Wiesen und durch die Au nach Gößl, zum See, „wo alle ein großes Schiff, mehr einem schwimmenden Gartenhause gleich, bestiegen. Die Fahrt war kurz, denn es gieng zu dem Ladner.

Wenn man von Gößl das nördliche Ufer des Sees verfolget und dem am südlichen Ufer so schön gelegenen einsamen Wienern gegenüber gelanget, lieget ein Thal: dieses senket sich aus dem nördlichen Alpengebürge von dem Brüderkar herab, enthält in sich die Zimitz-Alpe; der aus dem Thale zugeführte Schutt hat zuletzt einen sanften Abhang, dann einen im See vorspringenden Schuttkegel, beyde mit Wald bedecket, gebildet; auf dieser Schuttablagerung, verborgen im Walde, sind die Häuser von Gaiswinkel mit ihren beschränkten Gründen. Von da nur eine kleine Viertelstunde weiter am See Ufer am Rande grüner Wiesen das einfache Haus des Ladners."

Beim Essen und beim Tanz danach kamen sie einander näher, Johann und Anna, der Kaisersohn und „die Tochter des Bürgers und Postmeisters Jakob Plochl, eben jene, welche ich früher als eine vorübergehende Erscheinung erwähnte, deren Wesen den Brandhofer ansprach. Schlank gewachsen, über die mittlere Größe, in schönster erster jungfräulicher Blüthe, sprach ihr Gesicht jeden durch das Gepräge der Unbefangenheit und Gemüthlichkeit an; ein schönes braunes Auge, was wir Gebürgsbewohner mit gamsauget bezeichnen, dessen ruhiger Blick die Unschuld der Seele aussprach, die Fröhlichkeit des Alters, gepaart mit großer Bescheidenheit, und jene Anspruchslosigkeit und Aufrichtigkeit, die nicht erlernet werden kann" - es muß den immerhin schon 37-jährigen Johann wie ein Blitz getroffen haben - „...lange kam ihm kein Schlaf; was er am Tage gehört und gesehen, ruffte er sich in das Gedächtniß zurück, es war ihm alles wie ein schöner Traum!"

„So war ich, als mich mein Erzherzog am Toplitzsee 1819 erstmahl sah. A.Gfn. Meran", eigenhändiger Vermerk Anna Plochls auf der Rückseite einer Miniatur eines unbekannten Malers, 1819/20.

Die Romanze zwischen Johann und Anna - das war bald nach ihrem Bekanntwerden schon der Stoff, aus dem die Träume sind. Träume, von denen viele zehrten: ganze Generationen von Schriftstellern und Drehbuchautoren. Was sie schufen, waren größtenteils unsägliche Schnulzen und schlechte Heimatromane. Die Ausseer, die Grundlseer hingegen haben die Romanze kaum vermarktet, erinnern sich ihrer in nobler Zurückhaltung: nur ein schlichter Gedenkstein unter den Bäumen am Ufer des Toplitzsee erinnert an eine große Liebe, die erst Jahre später ihre Erfüllung fand. 1829, nach langen Jahren eines zermürbenden Kampfes gegen die Intrigen des kaiserlichen Hofes zu Wien, haben der kaiserliche Prinz und die Ausseer Postmeisterstochter geheiratet.

Im gleichen Jahr kam auch der Schriftsteller Carl Gottfried von Leitner, in späteren Jahren der erste Biograph Johanns, zum ersten Mal an den Grundlsee. Und gab ihm den Vorzug vor dem Altausseersee: „Sein Anblick ist Anmuth

Eigenhändige Unterschrift Erzherzog Johanns

und Größe! - Ein tiefruhiger, dunkelgrüner, fast schwarzer Wasserspiegel zieht sich, eine halbe Stunde breit, zwischen großartigen Gebirgen, mehr als anderthalb Stunden lang, bis zu einer fernen, verdüftenden Felsenansicht hin. Das Grau kahler Steinmassen, das Dunkel fichtenbewachsener Vorberge und das besonnte zauberisch-helle Grün der gegen das Gestade auslaufenden Wiesenhügel mit ihren blaßgrauen Bauern- und Fischerhütten, vereint mit den umgestürzten Alpen, Wäldern, Gehöfen und grünleuchtenden Rasenzungen, vollenden ein Gemälde, reizender als

„Partie vom Grundlsee", unbekannter Maler, um 1850

je ein Mahler oder ein Dichter - nicht darzustellen - sondern nur zu träumen vermöchte. Links steigt der kahle Hundskogel empor, hinter ihm etwas tiefer der Bergkar, welcher sich zum kalkweißen, breitzackigen Backenstein erhebt, der, sich gegen den See herabsenkend steil, seinen Fuß in Schwarzwäldern verbirgt.

Tiefer zurück ragen die Doppelspitzen der Brüder empor, kleiner aber sehr ähnlich den Teufelshörnern am Obersee in Berchtesgaden. Den Hintergrund bilden in verbleichender Ferne der Neastein, die Weißwand, Sidln und der Rerikogel, dann winden sich die Ufergebirge wieder dem rechten Vorgrunde zu und werfen einen krummen Schlagschatten in den Winkel des Sees. Der Bauer mit seinem trotzigen Kopfe greift zum Gressenberge herüber, und dieser reicht bis an an den länglichten, sanftgewölbten Schwarzwald hervor, dessen tiefes Dunkel wieder von einem lichten, fast durchsichtig-grünen,sich spiegelnden, Uferstreifen wunderlieblich absticht und das ganze Rundgemählde schließt. In der Mitte dieser großartigen, sich hintereinander vorschiebenden Gebirgskoulissen nun liegt in tiefer Ruhe und Stille der reine Rauchchristallspiegel des einsamen Sees, eben so lieblich als erhaben."

Leitner erwähnte auch zum ersten Mal den Namen jenes Mannes in der fernen Schweiz, dessen Schriften einst das neue Naturgefühl ausgelöst hatten: „Vielleicht hat der schweizerische Bielersee nicht so hohe Reize, auf dessen Petersinsel Jean Jacques Rousseau in Abgeschiedenheit und im Vergessen aller erduldeten Unbill bey seinen Schriften und Kräutern - wie er selbst sagte - in zwey Monathen Jahrhunderte verlebte. Und wild anmuthiger, zauberhafter kann selbst der hochschottische Katharinensee nicht seyn, von welchem Scott sang."

Immer wieder tauchen bei den Besuchern des Grundlsees diese Gedanken an die schottischen Seen auf, so wie auch umgekehrt schon zur damaligen Zeit Engländer von der Schönheit des Grundlsees gewußt haben: wahrscheinlich aus den Erzählungen Johanns während seines Englandaufenthaltes, vielleicht aus den Bildern seiner Kammermaler, deren Kopien auch den Weg nach England fanden.

Im Fremdenbuch des Fischmeisters an der Grundlseer Seeklause stieß Leitner auf die Spuren der ersten ausländischen Besucher des Grundlsees, die dreier Engländer. Sie werden uns in einem der folgenden Kapitel begegnen.

Leitners Wunsch, mit einem Boot zum See-Ende geführt zu werden, erfüllte sich nicht. Fährmann sei keiner da und auch kein Schlüssel zur Schiffshütte, und alle anderen Boote seien schadhaft, wurde ihm beschieden. Die Tochter eines Bergarbeiters suchte Leitner durch eine Beschreibung dessen, was ihm entging, zu trösten: „Sie sagte, nach einem halbstündigen Wege über Felder und Wiesen, welche den hinteren Damm des Grundelsees bilden, gelange man an dem Dörfchen Gossel vorüber zum Töplitzsee, welcher nichts anderes sey als ein Kessel voll von pechschwarzem Wasser, eingemauert zwischen himmelhohen garstigen Felsen, so schroff, daß man nicht um ihn herumgehen könne, sondern gerade darüber schiffen müsse, wenn man an den kleinen Kammersee kommen wolle, welcher jenseits einer, eine Viertelstunde breiten Landenge, eingeschlossen von finstern Felswänden, schwarz und ohne Bewegung daliege. Und somit, meinte sie denn, würde ich wohl selbst einsehen, wie wenig ich an all dem verloren hätte!"

Die genügsamen Bewohner des Ausseerlandes hatten damals wohl noch nichts mit Fremden im Sinn, wie es jenseits der Pötschen nach Leitners Beobachtungen schon gang und gäbe war: „An allen Seen des österreichischen Salzkammergutes stehen immer sichere Nachen zu bestimmten Preisen bereit - sollte sich eine solche Anstalt hier nicht lohnen? Selbst ein Nachen und ein Schiffer würden den dringendsten Bedürfnissen abhelfen und gewiß Beschäftigung finden. Ich weiß nicht, ob unser Grundelsee nicht fast alle österreichischen Seen durch jene wunderbare Verschmelzung des Lieblichen und des Erhabenen überbietet? Nur wird wenig von ihm gesprochen, kein Gastwirth im nächsten Orte fordert - zu seinem eigenen Vortheile-Reisende auf, jenes holde Naturschauspiel zu besuchen, und keine Tafel weiset von der Heerstraße ab nach jenem Gebirgswinkel."

Erkannten die Grundlseer doch noch rechtzeitig die Zeichen der Zeit, oder lag's an den begeisterten Schilderungen Leitners, die Reiseschriftsteller späterer Jahre wortwörtlich übernahmen ohne dabei allerdings seinen Namen zu erwähnen –: In den folgenden Jahren kamen immer mehr Fremde an den See.

Vielleicht auch um erschauernd nach dem zu spähen, was der den schottischen Gewässern so ähnliche Grundlsee schon 100 Jahre vor Loch Ness laut Leitner zu bieten hatte? „Vor ein paar Jahren behaupteten die Bewohner des Seethales, eine ungeheure Schlange, auf der Seefläche lang und behaglich hingestreckt, sich sonnen gesehen zu haben; und Seine Kaiserliche Hoheit, der Erzherzog Johann, welchen die schöne Empfänglichkeit für diese große Natur und das edle Waidwerk von Zeit zu Zeit in diese Gegend führte, fanden sich veranlaßt, einen Preis für denjenigen auszusetzen, welcher dieser Schlange todt oder lebendig habhaft werden würde. Bisher scheint aber jener Lindwurm – welcher auch weiter nicht gesehen wurde, – seinen Ritter Georg noch nicht gefunden zu haben."

Unter den ersten, die länger an seinen Ufern verweilten und am Grundlsee die Sommerfrische eingeführt haben, war eine Gruppe lebenslustiger junger Künstler aus Wien: der Schriftsteller Alexander Baumann, seine Freundin, die Burgtheaterschauspielerin Mathilde Wildauer, der als Schubertsänger bekannt gewordene Carl Freiherr von Schönstein und Josef Dessauer, als „begabter Kompositeur" jener Jahre geschätzt. Er hat Gedichte von Uhland, Eichendorff, Lenau, Brentano und Chamisso vertont.

Sie alle wohnten beim Ladner, stiegen von dort aus ins Tote Gebirge und richteten sich auf der Vordernbachalm oberhalb von Gößl im Kreise der Sennerinnen häuslich ein.

„Den Tag über machten wir Ausflüge oder stiegen auf das höher gelegene Felsgebirge, um auf Gemsen zu jagen", erinnerte sich Alexander Baumann. „Am Abend aber, wenn alle Arbeit geendet und das Vieh versorgt war, da ging es lustig her. Zither und Geige erschallten, Holzknechte und Jäger wurden eingeladen und eine Sennerhütte wurde zum förmlichen Tanzboden umgewandelt. Unvergleichlich war der Anblick dieser erhabenen Gebirgsnatur, wenn der Mond sein silbernes Licht über den zu unsren Füßen liegenden See ergoß..."

„Vor allem war es eine Gegend, die wir als unseren Lieblingsaufenthalt auserkoren hatten. Ich meine damit den lieblichen Grundlsee..." - Alexander Baumann (1814-1857), Carl Freiherr Frey von Schönstein (1797-1876) und Josef Dessauer (1798-1876), Lithographien von Franz Eybl und Josef Kriehuber.

Ähnliche Abende dürfte auch Adalbert Stifter in jenen Jahren am Grundlsee erlebt haben. Im Kapitel „Liebfrauenschuh" seiner Erzählung „Feldblumen" finden sich nach der Schilderung des sonntäglichen Kirchganges im Markt Aussee noch folgende Zeilen: „Eben kommt alles von dem Grundelsee zurück. Es soll sehr schön gewesen sein. Man fuhr auf dem See und tanzte sogar im Seehaus. Der Wiener Studiosus dichtete ein Lied und trug es aus dem Stegreif vor, dann sangen sie ein Männerquartett auf dem See; der Doktor verschoß ein Pulverhorn voll Pulver - und ans Heimgehen dachten sie erst, als, wie Lothar sagte, See und Felsen im Abend loderten und ringsum das klangreiche Lullen und Jauchzen der Sennerinnen hallte und auf dem Elm ein Freudenfeuer brannte."

Die meisten Besucher des Grundlsees kamen stets traunaufwärts, vom Markte Aussee her gezogen. Nicht so die unternehmungslustige Witwe von Chezy. Ihr verdanken wir die einzige und einzigartige Schilderung einer

Bergwanderung von Mitterndorf über Kochalm und Schneckenalm an den Grundlsee:

„Die Wiesen standen, wie beschneit, voll Narzissen, und durfteten den süßesten Frühlingsodem, junges Buchengrün und der Ernst der gewaltigen Tannen, der duftige Morgennebel, aus welchem noch die Felsenspitzen, auf denen das Himmelsgewölbe zu ruhen scheint, träumerisch hervorblickten, alles noch mit der Sprache der Fluthen und Waldwipfel, erhöhte unsere Lust“ beginnt die Schilderung des Weges, den in entgegengesetzter Richtung jahrhundertelang die Gössler Bauern gegangen waren, wollten sie auf kürzestem Wege vom See-Ende ins Ennstal gelangen. Sie,die Bauern, die in einem Paradiese wohnten - so empfand es zumindest Wilhelmina von Chezy beim ersten Anblick des Sees:

„Wie blaue Fluthen standen hier zahllose Vergißmeinnicht,ihren prangenden Schmelz überragten blendendweiße Narzissen und die lieblichsten rosigen Wiesenblumen, indeß der maigrüne besonnte Wiesengrund hier im Thau mit Juwelenpracht funkelte, dort im Waldesschatten, tiefgrün, die Reize jener strahlenden Stellen noch hob, und die gewaltigen Felskolossen, rosig umwoben, den Horizont umkränzten.

Nun standen wir am Ufer der lieblichsten aller Fluthen der Erde, und freuten uns des Anblicks. Hohe Felsen und waldbewachsene Kegel umschließen den See. Nur gegen Aussee hin eröffnet sich dem Blick ein weites Thal, von wunderherrlichen Gebirgsmassen begränzt. Den Zauber des Grundelsees kann man eigentlich gar nicht fassen, worin er denn liegt?“

Diesen Zauber zu erleben kamen bald immer mehr Gäste, 1837 mit großem Gefolge sogar das Kaiserpaar, Ferdinand und Maria Anna. Sie waren aus Ischl angereist, das in jenen Jahren seinen steilen Aufstieg als Kurort erlebte. Ischl, das war das Zentrum des Salzkammergutes, von dem aus die Kurgäste ins ob seiner landschaftlichen Schönheiten hochgerühmte Ausseerland fuhren. Mit dem Reiseführer „See und Alpenbesuche in den Umgebungen Ischel‘s“ in der Hand, in denen ein anonymer Emil - zwei Sternchen ersetzten am Titelblatt den Familiennamen - sich beim Anblick der Grundlseer Landschaft förmlich überschlug:

„Wer noch vor wenigen Stunden an dem ernsten Hallstädter-See stand und nun diesen im Sonnengold schwimmenden herrlichen See erblickt, glaubt eine Gauermann‘sche Gewitterscene plötzlich in eine Fischbach‘sche Morgenlandschaft verwandelt zu sehen.

Das Saibling-, Lachsforellen- und Aalraupenreiche, ein und eine halbe Stunde lange, eine halbe Stunde breite, sechzig Klafter tiefe Wasserbecken ist, wie zu Schultes Zeiten, noch immer von keinen Korallenbänken, wohl aber von weißen Kalkfelsen und dunkelgrünen Nadelwäldern umsäumt...das Licht der Sonne, das auf diesen heiligen Altären der Freiheit flammt, theilt sich in einer ewig wechselnden Farbenmischung dem Thale mit, lächelt hier auf lichten Waldhöhen, schlingt sich dort um einen duftenden Blumenhügel, oder küßt die aufhüpfende Forelle im Wasserspiegel, wenn

Thomas Ender (1793-1875) „Blick über den Grundelsee“

„Es liegt der See hier im ewigen Raum, Als hätte Natur einen holden Traum. Es schaukelt sich ‚Dora' am sicheren Strand, Die schnellste der Plätten in Deiner Hand." Aus dem Gästebuch von Ludwig Gabillon (1825-1896).

sie mit schillernden Flügeln über den Fluthen des Sees schwebt.

Wer nicht begeistert in ihren Strahlen sich baden will, um kräftig wie ein Aar in luftiger Behausung, mutig wie die Bäche, frei wie die Lüfte des Thales zu werden, der findet dunkle Laubschatten in der Nähe des Sees und Früchte daselbst, den Gaumen zu laben, und Immergrün sich weich zu betten. Ich vermochte mich kaum von dem Anblicke dieses Sees zu trennen."

Adolph Schaubachs Schilderungen in seinem in Jena gedruckten Salzkammergutführer machten den Grundlsee auch in weiten Kreisen Deutschlands bekannt: „Seine Ufer und Gebirge sind einfach gestaltet und dennoch macht er einen so tiefen Eindruck, daß man das Andenken an den Grundlsee wohl schwerlich je aus der Erinnerung verlieren wird; während andere Seen wohl prächtiger und großartiger sind, so wird doch kein See mit solcher Sehnsucht nach seinen Ufern erfüllen, wie dieser; kein See möchte schwerer zu beschreiben sein; man müßte bloß eine Reihe von Gefühlen hinschreiben, die sich des Schauenden hier bemächtigen; es ist nicht nur die Gegend, sondern auch die Luft, die Menschen, ein Ganzes, was nur durch Selbstsicht aufgefaßt werden kann."

Ein deutsches Ehepaar war es dann auch, das vor beinahe 150 Jahren am Grundlsee seine zweite Heimat fand: die 1853 ans Wiener Burgtheater gekommenen Mecklenburger Schauspieler Ludwig und Zerline Gabillon. Alexander Baumann hatte Ludwig Gabillon zu einem ersten Sommeraufenthalt in Aussee überredet. Weitere Sommer am Grundlsee folgten, beim Ladner und im neuen Gasthof des Albin Schraml. 1874 erstand das Ehepaar ein kleines Bauernhaus im Gaiswinkl, das bald zum sommerlichen Mittelpunkt des Gabillonschen Freundeskreises werden sollte. Zahllose Kollegen vom Theater, aber auch Freunde wie die Maler Hans Makart und Julius von Blaas, der Bildhauer Victor Tilgner, der Komponist Hellmesberger und Fanny Elßler, die Tänzerin, kamen vorbei und wegen der Gabillons an den See, wenngleich sie ihn nicht immer von seiner schönsten Seite sahen.

„Vom Zauberreiz weiß ich nicht viel zu sagen,
Von welchem Thal und Höhen hier umfacht,
Wenn auf den Fluten Sommerschimmer lacht
Die Berge in den blauen Äther ragen.
Denn schwere, finstre Nebelwolken lagen,
Ein dunkler Flor, auf all der holden Pracht,
Hernieder goß der Regenstrom mit Macht
Und trübe Wellen sah den See ich schlagen -"

reimte Ludwig Gabillons alte Freundin, die Schriftstellerin und Übersetzerin Betty Paoli im August 1880.

Gabillon, Heldendarsteller des Burgtheaters und auch im Privatleben ein knorriger Recke, hatte zwar an seiner Haustür „Gott behüt' uns vor Regen und Wind und vor Gesellen, die langweilig sind" angemerkt, trotzte aber auf langen Spaziermärschen, Bergpartien und Plätten-Fahrten jedem schlechten Wetter und kam auch schon oft im Spätwinter an den See. „Mein Grundlsee hat mir Wien und

Sämmtliches, was damit unangenehm zusammenhängt, so gründlich aus dem Kopf gewaschen, daß ich hier im Geiste schon Monate verbummelt zu haben glaube. Es ist aber auch märchenhaft schön, ein Eispalast, der als Decke den blauen Himmel trägt, hie und da guckt ein grauer Felsen, ein Stück Grün hervor, sonst alles Schnee, weißer blendender Schnee. Der See selber tief ernst und feierlich...", schrieb er Ostern 1882 in einem Brief an seine Tochter Helene.

Franz Steinfeld (1787-1868) „Der Toplitzsee", um 1835

Den Spätwinter am See schildert auch Heinrich Noé in seinem „Österreichischen Seenbuch", und wie Leitner vergleicht auch er die Landschaft am See-Ende mit der von Berchtesgaden:

„Jenseits der Felswände, welche ihn im Osten abschließen, beginnt ein Vergleichsmoment mit dem Königssee. Denn über der Landzunge liegt dort im Grund eines Beckens von wilderen und gewaltigeren Bergen der Toplitzsee und wieder über eine Landzunge hinüber hinter diesem der unheimlich öde Kammersee. So führt auch die Vorhalle des Königssees zum Allerheiligsten des Obersees.

Friedrich Gauermann (1807-1862) „Am Kammersee bei Aussee", um 1830

Am nördlichen Abhang erheben sich zum östlichen hinüber der Backenstein, der Hochelm, die Drei Brüder, die Weiße Wand zu eindrucksvoller Höhe. Sie sind alle noch von Schnee überlagert und müssen es sein, wenn wir sehen wollen, wie das Abendrot an ihren Gipfeln nachglüht, oben wie unten in den Tiefen des Sees, den sonst schon die Nacht deckt. In den Kristallen des Schnees lodern diese Brände mächtiger als an der groben Felswand..."

Irgendwann in jenen Jahren aber, noch zu Gabillons Zeiten, verstummten dann die Lobgesänge auf den See und seine Landschaft. Lag es daran, daß eine neue Generation von Schriftstellern, unter ihnen der Kreis „Jung-Wien", die Sommerfrische vornehmlich in Altaussee verbrachte? Nur noch vereinzelt taucht der Grundlsee in Tagebüchern und in Briefen auf, so in einem Hugo von Hofmannsthals an seinen Freund Edgar Freiherr Karg von Bebenburg: „Grundlsee, 11. Juli 1903. Lieber, hier sitzen wir eingeregnet in einem kleinen Bauernhaus wie auf einer Insel, um die der Westwind ewig schwarze Wolkenbänke treibt, deren schwerer Regen auf die triefenden Wiesen und in die angeschwollenen Bäche hineinfällt. Aber wir haben in dem kleinen Haus genug, uns zu erheitern..."

Auch Peter Altenberg erwähnt den See: „Was die Landschaft betrifft, so erkläre ich hiermit jeden für einen herzensrohen Schmock und Parvenü, das heißt non parvenu, der nicht zeitlebens mit der romantischen Pracht des Gmundnersees, des Hallstädter-, des Langbath-, des Wolfgang-, des Atter-, des Grundl-, des Toplitzsees sein gutes, gesundes Auskommen findet!" Könnte da nicht auch vielleicht eine seiner schönsten Miniaturen in der Erinnerung an eine Dampferfahrt über den Grundlsee entstanden sein?

Der Landungssteg

Ich liebe die Landungsstege an den Salzkammergut-Seen, die alten grauschwarzen und die neueren gelben. Sie riechen so gut von jahrelang eingesogenem Sonnenbrande. In dem Wasser um ihre Pfosten herum sind immer viele ganz kleine grausilberne Fische, die so rasch hin und her huschen, sich plötzlich an einer Stelle zusammenhäufen, plötzlich sich zerstreuen und entschwinden. Das Wasser riecht so angenehm unter den Landungsstegen wie die frische Haut von Fischen. Wenn das Dampfschiff anlegt, erbeben alle Pfosten und der Landungssteg nimmt seine ganze Kraft zusammen, den Stoß auszuhalten. Die Maschine des Dampfschiffes mit den roten Schaufelrädern kämpft einen hartnäckigen Kampf mit dem in renitenter Kraft verharrenden Landungssteg. Er gibt nicht nach, wehrt sich nur, soweit es unbedingt nötig ist, nach außenhin und erzittert vor innerem Widerstande.

Endlich siegt seine ruhige, in sich verharrende Kraft und das Schiff läßt locker, gibt nach, entfernt sich wieder.

Stunden und Stunden liegt der Landungssteg für Dampfschiffe, meistens im Sonnenbrande dörrend, einsam, gemieden da...

Ich liebe die Landungsstege der Dampfschiffe an den Salzkammergut-Seen, die alten grauschwarzen und die neueren gelben. Sie sind mir so ein Wahrzeichen von Sommerfreiheit, Sommerfrieden, und sie duften wie von jahrelang eingesogenem Sonnenbrande...

Peter Altenberg

Von der Besonderheit des Grundlsees, seiner Einsamkeit, sprach Hans Weigel. Ähnliches beschrieb in „Lob der Stille“ Bruno Brehm, der auch die Ausseer Landschaft über alles geliebt hat, der wie Weigel noch im alten Österreich geboren war, nur dann auf der anderen Seite der Barrikade stand:

„Ich liege auf dem Boden des Bootes und lasse den Westwind gegen die Planken schwatzen. Er kommt gegen elf Uhr auf und legt sich um fünf Uhr nachmittag wieder. Die Zeit zeigt mir die Sonne an, und wenn der Himmel bedeckt ist, der Autobus, der am Ufer entlang fährt. Er macht nicht viel Lärm, und auch der kleinste und liebenswerteste Dampfer Rudolf ist so still, daß ihn nur ein stärkeres Schaukeln des Bootes anzeigt...

...morgens im Sommer ist es so still, daß man die Sensen rauschen hört. Zu dieser Zeit zittert die Luft vom Gesang der Vögel... genießen wir die Stille. Hören wir ihren Atem. Wir haben sie uns verdient. Wir bekommen sie nicht geschenkt. Es ist nicht ganz leicht, zu ihr zu kommen.“
Am Grundlsee schon. Wer Einsamkeit und Stille zu suchen versteht, wird sie auch heute noch an ihm finden. Vielleicht nicht unbedingt an heißen, sommerlichen Wochenenden, wenn eine endlose Blechlawine sein Ufer, aber dann auch nur das nördliche, überflutet und Zehntausende „Stunden und Stunden, meistens im Sonnenbrande dörrend“ an seinen Wassern liegen.

„August 1984... am nächsten Morgen an den Grundlsee. Ein traumhafter Sommertag, die Wälder duften. Wir wandern an den Toplitzsee, essen dort frische Forellen. Rudern zu einsamen Ufern, sitzen an einem Wasserfall. Johanna von Schmetterlingen übersät, die sich vertrauensvoll auf ihr niederlassen. Ich erlebe Seestille, Seeinsamkeit, wie seit meiner Kindheit nicht mehr. Die Felswände leuchten...“

Impressionen aus dem Tagebuch einer, die auch heute noch in der Landschaft rund um den Grundlsee Stille und Einsamkeit fand: Erika Pluhar.

Franz Steinfeld (1787-1868) „Der Grundlsee mit Backenstein“, um 1845

Im Bergtheater

Reinhold Messner trat hinaus vor die Hütte, in die winterliche Kälte der Ausseer Berge. Tief unten lag der See, zu schwarzem Eis gefroren. Gegenüber stand, durch mehrere Täler und Vorberge getrennt, aber zum Greifen nah, der Dachstein, „schneeweiß und blendend in der finstern Bläue der Luft; alle Bergfelder, die um den Gipfel herum lagern, weiß; alle Abhänge sind so; selbst die steilrechten Wände, die die Bewohner Mauern heißen, sind mit einem angeflogenen weißen Reife bedeckt und mit zartem Eise wie mit einem Firnisse belegt, sodaß die ganze Masse wie ein Zauberpalast aus dem bereiften Grau der Wälderlast emporragt, welche schwer um ihre Füße herum ausgebreitet ist ..."

Vor rund 160 Jahren schrieb dies ein Mann, der wahrscheinlich wie Messner auf dem Loser stand: Adalbert Stifter.

Es war einer jener Wintertage, an denen die Luft kalt und klar und voll Sonne ist, und der Blick sich im Unendlichen verliert. Das tiefverschneite Rondeau des Toten Gebirges zog Messner in seinen Bann und erschien ihm als eine „Arena der Einsamkeit."

Das Tote Gebirge ist eine der mächtigsten Karsthochflächen der Nördlichen Kalkalpen, mit rund 1130 Quadratkilometern um einiges größer als das benachbarte Dachsteinmassiv, von dem es Gletscher der Eiszeit abgetrennt haben. Die Türme und Mauern von Sandling, Loser und Trisselwand bilden die westliche Bastion seiner Hauptmasse, ein Sattel, das Salzsteigjoch, trennt diese vom östlichen Teil, der Warscheneck-Gruppe. Gegen Süden hin fällt das Tote Gebirge sanft gegen die Mitterndorfer Hochebene und das Ennstal ab. Im Norden hingegen stürzt es steil in enge Täler, waldige Vorberge verbinden es dort mit dem mächtigen Felsklotz des Traunsteins, seinem nördlichsten Ausläufer.

Über die Gipfel des Toten Gebirges zieht auch die Landesgrenze zwischen der Steiermark und Oberösterreich. „Mons altissimus totius Austriae", später „Grösstenberg" nannten die Oberösterreicher auch seinen Hauptgipfel, den Hohen Priel (2514 m).

„Ein Bergtheater" hieß Frank Thiess die Landschaft rund um Aussee. In Livland geboren, hatte der deutsche Schriftsteller in Berlin, Wien, Rom, Bremen und in den vierziger Jahren auch längere Zeit im Ausseer Land gelebt. „Wer vom Norden her kommt, wird auf das imposante Bergtheater, das ihn hier erwartet, nahezu sorgfältig vorbereitet. Vor Gmunden begrüßt ihn noch ein sanftes Hügelland, dann steigen mit dem Traunsee langsam die ersten Felsmassive vor seinem Auge auf, am Hallstätter See steht er schon im Rücken der Dachsteingruppe, und endlich, wenn die Bahn ihn an der Riesenschnecke des Sarsteins entlang nach Bad Ausee gebracht hat, erblickt er vor sich das gigantische Panorama bis zum Toten Gebirge.

„Gegen Mittag sieht man von dem Dorfe einen Schneeberg ..." - Adalbert Stifter in „Bergkristall" über den Dachstein.

Der großartige Rundblick ist oft gerühmt worden. Mit Recht, weil sich in ihm noch einmal alles, was der Besucher auf seiner Reise gesehen hat, wiederholt: eine hügelige Landschaft, die sich bescheiden vor den größeren Bergen neigt, dann über dem Hochwald die mächtig aufstrebenden Felsgründe der Trisselwand, des Losers, des Rötelsteins und am Rande des Rundbogens nördlich und südlich das Tote Gebirge und der Dachstein. Die Seen halten sich noch versteckt, sie bilden die Überraschung des Wanderers, der sie plötzlich in ihrem Farbschimmer zwischen Smaragd und Saphir zu seinen Füßen sieht... meilenweit ziehen sich Waldwege durch das Bergland, hie und da von Wiesen und Weiden oder vom Durchblick auf einen See unterbrochen. Es ist die feierliche Ruhe der Welt Stifters, die über ein Jahrhundert hin sich unverändert erhalten hat. Hier mißt die Zeit sich nur noch am gleichmäßigen Schritte des Wanderers oder an den Strahlen des einsickernden Lichts..."

Das Tote Gebirge: vom Tal aus gesehen durchaus freundliche Gipfel und Wände, keine abweisende, in den Himmel ragende Bergriesen wie etwa in Tirol. Hoch oben

Emmerich Millim (1909-1971) „Hinterer Brunderkogel, Totes Gebirge“

„Die Landschaft des Toten Gebirges zwischen der Loserhütte und dem Appelhaus oder in den Steinöden des Trisselwandmassivs ist keine Landschaft im ästhetischen Sinn mehr. Sie könnte, so wie sie sich darstellt, ebenso in der iranischen Hochsteppe wie in den armenischen Hängen des Kaukasus zu finden sein. Sie ist ein Teil der noch unzivilisierten, unbebauten, ungezähmten Natur, wie sie vor Jahrmillionen entstand, wie sie schon zur Römerzeit so war und wie sie in Jahrtausenden noch so sein wird, weil die menschlichen Mordinstrumente wohl Städte, aber nicht Gebirge fortsprengen können.“

Frank Thiess

aber, über der Baumgrenze, hinter diesen Wänden, hinter diesen Gipfeln, eine unendliche Karstfläche, an die 400 Quadratkilometer groß. Eine wild zerrissene Karrenlandschaft, unzählige Dolinen, Grate und Kuppen in einer unendlichen Wüste aus Stein.

„In unseren Kinderträumen sind Landschaften manchmal so weit und so stumm“, schrieb Lawrence von Arabien in seinen „Sieben Säulen der Weisheit“ über die rote Sandwüste Jordaniens und die bizarren Gipfel, die aus ihr aufragen. Er hat nie die graue Kalksteinwüste des Toten Gebirges gesehen: ebenso weit, ebenso stumm. Einsam, aber nicht tot.

Wer ein guter Bergsteiger ist, dem rathe ich diese Wüstenei zu besuchen. Ich hatte auf dem Rabenstein ein herrliches Schauspiel! So viele Quadratmeilen vor meinen Augen, unter mir kahle Ketten, weit und breit herum Tiefen und Höhen, keinen Vogel, kein lebendes Wesen hört man; die Nebel streichen unten und öffneten zuweilen die Übersicht mancher Gegend. Diese Stille und Ruhe ist gewiss etwas Grosses...frei ist der Athem und man denkt sich auch frei, da man so hoch über die übrigen erhoben ist." Jeder Bergsteiger weiß um diese Gefühle, niedergeschrieben im Tagebuch eines versierten Alpinisten aus kaiserlichem Hause.

Wenige Zeilen später liest man aber auch: „Jeder Gedanke an die große Welt, jeder Kummer schwindet hier!" Die Reise ins Salzkammergut und die viertägige Bergtour, die Erzherzog Johann im August 1810 im Toten Gebirge unternahm, waren wohl auch eine Flucht vor dieser großen Welt.

Die große Welt hatte den jungen Habsburger gedemütigt, seinen strahlenden Aufstieg jäh unterbrochen. 1809 war für den 27jährigen ein Jahr der Katastrophen gewesen: der Rückzug seiner Armee in Oberitalien, die Niederlage der Österreicher bei Wagram, durch Johanns spätes Eintreffen auf dem Schlachtfeld mitverschuldet, der Tod Andreas Hofers und das Verbot, das geliebte Tirol betreten zu dürfen, dazu der schmachvolle Friede von Schönbrunn.

„Als schwerer Kummer mich beinahe in das Grab gebracht, Tirol, Krain, ein Theil von Kärnten, Salzburg verloren gegangen, blieb mir nur die Steyermark übrig...", blieben ihm die steirischen Berge, das Tote Gebirge vor allem, über das er schrieb: „Ein Kranz von Alpen, in Ost und Nord ununterbrochen, gegen Nordwest, West durch niedere Sättel und den Ausfluß der Traun unterbrochen, gegen Süd weniger hoch gegen die nach dem Steyermärkischen Ennsthale strömenden Wässer der Salza. Ersterer steil aufsteigend, auf seiner Höhe eine kahle Hochebene bildend, den höchsten Grath in Nord und Ost an dem steil abfallenden Rande nach dem nachbarlichen Lande ob der Enns; diese Hochebene füllen kesselartige Vertiefungen, in manchen derselben schöne Alpentriften, aus, und selbst das kahle, klüftige Felsengebürge biethet eine karge, wenn auch doch edle Weide. Östlich eine weite Wildniß, das Freygebürg, über welche – schon im Lande ob der Enns – der hohe Priel sich erhebt."

Diese versteckten Täler, die entlegenen Almen und die unendliche Hochebene hatten seit jeher Menschen, die vor Justiz und Obrigkeit geflohen waren, Zuflucht geboten. Nun wurden sie auch zum Refugium des steirischen Prinzen, der auf langen, exakt beschriebenen Wanderungen Ruhe und Vergessen suchte: „Vom Ladner geht es auf einem Steig durch den Wald nach Schachen (Schachner), dann gleich aufwärts auf die Gösslwand; auf halbem Wege gehet es über einen Berg, der Schweiber genannt. Auf der Gösslwand ist der Holzschlag und eine Holzhutte. Bis zu dem allen ist es vom Ladner eine Stunde; der Anflug ist hier sehr schön;

„Der Lahngangsee im Toten Gebirge" Chromolithographie ohne nähere Angaben.

Josef Feid (1806-1870) „Anastasius Grün auf dem Loser", 1835

Alpen! Alpen! Unvergeßlich seid
Meinem Herzen ihr in allen Tagen,
Bergend vor der Welt ein herbes Leid,
Hab ich es zu euch hinaufgetragen.

Alpen, o wie stärkte mich die Rast,
Lagernd auf dem weichen Grün der Wiesen,
Kräuterdüfte fächelten den Gast,
Eisgeharnischt ragten eure Riesen.

Lerche sang ihr lustverwirrtes Lied,
Schweigend strich der Adler durch's Gesteine,
Und die Gipfel, als die Sonne schied,
Schwelgten stumm im letzten Purpurscheine.

Eine Herde irrt' am Wiesenhang,
Kühe weidend pflückten ihre Beute,
Und die Glock' an ihrem Halse klang
Für die Kräuter sanftes Sterbgeläute.

Kaum vernehmbar kam der müde Schall
Jener Kluft herüber mit den Winden,
Wo so hoher Friede überall,
Ließ die Ruh in Gott sich vorempfinden.

Frischen Mut zu jedem Kampf und Leid
Hab' ich talwärts von der Höh' getragen.
Alpen! Alpen! unvergeßlich seid
meinem Herzen ihr in allen Tagen.

Nikolaus Lenau

herrliche Bäume liegen gefällt, und ein vortrefflich schöner Wald kam in die Arbeit. Immer steiler zieht sich der Weg aufwärts bis zum dem Grausensteg, wo man die Waldungen verläßt: es ist ein schmaler Steig, der an einer Wand vorbei führt und von welchem man in die, eine Viertelstunde grade unterhalb liegende Alpe Vordernbach sehen kann. Von hier ziehet sich der Weg über die Alpenwände steil aufwärts nach der Seite, unterhalb der Lahngangwand bis auf die Höhe. – Drei Viertelstunden sind es von der Hütte bis zu dem Grausensteg; eine halbe bis auf die Höhe und eine halbe durch den schütteren Wald bis zu dem Lahngangsee. Dieser liegt von Wänden eingeschlossen eine halbe Stunde lang. Alpenpflanzen begleiten uns hier. Längs dem nordwestlichen Ufer geht der Steig, am Ende des Sees liegt die Lahngangalpe mit etlichen Hütten; ihre Weiden sind sehr uneben, von da ist es über Felsen eine Viertelstunde zum hintern Lahngang-See, und dann aufwärts eine halbe zur Elmgrube."

Auch heute noch ist der Aufstieg vom Schachen zur Pühringerhütte, entlang des Lahngangsees, eine recht einsame Wanderung, weitab von den Heerstraßen des modernen Alpinismus. Das Tote Gebirge – Berge zum Erwandern, zum Erfahren des eigenen Ich. Kein Wunder, daß sie nach Johann, seinen Kammermalern und den ersten Reiseschriftstellern vor allem die Dichter anzogen.

Der erste hatte sie während seiner Gymnasialzeit tagtäglich vor Augen gehabt: Adalbert Stifter:

„In Kremsmünster lernte ich die Alpen kennen, die ein paar Meilen davon im Süden sind. Ich ging von dort sehr oft in das Hochgebirge, wie später auch von Wien."

In „Liebfrauenschuh" erzählt Stifter von einer Wanderung, die mehrere Freunde im August 1834 von Steyr durch das Kremstal zum Almsee und von dort aus über das Tote Gebirge nach Aussee führt: „Es ist eine mächtige, tote Wildnis, durch die wir gingen, ein Steinmeer und am ganzen Himmel kein Wölkchen; kein Hauch regte sich und der Mittag sank blendend und stumm und strahlenreich in die brennenden Steine..."

„Adalbert Stifter, sicherlich der größte Prosadichter des österreichischen Nachklassizismus und der bisher vielleicht größte Landsschaftsschilderer der deutschen Literatur überhaupt" – so urteilte der Mann, der genau hundert Jahre später viele Sommermonate in Gößl und Altaussee verbrachte, arbeitend, die Landschaft erfahrend: Hermann Broch.

Adalbert Stifter, Zeitgenosse Anton von Ruthners, eines der ganz großen österreichischen Alpinisten der ersten Hälfte des 19. Jahrhunderts, hatte sich auch schon Gedanken über den Sinn des Bergsteigens gemacht: „...wie überhaupt der Mensch einen Trieb hat, die Natur zu besiegen und sich zu ihrem Herrn zu machen, so sucht er auch seine Berge, die er liebt, zu zähmen. Er sucht sie zu besteigen, zu überwinden und sucht selbst dort hinzuklettern, wohin ihn ein wichtiger Zweck gar nicht treibt."

All dies um des einen Erlebnisses, des einen Blickes willen, den er während seines Ausseer Aufenthaltes gehabt hatte: „Ich stand zuweilen auf der ganz kleinen Fläche des letzten Steines, oberhalb dessen keiner mehr war, und sah auf das Gewimmel der Berge um mich und unter mir ...ich sah die Täler wie rauchige Falten durch die Gebirge ziehen und manchen See wie ein kleines Täfelchen unten stehen. Alles schwieg unter mir, als wäre alles ausgestorben, als wäre das, daß sich alles Leben rege, ein Traum gewesen..."

Ist es ein Zufall, daß ihm, Stifter, der im Böhmerwald zur Welt gekommen war, wenige Jahre später ein in Böhmen geborener Maler und Schriftsteller, ein hochbegabter junger Wissenschafter auch ins Ausseerland folgen sollte? Ein Mann, der als Freund und Vertrauter Stifters Leben beeinflussen, sich sogar in seinem Werk wiederfinden würde? 1840 durchstreifte der 27jährige Friedrich Simony, acht Jahre jünger als Stifter, zum ersten Mal die Landschaft rund um Aussee.

1844 schloß er im Hause des Staatskanzlers Metternich Freundschaft mit Stifter. Der hatte sich in jenem Jahr noch als „Landschaftsmaler" bezeichnet, der „einige kleine Versuche in der Schriftstellerei gemacht habe." 1845 trafen

Carl von Binzer (1824-1902) „Die Trisselwand"

Über die Felswand

Über die Felswand neigt sich
die Föhre,
und von Rand zu Rand
des Felsengartens
sehet den Blütenhimmel!
Oh, wenn das Vergangene aufbricht
der Erde gleich,
versteinert aufbricht unter dem lieblich harten Himmel
und das Versunkene zeigt.
Es klingen die Glocken der Almen.
Und das Vergangene, es öffnet trunken das Auge
und schläft.

Hermann Broch, 1932

sich beide im Salzkammergut, wo Simony Stifter die Anregung zu einem der schönsten Werke österreichischer Literatur, der Erzählung „Bergkristall", lieferte. Aus ihr stammt auch jener Dachsteinblick, so wie ihn Reinhold Messner gesehen hat.

Im Roman „Nachsommer" sollte Stifter Jahre später Simony in der Person des Geologen Heinrich Drendorf ein literarisches Denkmal setzen.

Im Mai 1846 verfaßte Simony für die „Wiener Zeitung" die erste wissensschaftlich fundierte Darstellung des „todten, d.h. pflanzenarmen Gebirges": „Versetzen wir uns einmal in die große Einöde des Ausseer todten Gebirges, zwischen dem Elm und Hochpriel, dem Rabenstein und den Trageln – welch ein Gemälde von Abgestorbenheit und Zerstörung bietet sich da unserem Auge dar! – Die Hochzinnen des Gebirges tauchen als wachsende Kolosse immer höher aus dem welligen Terrain empor und beengen den Horizont, welcher dem Auge nichts mehr bietet als einzelne Gipfel ferner Bergzüge, die durch ihre reichen, duftigen Farbtöne mit der gespenstigen Farblosigkeit des Vordergrundes einen eigentümlichen Gegensatz bilden..."

Friedrich Simony (1813-1896) „Das Todte Gebirge", 1862

Reiseschriftsteller wie Schultes, Sartori, Schumacher und Weidmann, Künstler, die das Schicksal zu Freunden werden ließ – Stifter und Simony, Alexander Baumann und Carl von Schönstein –, sie weckten im Biedermeier bereits die Sehnsucht nach den Bergen. Bald kamen die ersten Führer auf den Markt und empfahlen Aussee als Ausgangsort alpiner Touren:

„Für Freunde größerer Alpenpartien ist ein Ausflug in's nahe Hochgebirge von höchstem Interesse. Vier Tage dürften bei günstigen Umständen hinreichen, um das ganze Berglabyrinth seinen vorzüglichsten Punkten nach zu durchwandern. Der erste Tag würde von Alt-Aussee über die Augstalpe in die Egelgruber- und Breuning-Alpe; der zweite nach der Wildensee-Alpe durch die grausesten Schluchten des Todtengebirges in's österreichische Traunviertel hinab; der dritte auf den Gipfel des weithin herrschenden Woising (6525 Fuß) und der vierte durch das verborgene Kar wieder zum Grundelsee hinunterführen" – so schrieb Johann Gabriel Seidl 1841 in seinen „Wanderungen durch Steiermark". Als nur vier Jahre später Adolph Schaubach sein fundamentales Werk „Die deutschen Alpen" herausgab, füllten die Tourenvorschläge für das Tote Gebirge bereits an die dreißig Seiten.

Die Habsburger, schon ihrer waidmännischen Ambitionen wegen gut und sicher zu Fuß, waren zu jener Zeit auch im Toten Gebirge zu Hause, von den Erfahrungen ihres alpinen Lehrmeisters Johann profitierend: „Überall sind diese Gebirge für den geübten Bergsteiger gangbar. Auf den Schichten selbst läßt sich am besten gehen; auf ihrer Fläche, hier Bretter genannt, gleichfalls, da sie wellenförmig sind und der Fuß fest hält. Eisen halten hier nicht. Barfuß oder mit Filz- und Strickschuhen muß man gehen!"

Daran hielt sich im Notfall nicht nur Karl Ludwig, der Bruder Kaiser Franz Josephs, der auch als Protektor des Schutzhüttenbaus in Österreichs Bergen bekannt wurde, daran hielt sich sogar die Kaiserin.

Elisabeth, „Sisi", die schon früh die Berge ihrer bayerischen Heimat kennengelernt hatte, bestieg in den achtziger Jahren mehrmals den Loser, übernachtete auch in der 1882 erbauten Loserhütte, dem damals höchstgelegenen Schutzhaus des Toten Gebirges. Im Jagdhaus in der Elmgrube erinnert heute noch eine Tafel an eine kaiserliche Gewalttour im Juni 1888, die auch Elisabeth selbst beeindruckt haben muß. In nicht weniger als 46 Strophen beschrieb die Kaiserin, die ihre schweren Depressionen durch extreme körperliche Anstrengungen zu mildern suchte, die Durchquerung des Toten Gebirges. Über zehn Stunden war die Kaiserin unterwegs gewesen, von einer Hofdame, zwei Jägern, zwei Trägern, ihrem Leiblakai Joseph Komarek und dem Grundlseer Bergführer Stefan Hopfer begleitet.

Wenn auch Elisabeth eine brillante Reiterin, eine vorzügliche Turnerin und Fechterin, eine ausdauernde Bergsteigerin gewesen war, eine große Poetin war sie, die Heinrich Heine glühend verehrte, ihm nacheiferte, gewiß nicht. Rührende, zum Lächeln verführende kaiserliche Bergpoesie war ihr Gedicht „Der längste Tag. Vom Offensee nach Elmgrub" (1888):

Titania griff zum Stachelstab,
„Ich muß heut, sprach sie, wandern,
Seen entlang, Thäler hinab,
von einem Berg zum andern".

Schwer und schwindlig ist der Weg,
Den ich zu wandern habe,
Die Gemse nur kennt Steig und Steg
Im schroffen Felsengrabe.

Die Wildenseealm ist es jetzt,
Wo sie sich niederlassen,
Wo Wein das müde Blut ergötzt,
Und Milch in ird'nen Tassen.

Neun Strophen lang läßt Elisabeth auch Stefan Hopfer erzählen: von den blutigen Erlebnissen im schleswig-holsteinischen Feldzug 1864 und im verlorenen Italien-Feldzug 1859, die – so Hopfer – ihm zu seinem Ehrennamen – „Kriag Stefl" verholfen hätten.

Der „Kriag Stefl" dürfte ein großer Flunkerer gewesen sein, selbst vor dem Angesicht der Majestät. Wie konnte die Kaiserin denn auch wissen, daß „Krieg" nur der Hausname des Hopferschen Anwesens in Grundlsee-Mosern gewesen war? Wie auch immer, Stefan Hopfer wird wohl von der hohen Frau ein angemessenes Bergführer-Honorar erhalten haben. Der literarische Lohn für seine blumigen Erzählungen war ja nicht gerade nach seinem Geschmack gewesen.

Berggast eines Grundlseer Bauern: Kaiserin Elisabeth (1837-1898)

Der Bergführer einer Kaiserin: Stefan Hopfer, vulgo Kriag Stefl aus Grundlsee-Mosern

Titania aber reicht zum Dank
Voll Milch ihm eine Schale.
„Die macht mir jedesmal Durchgang,
Ich mags auf keinem Falle."

Abwehrend spricht's der alte Held,
Und mahnt zum Weiterschreiten.
„Schlecht wäre es um uns bestellt,
Sollt uns die Sonn' entgleiten."

Auf die Berge will ich steigen,
wo die dunklen Tannen ragen,
Bäche rauschen, Vögel singen
und die stolzen Wolken jagen.

Heinrich Heine

„Es lockte mich schon seit mehreren Jahren, den ungeheuren Pfeiler direkt zu ersteigen...“ - Paul Preuß in der Ausseer Alpenpost 1911 über die Trisselwand.

Punkto flüssiger Verpflegung und auch im Umgang mit den Einheimischen, da war der gnädige Herr, mit dem der „Kriag Stefl“ ansonst durchs Tote Gebirge zog, schon aus anderem Holz geschnitzt: trinkfest, sangesfreudig, derben Scherzen nicht abgeneigt, kurzum – ein ganzer Mann, im Leben wie auch auf der Bühne: Ludwig Gabillon, der Heldendarsteller am k.k. Hofburgtheater zu Wien.

Kaum ein Sommer, in dem Gabillon nicht ins Tote Gebirge stieg, meist mit dem „Kriag Stefl“, oft auch allein, nur von seinem Hund begleitet. Kaum ein Gipfel zwischen Loser und Wildem Gößl, den der Unternehmungslustige nicht bezwungen hatte. Nicht immer ging es gefahrlos ab:

„1891. Am 25. August machte ich die erste große Bergpartie. Die Geschichte hätte traurig enden können. Schon ziemlich müde, ich war von 9 bis 1/2 12 Uhr gestiegen, suchte ich den Prinzensteigweg, ging fehl und kam beim zweiten Wasserfall, fast am Ende des Toplitzsees heraus. Ich suchte vergebens den Rückweg, kletterte nach Gutdünken an den schroffen Felswänden entlang, wo ein falscher Schritt mir den sicheren Tod gebracht hätte. Nach unsäglichen Mühen kam ich Nachmittags 5 Uhr in Gößl an; abgehetzt und ermüdet bis zum Tod. Nicht um große Summen würde ich die Tour noch einmal machen, ich bin, weiß Gott, nicht feige, aber stundenlang dem Tod ins Gesicht sehen zu müssen, verträgt der Zehnte nicht.“

In jenem letzten Jahrzehnt des vergangenen Jahrhunderts war der Loser schon lange der bekannteste und meistbesuchte Gipfel des Toten Gebirges und quasi ein Modeberg geworden. „Seine Besteigung ist keinesfalls gefährlich“, vermerkte bereits 1875 das Jahrbuch des Steirischen Gebirgsvereines,“ „ja selbst nicht beschwerlich und wird daher der prächtigen Rundsicht halber auch von den Damen häufig unternommen“ – wenn auch nicht immer aus eigener Kraft:

Inserat von Eduard Preuß in der Ausseer Alpenpost, 1885

Eingesendet.

(Für Form und Inhalt dieser Rubrik übernimmt die Redaction keine Verantwortung.)

Eduard Preuß, Clavierlehrer aus Wien (I. Franz Josefs-Quai 25), unterrichtet während des Sommers in Aussee und Umgebung. Wohnung: Altaussee 45, gegenüber vom Consumverein.

„Sesselträger auf den Loser, 4 Mann, Tarif sammt Trinkgeld 17 Gulden 20 Kreuzer“, vermerkt ein 1878 erschienener Bäderführer, in dem auch alle Bergführer des Ausseerlandes mit ihren Tarifen erscheinen. Blättert man in dem Führer weiter, so kann man in einer Anzeige erstmals einen Namen lesen, der wenige Jahrzehnte später allen Bergsteigern Europas zum Inbegriff absoluter Kletterkunst werden sollte: Preuß.

Der Klavierlehrer Eduard Preuß aus Wien begleitete seine Schüler auch zur Sommerfrische ins Salzkammergut, stieg etliche Sommer in Aussee ab und erwarb dann ein Haus in Altaussee.

Als 1886 in Altaussee sein Sohn Paul zur Welt kam, war die klassische Ära des Alpinismus, die Epoche der großen Gipfelsiege in den Bergen Europas schon vorbei. Paul wuchs in einer Zeit auf, in der sich die Bergsteiger immer mehr für die Wände dieser Berge zu interessieren begannen, in ihnen die schwierigsten Routen erschlossen. Auch im Toten Gebirge boten sich etliche schöne, wenn auch nach heutigen Begriffen nicht allzu schwere Wände an: am Sandling, an Backen- und Reichenstein, vor allem aber am Trisselberg mit der steil zum Altausseer See abfallenden Westwand, kurz Trisselwand genannt. 1906 durchstieg sie als erster der Salineningenieur Hans Reinl mit zwei Freunden. Der Reinl-Weg ist auch heute noch der beliebteste, nicht zu schwere, mit Schwierigkeitsgrad III bewertete Anstieg. 1911 eröffnete Paul Preuß eine neue Route. Sie führt auf sehr ausgesetzten, grasigen Schrofen zuerst über den später nach ihm benannten Westpfeiler, der West- und Südwestwand trennt, und mündet dann in den Reinl-Weg: eine für damalige Zeiten extrem schwere Route (IV-V), deren Erstbegehung dementsprechendes Aufsehen erregte.

Niemand hat um die Jahrhundertwende im „heroischen“ Zeitalter des Alpinismus, als alle Berge noch „erobert“ wurden, das Klettern „by fair means“, also den Verzicht auf künstliche Steighilfen so klar vorgezeigt, niemand so sehr die Anpassung des Menschen an den Berg gefordert, niemand die Unterjochung der Natur in alpinen Menschen- und Materialschlachten so verurteilt wie der junge Mann aus Altaussee. Es ist eine Ironie des Schicksals, daß Preuß gerade in der Trisselwand, seinem Hausberg, zwei Mauerhaken schlagen mußte, übrigens die beiden einzigen seiner

Laufbahn, wie seine Bergkameraden zu erzählen wußten. Preuß selbst: „Wieder galt es einen steilen Wandabbruch zu erklettern, was ich zuerst etwa 50 Meter vor der Kante entfernt, bei einer grauen Nische versuchte. Allein vergeblich; die Wand ließ sich nicht zwingen, einige Meter kam ich hoch, dann konnte ich die nächsten Griffe kaum mit den Augen sehen, geschweige denn erreichen oder benützen. Ich stieg wieder zurück, und wir querten auf brüchigem Band nach rechts an die Kante. Wieder ging es einige Meter gerade hinauf, und nur drei Meter noch trennten mich von der rechts anscheinend leicht kletterbaren Kante. Allein auch hier war kein Griff und kein verläßlicher Tritt zu sehen. „Schlag dir einen Mauerhaken ein" ruft Hüdl herauf, und so ungern ich zu solchen Mitteln greife, so muß ich mich doch damit abfinden. Gar so leicht war auch diese Tätigkeit nicht und erst nach längeren Manipulationen, nachdem ich zwei Haken eingetrieben hatte, gelingt der schwere Schritt. Ein Stein ist uns allen vom Herzen gefallen, und mit lautem Jauchzen feiern wir den so schwer errungenen Sieg..."

Mit seiner Auffassung vom Bergsteigen ist Paul Preuß nicht nur Reinhold Messners großes Vorbild geworden. Seine Aussagen sind auch gerade heute, im Zeitalter einer neuen Freikletterbewegung, aktueller den je. Im nahen Gosaukamm ist Dr. Paul Preuß, der nach dem philosophischen Doktorat an der Universität Wien zum weiteren Studium nach München gegangen war, 1913 in den Tod gestürzt. Erst 27 Jahre alt, nach einer beispiellosen alpinen Laufbahn, die ihn über viele neue Wege auf rund 1200 Gipfel geführt hatte. Im kleinen Friedhof von Altaussee, zu Füßen von Loser und Trisselwand, trug man ihn zu Grabe.

„Preuß war eine Persönlichkeit, die das Bergsteigen nachhaltig beeinflußt hat. Kein anderer Alpinist hat für unser Tun eine größere Bedeutung als er. In seinen Erstbegehungen wird der große Alpinist greifbar für jeden, der sie wiederholt, Tritt für Tritt, Griff für Griff" – das sagte Reinhold Messner an einem strahlenden Herbsttag, ein knappes Jahr nach seinem winterlichen Ausflug auf den Loser. Er hatte dieses Jahr im Himalaya verbracht, hatte Makalu und Lhotse bestiegen und damit als erster Mensch alle 14 Achttausender geschafft. Nun stand er vor der Trisselwand, studierte die Route von Preuß und empfand wohl ähnliches wie sein großes Vorbild:

„Den unheimlichen Reiz, den der tiefschwarze Altausseer See ausübt, darf man wohl in erster Linie jener grauen, düsteren Plattenwand zusschreiben, die drohend auf die grünen Wälder seiner Ufer herabschaut, der Trisselwand. Der See mit der Wand, sie bilden eines der herrlichsten Schaustücke des steirischen Salzkammergutes, und es ist kein Wunder, wenn Volksmund und Sage sich in lebhafter Weise mit der Ersteigung und den Ersteigungsmöglichkeiten der Trisselwand abgeben..."

„Das Bergsteigen wäre in vieler Hinsicht ärmer, hätte ihm Paul Preuß nicht einen Teil seines intensiven Lebens gewidmet" - Reinhold Messner über Paul Preuß (1886-1913).

„Die Natur erobern durch Strapazen, durch körperliche Opfer?" Das mißfiel einem Zeitgenossen von Preuß. „Du eroberst sie doch hoffentlich momentan und stets und überall durch Deine empfängliche Seele, Deine empfänglichen Augen, auch ohne direkt angeseilt zu sein auf schwindeligen Platten?!? Wehe Dir, wenn Du erst Mühe brauchst, um das zu genießen, was Dir Gott ganz von selbst spenden wollte in seiner Gnade! An ‚versicherte Steige' in Felswänden dachte der Allgütige freilich nicht!"

Der da seine Abneigung gegen schweißtriefende Bergpartien formulierte und auch über die alpinen Auswüchse seiner Zeit spottete, war in Wahrheit ein begeisterter Bergwanderer: Durch die Berge des Salzkammergutes war Peter Altenberg immer wieder gestreift, und auch durch die Dolomiten.

Alpenvereins-Mitgliedskarte von Paul Preuß mit der Jahresmarke des Todesjahres 1913

Einer seiner Jugendfreunde tat es ihm gleich: „Er war ein unermüdlicher Wanderer, auch hierin trafen sich unsere Neigungen, und im Sommer 1899 verabredeten wir, zusammen mit Richard Beer-Hofmann, eine Fußtour durch die Dolomiten..." – Arthur Schnitzler, langjähriger Ausseer Sommergast in der Erinnerung von Jakob Wassermann, der ja zum echten Altausseer wurde. Beer-Hofmann dürfte der Unternehmungslustigste des literarischen Quartetts gewesen sein:

„Von der Kainisch (Salzsudwerk) auf den Röthelstein (1610 Meter). Zuerst durch Wald zur Langmoosalm unterhalb des Gipfels. Einige Minuten davor der Feuerkogel mit Versteinerungen. Mit dem Provisor der Apotheke stieg ich, als Bub, hinauf, holte mir fast einen ganzen Rucksack voll – sie waren in rothem Marmor – und schliff sie mir selber an dem Mühlstein der Mühle nahe dem Ausseer Prater. Eine davon liegt noch zwischen anderen Versteinerungen in einer kleinen Schüssel in meinem Zimmer."

„Ich empfehle Ihnen Bergwanderungen auf das Wärmste" - Arthur Schnitzler an Hugo von Hofmannsthal, Foto der Wanderung auf die Gschwandt-Alm

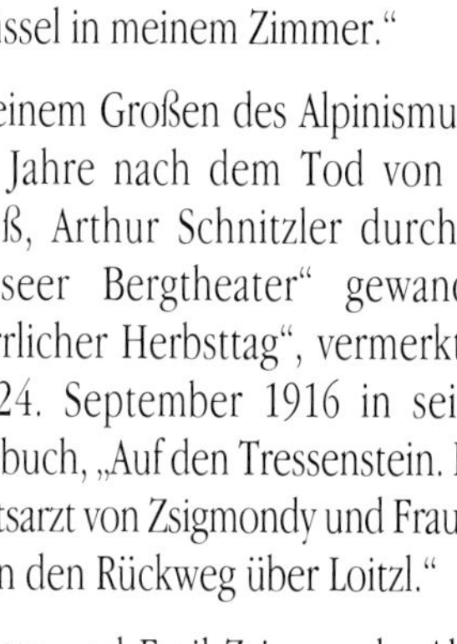

Mit einem Großen des Alpinismus ist, drei Jahre nach dem Tod von Paul Preuß, Arthur Schnitzler durch das „Ausseer Bergtheater" gewandert: „Herrlicher Herbsttag", vermerkte er am 24. September 1916 in seinem Tagebuch, „Auf den Tressenstein. Regimentsarzt von Zsigmondy und Frau, mit ihnen den Rückweg über Loitzl."

Otto und Emil Zsigmondy, Altersgenossen von Schnitzler, hatten in ihrer Jugend in Österreich die Epoche der großen „führerlosen" Bergsteiger eröffnet, waren die besten und kühnsten von ihnen gewesen. Zu ihrem Kreise hatte außerdem Georg Geyer gezählt, einst enger Jugendfreund Schnitzlers und vom Dichter nicht nur in den Tagebüchern einer stürmischen, exzessiven Jugend des öfteren erwähnt. Auch der Arzt Dr. Franz Mauer in Schnitzlers Tragikkomödie „Das weite Land" trägt unzweifelhaft die Züge Georg Geyers. Erst 21 Jahre alt, hatte er 1878 eine über 200 Seiten starke und bis heute nicht übertroffene Monographie „Das Todte Gebirge" geschrieben:

„Vom Ufer smaragdgrüner Seen, mit prachtvollen, hochalpinen Szenerien reich ausgestattet, emporsteigend, hat man verhältnismäßig nur geringe Zeit in der Waldregion zu verweilen, um zu den herrlichsten Aussichtspunkten zu gelangen. Steigt man noch höher hinauf durch eine Scharte zwischen riesigem, senkrecht abstürzendem Kalkgemäuer auf das Plateau, so ändert sich die Szene oft wie mit einem Schlage; so schön und lieblich das Bild vorhin gewesen, so wild und schrecklich ist es plötzlich geworden."

Solche Schilderungen lockten aber auch die arrivierten Alpinisten jener Jahre ins Tote Gebirge. Männer, die sich bereits an den Viertausendern der Westalpen versucht hatten. 1875 kam Guido Franz Feiherr von Sommaruga, vier Jahre später stieg in Schraml's Gasthof zum Erzherzog Franz Karl am Grundlsee – von da war's nur ein Katzensprung zum Aufstieg, und auch der „Kriag Stefl" wohnte nicht allzuweit weg – der k.k. Oberbergrat Edmund von Mojsisovics ab. 1862 hatten die beiden zusammen mit Paul Grohmann, dem berühmten Dolomitenerschließer, den Österreichischen Alpenverein gegründet. 1875 bereits war Eduard Preuß der Sektion Salzkammergut des ÖAV beigetreten.

Von der Loser-Tour, die der unermüdliche Bergwanderer Schnitzler 1916, damals 54 Jahre alt, nur einen Tag nach dem Treffen mit Otto von Zsigmondy unternahm, ist ein Foto erhalten geblieben:

„25.9. Mit Frieda Pollak, Christel Kerry, Frau Askonas auf die Gschwandt-Alm, oben Schnee, zurück über die Loserwiesen, Holzstoß – Ruhe ..."

Zu Recht soll das Tote Gebirge, diese Berglandschaft voll Ruhe, Weite und Stille, Kernstück eines steirisch-oberösterreichischen Nationalparks werden. Geschützt vor den Auswüchsen des Fremdenverkehrs, wird es dann ein Refugium für diejenigen bleiben, die nichts suchen und doch bereit sind, alles zu finden.

„Vollends die Ruhe, die eine Berggestalt nur aufweisen kann, zeigt der Loser. Seine Rast scheint tierisch wie die eines Wiederkäuers, eine gelassene Wehrlosigkeit ist in ihm, in der er sich von Gewittern und Stürmen überfallen, umklammern und wie zu Mißhandlungen einhüllen läßt... wie die anderen Berge dieses Umkreises in der Erregung ihrer starr gewordenen Massen. Ihrem leidenschaftsgeprägten Angesicht gegenüber liegt diese Berggestalt des Losers als ein schlummernder Wächter da, nichts von Gefahr ist an seiner sonnnigen und luftigen Wildheit und Einfalt, er ist ganz Frieden, und es ist eine Art Vertrauen, mit dem ihn der Blick, der hier überall beschäftigte und angeregte, sucht von friedvollen Fluren." – Max Mell, einer der großen steirischen Dichter und auch langjähriger Freund und Briefpartner Hugo von Hofmannsthals.

Das letzte Wort dieses Kapitels gebührt dem, der am Fuße des Toten Gebirges, im Ausseer Bergtheater aufgewachsen war und die Arena der Einsamkeit durchwandert hat: „Von den blauen Mondlandschaften des Toten Gebirges, über ein Felsgewirr ohne Ende, das wir liebten, weil es voller Geheimnisse war", erzählte Herbert Zand. „Uns störte das labyrinthische Element des Hochgebirges nicht, im Gegenteil, es begeisterte uns. Wissen um die Wege war ein geheimes Wissen,das von den Alten weitergegeben wurde, als eine Art Reifezeugnis, denn um die Wege auch gehen zu können, brauchte man Ausdauer und Kraft...hier oben konnte es immer noch geschehen, daß man der erste Mensch war, der den Flecken Erde betrat, auf dem man gerade stand, oder der andere war vor hundert Jahren vorüber gegangen, oder vor fünfhundert Jahren..."

Zehn Berge zählst Du in der Runde:
da magst Du wohl die Zeit vergessen -
denn hier wird nur mit Stein und Eis gemessen.

Rudolf Felmayer
Der Wiener Lyriker Rudolf Felmayer schrieb die Dreizeiler während vieler Sommfrischen, die er nach dem Zweiten Weltkrieg im Ausseer Land verbrachte.

„Auf d'Scheibn han i g'schossn, Da Böller hat kracht. Und in Dreiviertel-jahrn Hamds ma's Best daherbracht."
Ausseer Gstanzl

72
Oesterreich
Steiermark.

Auf dem Kopf stehen und mit beiden Beinen auf der Erde

Der Fund war für Geschichte und Verständnis der Menschen des Ausseerlandes von so großer Bedeutung, daß sogar der Kustos der volkskundlichen Abteilung am Landesmuseum Joanneum in Graz zur Feder griff:

„Anläßlich der Restaurierung der Pfarrkirche zu Bad Aussee (1984/85) wurde in einem bisher zugemauerten Teil der hinteren (südl.) Seitenkapelle eine Truhe mit einer Anzahl von alten Schriftstücken gefunden. Neben verschiedenen Aufzeichnungen der Pfarrkanzlei, Servitutslisten und Pfründenaufstellungen stießen die Restauratoren auf ein Druckwerk des frühen 18. Jahrhunderts... Dieses Büchlein stellt nach Ansicht der Fachleute eines der frühesten Dokumente über das Volkstum dieser Gegend dar; seine Bedeutung ist sowohl literarisch wie auch volkskundlich kaum abzuschätzen", schrieb Dr. Josef Fröhlich, und er schloß das Vorwort zum Neudruck 1988: „ Möge es dazu dienen, unsere kleine Welt, in der Jahrhunderte keine Rolle zu spielen scheinen, mit neuen Augen zu betrachten".

Johann Nepomuk Passini (1798-1874) „Mirzel", um 1825

„Die Aussiger" - so eine frühe Schreibweise für Ausseer - hieß das aufsehenerregende Werk eines Unbekannten, das in „herzhafter, gelegentlich wohl sehr subjektiver Weise das Ausseerland und seine Bevölkerung skizziert, wie der Verfasser sie vermutlich auf einer Reise kennengelernt zu haben glaubt."

Die Aussiger betrachtten sich als ureygen Volck und meynent / etwas Besunders und Eynzigarttigs zu seyn / wenngleych ihnen die Schul-Lehrer von den Keltten und Slaven sagent / die daselbst gesiedelet hätten. Auch gibet es glaubhafft Berichtt genug / daß ihr eygentlich Vorfahren auß Straff-Koloneyen entstammet seyen / doch änderet dis nit daran / daß sie sämttlich überzeuget sint / auß GOTTES eygen Handt zu stammen. Der bescheyden Verfasser dis Berichtts waget dis freylich nit zu entscheyden / wiwol ihm düncket / daß vil für das Ersttere sprechet.

In ihrem Charakter sint si arbeyttsam / ohn jedoch in extremis zu verfallen: fridlich / ohn jedoch wircklich fridferttig zu seyn: wizzig / ohn jedoch sunders lusttig zu seyn: recht kattolisch / aber nit frumb: mehrer eyngebildett / dann wircklich stoltz.

Ausschnitt aus dem ersten Kapitel „Von dero Abstammung Sprach und Charakter"

Vom Stolz der Ausseer und von ihrem Begriff der Zeit, ihrer Auffassung von Zeit zu haben und sich Zeit zu lassen, weiß auch ein Ausseer unserer Tage:

„Viele Entwicklungen sind im Ausseerland noch heute durch die Tatsache geadelt, daß sie sich vom Stillstand nur unmerklich unterscheiden. Die hohe Kunst, sich mit bedächtiger Behutsamkeit durch die Zeit zu bewegen, wurde hierzulande eben durch Jahrhunderte geübt und verfeinert... Die bevorzugte Ausseer Denkrichtung ist quer, die gültige Ausseer Wertordnung ist nicht konvertibel, die beste Figur macht einer, der es fertig bringt, auf dem Kopf zu stehen und mit beiden Beinen auf der Erde", schreibt Alfred Komarek, als Schriftsteller seinerseits durch einen Großen der österreichischen Literatur geadelt. „Der unbestrittene Meister des Feuilletons in diesem Jahrhundert war Alfred Polgar. Ein kluger Kollege nannte ihn ‚Marquis Prosa'. Von diesem Adelsgeschlechte ist auch Alfred Komarek", pries ihn Hans Weigel.

Nobel wie er selbst gewesen war, hatte einst der hohe Herr aus kaiserlichem Haus, Erzherzog Johann, die Ausseer beschrieben: „Das Volk der Gegend ein schöner, stämmiger, kräftiger Schlag, höchst reinlich, fröhlich, arbeitsam, geschickt. Anhänglich an seinen Heerd und an seine Bestimmung, leicht zu führen, gutmütig. Es herrscht alte Treue, alte Sitte, Wohlhabenheit und wie überall, wo Eintracht, Rechtschaffenheit und Einfachheit herrschen, ächter Frohsinn."

Auch die weitgereiste Wilhelmina von Chezy, ob ihrer scharfen Beobachtungsgabe und ihrer noch schärferen Zunge des öfteren mit der kaiserlichen Zensur in Konflikt gekommen, aber immer wieder von Johann vor Ärgerem bewahrt, schloß sich der Meinung ihres Mentors an: „Ein liebes, kräftiges, treuherziges Völkchen wohnt hier. Bei den seltenen Anlässen, die es zur Freude rufen, vergißt es alle Noth und giebt sich kindlich dem Augenblick hin... Kaum sollte man glauben, daß es irgend noch ein so empfängliches, fröhliches Völkchen giebt, so wie man nicht leicht einen hübscheren Menschenschlag finden wird."

„Der Salinenarbeiter Vinzenz Limberger, geb. 1791", Foto von Joseph Poetion, um 1867

Dem konnte sich acht Jahre später Johann Gabriel Seidl in seinen 1841 gedruckten „Wanderungen durch Steiermark" nur anschließen:

„So herrlich nun die Umgebung von Aussee ist, so auffallend wohlgestaltet ist auch der Menschenschlag, den man hier trifft. Die Burschen sind schlank, gelenkig, stark, ohne Kropf; die Dirnen wohlgewachsen, mit schönen klugen Augen und von fast adeligem Ansehen. Es ist aber, als ob dieser Vorzug gerade nur auf diese Gegend beschränkt wäre; denn im Hinterberg nimmt diese Wohlgestalt schon ab; die Burschen sind schon schwerfälliger, schöner Wuchs ist seltener, und hier und dort kommt schon ein Kropf zum Vorscheine, während noch drei Stunden weiter im benachbarten Ennsthale schon ein Drittel der Bewohner mit Kröpfen behaftet oder durch Cretinismus gänzlich entstellt ist."

Etwas differenzierter hingegen sah dreißig Jahre später der Kurarzt Dr. Eduard Pohl in seinem Bäderführer „Der Curort Aussee in Steiermark" die Ausseer:

„In der Regel ein schöner Menschenschlag, wenn auch so manche verkümmerte Individuen, meist aus dem Ennsthal herübergekommen, untermischt sind... Der Mensch erscheint hier mehr schlank, als fett und dick, von hoher Statur, festen, rüstigen Körperbaues, durch starke Arbeiten in dem rauheren Clima abgehärtet; die Nase schneidig, das Haar nicht üppig, die Zähne durch die häufigen Rheumatismen an Zahnfraß leidend, die Hautcultur durch Bäder wenig beachtet. In geistiger Beziehung ein gesundes, natürliches Urtheil, ein gutes religiöses Gemüth, Ergebenheit gegen den Landesfürsten und die Behörden, still und resignirt selbst bei Unglücksfällen, selten leidenschaftliche Ausbrüche, wohl Heimweh in der Fremde."

Auf einen heiklen Punkt im Selbstverständnis seiner Landsleute stieß hingegen in einem späteren Bäderführer der Ausseer Lehrer Victor Konschegg: „Sowohl im Typus wie in der Kleidertracht, wie nicht weniger im Charakter und in seinen Traditionen weicht der Bewohner des steiermärkischen Salzkammergutes von den übrigen Bewohnern des deutschen Theiles der Steiermark wesentlich ab, und nähert sich hierin weit mehr dem benachbarten, mit dem selben in steter Berührung stehenden Oberösterreicher, ja es gravitiert die ganze Gegend in ihren Beziehungen mehr nach Oberösterreich als nach Steiermark."

Rund ein Jahrhundert später sollte Erich Landgrebe in dem Essay „Im Herzen Österreichs: Das Salzkammergut" die Beziehungsprobleme der Ausseer zu ihrer Landeshauptstadt auf den Punkt, einen wunden Punkt bringen: „Die Landeshauptstadt ist natürlich Graz, aber die Ausseer sind vor allem Ausseer - noch mehr vielleicht als die Tiroler Tiroler sind. Wenn die Ausseer sagen, daß sie Steirer sind, meinen sie etwas Ähnliches wie unsereiner, wenn er sagt, daß er Europäer ist."

Zurück zum scharfsichtigen Schulmeister Konschegg: „Die Männer sind fast durchwegs schlank und ebenmäßig gewachsen, durch stramme Haltung ausgezeichnet, sehen selten roh aus und gebärden sich auch in seltensten Fällen so. Die Mädchen stehen den Burschen in ihrer Äußerlichkeit weit nach: die Frühreife, angestrengtere Arbeit und sonstige Ursachen lassen sie alle älter erscheinen und äußerst selten begegnet man einem erwachsenen, frisch

Jakob Gauermann (1773-1843) „Bauern in Grundlsee entrichten ihre Abgaben", 1820

und jugendlich aussehenden Bauernmädchen. Im Allgemeinen ist der Bewohner des steirischen Salzkammergutes gutmüthiger Natur, redlich, nicht streitsüchtig, zu mechanischen Fertigkeiten sehr gut befähigt, langsam bei der Arbeit und beim Denken, mißtrauisch gegen Neuerungen, anhänglich an das Kaiserhaus, durch große Liebe zur schönen Heimat ausgezeichnet, und lieber leiden die jungen Leute zu Hause Noth, als daß sie auswärts Beschäftigung suchen würden."

Carl von Binzer (1824-1902) „Portait eines Altausseers"

Bemerkenswert, daß Konschegg nach dieser „bedauerlichen Entgleisung" über Arbeitsweise und Denkart seiner Mitbürger nicht seinerseits zu „auswärtiger Beschäftigung" gezwungen wurde. Aber die „gutmüthige redliche Natur" der Ausseer sah wohl ihrem hochgeschätzten Lehrer und langjährigen Schuldirektor den einmaligen faux pas großmütig nach...

Erstaunlich, daß sich die kleine Welt, in der Jahrhunderte, wie Dr. Josef Fröhlich schrieb, keine Rolle zu spielen scheinen, bei näherer Betrachtung in noch viel kleinere Welten teilt. Konnte er doch in „Die Aussiger" folgendes lesen:

> Obzwar nun all Heymische sich als Meyster-Stukk unseres HERRGOTTES vermeynen / machent sie freylich sofortt abstufent und abschäzzig Unterscheydung / wie etwan zwischen ächten Aussigern / denen Alten Aussigern / Gruntlsseern / Gößelern und Hinterberigern / zu schweygen von denen Zugereyseten und Frömbden. Darüber hinauß meynent die Aussiger / seyent si besttenfalls Steyrer: wiwol manche ins Ob-der-Donauische tendirent oder mindest fruher so getan habent. Allgemeyn sint sie mit der Herrschafft Österreych wol unzufriden und hättent liber eyn eygen Republick. Ihr Sprach ist / worauff si stoltz sint / von besunder Artt / wiwol sich Aussiger und Alten Aussiger vil darinn unterscheydent / die Gößeler Sprach beyden jedoch bereyts merckwürdig / wann nit lecherlich düncket. Die Hinterberiger verstehent si wol noch / wollent aber von ihn nit vil wissen.

Ausschnitt aus dem ersten Kapitel „Von dero Abstammung/Sprach und Charakter"

Auch dem Grundlseer Sommergast August Fournier, der als Schwiegersohn des Burgschauspielers Ludwig Gabillon in den siebziger Jahren des vorigen Jahrhunderts nach Aussee gekommen war, fielen die feinen Unterschiede im Wesen der Bevölkerung auf. In seinen „Erinnerungen" schrieb der Historiker:

„Was die ländlichen Einwohner - Bauern und Holzknechte in scharfer Sonderung - betrifft, so ist es ein singendes, tanzendes, spielendes und liebendes Völkchen, das hier im Talgrund des Grundlsees haust ... Die Männer, Holzknechte wie Bauern, sind nicht nur fixe und geschickte Arbeiter, sondern auch nicht selten erfindungsreiche und sonst begabte Köpfe; von Kretinismus, wie in dem nahen Hallstatt, ist hier keine Spur. Jedenfalls sind an angeborener Intelligenz die Bauern den Bürgern von Aussee weit überlegen, gut und gutherzig, namentlich am Ende des Sees, im Gößl, noch mehr als in den übrigen Ortschaften schon jenerzeit wesentlich unterschieden von den Bewohnern des Paralleltales von Altaussee, die weniger ursprünglich und schon durch die ‚Fremden' wie die Leute der Sommerfrische genannt werden, die seine unbestreitbar größeren landschaftlichen Schönheiten bevorzugen, etwas ‚verdorben' waren. Am Grundlsee waren sie in ihrer Anspruchslosigkeit und Genügsamkeit immerhin sehr selbstbewußt ohne Unbescheidenheit und von jeder Devotion frei. Dabei aber überaus friedfertig. Ich habe während der langen Jahre, die ich hierherkomme, nie eine Rauferei unter ihnen bemerkt; sie gehen lieber umeinander herum, sind Meister in der Retinenz, und vermeiden offenen Streit. Auch lautes Geschimpfe oder Gefluche ist ganz selten. Welcher Unterschied gegen die Bergbewohner Bayerns! Während dort die bête humaine sich allsonntäglich in blutigem Handgemenge austobt, singt und tanzt der Obersteirer dieser Gegend; und wenn er gleich der Liebe zum andern Geschlecht ebenso ergeben ist wie Andere, so entsteht aus Eifersucht selten ein handgreiflicher Zwist."

Der Schluß allerdings, den Fournier aus seinen Beobachtungen zog,traf sich mit dem Urteil des freimütigen Victor Konschegg: „Im Laufe der Jahre hat sich in mir die Ansicht gefestigt, dieses Ausweichen vor jedem Konflikt entstamme einem starken Bequemlichkeitsbedürfnis, das den Leutchen um Aussee auch eignet und das den Forstbeamten das Urteil nahelegt, die Grundlseer Holzknechte seien zwar sehr geschickt und tüchtig, schaffen aber viel weniger als die oberösterreichischen, Ebenseer u. andere."

Auch auf das „liebende Völkchen vom Grundlsee" ging Fournier näher ein: „Neu war mir damals noch, daß Liebesverhältnisse vor der Ehe praktisch werden und diese erst - nachdem ihre Fruchtbarkeit feststeht - geschlossen wird. So sittenlos das dem Städter erscheint, so ist es doch fraglich, ob diese Methode nicht derjenigen vorzuziehen ist, die die Eheschließung dem geschlechtlichen Verkehr vorangehen läßt, was hinterher oft genug Enttäuschungen und schlechte Beziehungen unter den Eheleuten mit sich bringt. ‚Unverstandene Frauen' gibt es da sehr selten, denn die Liebe - obwohl sie sich auch hier verstohlen in das Dunkel der Nacht hüllt - sorgt beizeiten für das nötige Verständnis. Geheiratet wird erst bei erprobter haltbarer Neigung und vielfach aus wirtschaftlichen bleibenden Gründen. Von Ehescheidungen hab' ich nie etwas gehört."

Ausschnitt aus dem neunten Kapitel „Von denen Manndern und Weybern"

Das „Dunkel der Nacht" dürfte des öfteren auch die Sommerfrischler interessiert haben. Jedenfalls sah sich Konschegg bemüßigt, ihnen in seinem Bäderführer mit Rat und Aufklärung zur Seite zu stehen. „Das sogenannte Gasseln oder Fensterln wird von ledigen Burschen hier sehr eifrig betrieben und man sieht in später Abendstunde sehr oft eine ganze Gesellschaft von Burschen vor das Fenster

Carl von Binzer (1824-1902) „Steffen Kati und Kitzer Gatterer Leopoldine"

einer Schönen ziehen, um dort durch Gesang und Gasselsprüche die Gunst der Spröden zu erwerben; der Begünstigte schleicht dann oft in der Nacht, eine Leiter auf der Schulter, unter das Fenster der Ersehnten und klettert auf der angelehnten Leiter in ihr Zimmer. Fremde, die eigenes Dienstpersonale mitbringen oder solches hier in Dienst nehmen, dürfen also bei Anrücken eines leitertragenden Burschen nicht etwa die geplante Ausführung eines Diebstahls befürchten."

In früheren Jahrhunderten hingegen dürfte es in Aussee gesitteter zugegangen sein. Lag das an den drakonischen Strafen, die noch unter der Herrschaft Maria Theresias auf's Gasselgehen ausgesetzt waren - sie sind im Kapitel über die Forstwirtschaft nachzulesen - oder gar an den Ausseern, vornehmlich den Männern selbst? Der unbekannt gebliebene Gewährsmann in „Die Aussiger":

So romantisch buhlerisch Ding / wi etwan das Fenstterln im Tyrolischen / ist bey ihn nit der Brauch. In früher Zeytten seyent si wol ›Gasseln‹ gegangen und hättent mit ettlich Versleyn die unschuldig Mägdleyn zu umgarnen gesuchett. Solch Versleyn sint zwar noch im Gedächtniß / will si aber dem Geneygt Leser erspaaren / sintemalen selbig offtmahls zwey-deuttig / wann nit unsauber sint. In neyerer Zeytt / wi mir manch Frauen-Zimmer berichttent / tät es zumeyßt nur mer heyßen ›Wilt / oder wilt nit?‹ Kriegent die Manns-Leut hirauf eyn abschlagent oder ausweychent Replik / so seyent si darob nit böß / noch tätent si ir Werbung auff galanter Weys versuchen. Si haltent das Gantz nämlich ohnedis nur für Farce / diweylen si vil liber ins Wirtts-Haus gehent und dortt Sprüch fürent / Kartten spilent oder Kegel scheybent / was ihn mennlicher düncket. Sey aber item auff der andern Seytt nit so / daß die Weyber derohalb sunderlich gekräncket seyen / oder in Schwer-Muth verfallent. Vilfach hättent si gar nit so groß Verlangen nach der Fleysches-Lust: nit aber / weyl si so frumb und tugentsam seyent / sundern weyl si nit in der Weys heyß-blüettig oder manns-lustig wärent / wi das etwan den Kartnerinnen nachgeredt

Den wirtschaftlichen Seiten des Fremdenverkehrs hingegen, die ab der Mitte des vorigen Jahrhunderts zu blühen begannen, gaben sich etliche Ausseer, meist Grundlseer, nur widerstrebend hin. Schon Erzherzog Johanns Biograph Carl Gottfried von Leitner hatte darüber geklagt, und auch Hans Weigel stellte es ein Jahrhundert später fest, wie im Kapitel über den Grundlsee nachzulesen ist. Konrad Mautner, gleich ihnen ein treuer Grundlsee-Liebhaber, in seiner Schilderung über den Bau der Straße von Grundlsee nach Gößl, die 1873 durch den Gewerken Hans von Rebenburg begonnen wurde:

„Es ist köstlich zu hören, wenn Herr von Rebenburg erzählt, eine Deputation von Gößl sei ihn bitten gekommen, er möge den Ausbau der Straße bis ins Gößl nicht unterstützen. ‚Es machten Fremde khemma', meinten sie, auch für den Kriegsfall hegten sie Befürchtungen, daß es dem Feinde zu leicht gemacht würde, in den bis dahin nur über ein holpriges Landweglein oder mittels einer Plätte zu erreichenden abgelegenen Ort zu gelangen. Auch das Bedenken, es möchte außer dem immerhin von den Häusern etwas entfernten Ladner-Gasthause ein zweites Wirtshaus entstehen, wodurch die Gößler zu liederlich werden könnten, wurde ins Treffen geführt. ‚Na, wenn Ihr durchaus nicht wollt' meinte der wohlmeinende munifizente Herr, ‚mir erspart es nur Geld. Überlegt es Euch halt noch einmal!' In ein paar Tagen kamen die Anführer der Deputation, der alte Veit und der alte Hansnbauer wieder: Es war eahn halt liaba do!' Ja, wie denn diese plötzliche Sinnesänderung käme? Ja, der Hans und der Veit hätten selber ‚Muath, a Wirschtshaus aufz'macha'."

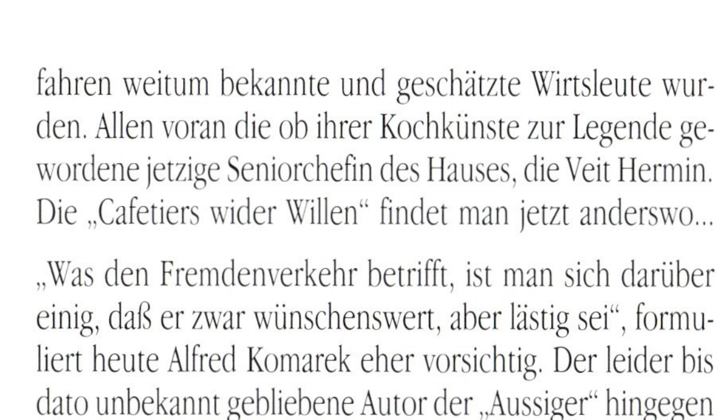

Stephan Mautner (1877-1944 oder 1945) „Der alte Veit Hias“

Ganz geheuer waren dem alten Veit, dessen Wirtshaus dem jungen Konrad Mautner zur geliebten Stätte seiner Gößler Jugendsommer wurde, die Fremden aber doch nicht. Oder graute ihm vor den Scharen, die der geschäftstüchtige Fremdenverkehrspionier Albin Schraml nach der Eröffnung der Salzkammergutbahn mit seinem Stellwagen vom Ausseer Bahnhof zum Grundlsee und von dort per Schiff nach Gößl brachte?

„Von dort führte ein prächtiger Spaziergang zum Toplitzsee und eine Ruderfahrt zum Kammersee, was wieder dem Cafetier wider Willen in Gößl - jeder Gast ist unserem Freunde Veit ein Gräuel - viel Zuspruch an Gästen eintrug“, spottete liebevoll August Fournier, der wie sein Schwiegervater Gabillon einer der treuesten Stammgäste des Veit war.

Zur Ehrenrettung des alten Wirtes, der sein Lebtag lang ein Gößler Bauer geblieben war, sei gesagt, daß seine Nachfahren weitum bekannte und geschätzte Wirtsleute wurden. Allen voran die ob ihrer Kochkünste zur Legende gewordene jetzige Seniorchefin des Hauses, die Veit Hermin. Die „Cafetiers wider Willen“ findet man jetzt anderswo...

„Was den Fremdenverkehr betrifft, ist man sich darüber einig, daß er zwar wünschenswert, aber lästig sei“, formuliert heute Alfred Komarek eher vorsichtig. Der leider bis dato unbekannt gebliebene Autor der „Aussiger“ hingegen nahm sich schon anno dazumal im Kapitel „Von dero Umbgang mit denen Frömbden“ kein Blatt vor den Mund:

Sult aber nit verschwigen werden / daß irer eynig doch wol an den Zugereysten oder den Frömbden Gefallen findent / weshalben man auch unter den Kindern / stroh-blond / röthlich / oder – mit Verlaub – solch mit Habspurger-Lippen zu findten vermeynett. Sint aber derohalben nit verfemet / sundern geltent als ächt Aussiger und helffent dergestaltt / dis merckwürdig Völckleyn frisch und lebendig zu erhaltten.

Die meyßten Aussiger gebent vor / die Frömbden / die si auch Summer-Frischler oder Turisten nennent / überauß zu schäzzen / sintemalen dise ihn das Geldt dalassent / so si wol gebrauchen kunnent. Sie verhätschelen diselben und gängelen si / wiwol si die Tag zählent / wo dise bezalent und wider abreysent. Auch machen si sich wol insgeheimb lußtig über si / weyl si dero Sitten für dummb oder gar unanstendig erachtent / aber solang si gut berappent / nemen si keyn Anstoß daran.

Ausschnitt aus dem sechsten Kapitel „Von dero Umbgang mit denen Frömbden“

Derlei wahrlich boshafte Analysen der Ausseer Mentalität flossen erst Jahrhunderte später wieder aus der Feder eines berühmten, in den letzten Jahren allerdings in Vergessenheit geratenen „Zuagroasten“. „Du bist ein solcher Meister der doppelten und dreifachen Ebene geworden, daß irgend einer der vielen Hintergründe schon das Richtige ausdrückt“, schrieb 1937 Hermann Broch an seinen Freund Frank Thiess. Der Autor von „Tsushima“, „Das Reich der Dämonen“ und „Die griechischen Kaiser“ wohnte rund zehn Jahre lang in Obertressen. So sehr Thiess die Landschaft des Ausseerlandes liebte, so sehr mißfielen ihm einige ihrer Bewohner. Sie kommen als Bürger von „St. Stefani“ in den zwei Schlüsselromanen „Die Straßen des Labyrinths“ und „Geister werfen keine Schatten“ nicht gut weg:

Alois Wimmer (1852-1901) „Hochzeit beim Schneiderwirt“

„St. Stefani ist ein Ort, in dem auf mir unbegreifliche Art sich die Übel unseres Weltzeitalters verdichtet haben: Mißgunst, Klatschsucht, Erwerbsgier, extrem kommerzieller Sinn, Parteileidenschaft und versteckte Unzucht ... Die Stickluft des Ortes verhält sich umgekehrt proportional zu der Luft der Berge." Über die Bewohner St. Stefanis schrieb Thiess, „daß alle Leute hier im Ort vor Entzücken rote Backen kriegten, sobald sie eine neue Gemeinheit erfuhren."

Starker Tobak, zugegebenermaßen, und ein lohnendes Betätigungsfeld für künftige Literaturwissenschaftler. Auch das scharfe Auge der Altausseerin Barbara Frischmuth blickt hinter die poetische Seenlandschaft, in die Seelenlandschaft der Ausseer. In „Tage und Jahre" erinnert sie sich an den Altausseer Kirtag ihrer Jugend:

„Jedes Jahr zu Ende der Sommersaison, etwa Mitte September, war Kirtag. Er dauerte drei Tage und machte allen großen Eindruck. Wenn man am ersten Kirtag-Tag in der Früh aufwachte, konnte man über die Fischerer Felder her

„Kirtag in Altaussee, man beschenkt und wird beschenkt" - Arthur Schnitzler, Tagebuch vom 3.9.1916

schon die für diese Tage typischen Geräusche hören. Vor allem das Kreischen der ausrollbaren Papierpfeifen, das Getute der Blechtrompeten und das Schnalzen der Stöpselrevolver, auch Geschrei und Gelächter verbreiteten sich durchs ganze Tal, wie das Ratschen von Windrädern. Dieser Kirtag war auch in den umliegenden Ortschaften bekannt und berühmt und wenn das Wetter auch nur halbwegs schön war, standen vor allen Buden Trauben von Menschen, die Rosen schossen, Nägel in ein Brett schlugen oder etwas in hölzerne Herzen brennen ließen. Das Herzensammeln hatte sich zu einer Art Wettbewerb entwickelt und ich habe Frauen und Mädchen gesehen, die kaum mehr den Kopf gerade halten konten, so viele hatte sie um den Hals hängen. Die Zigeuner verkauften Teppiche und vor den Blöcken mit türkischem Honig wurde gefächelt, damit man vor lauter Bienen auch noch etwas von dem Gelblichen, Zähen sehen konnte. Es wurde viel getrunken und ich erinnere mich an Männer, die sich gegenseitig in der Scheibtruhe durch Gasthausküchen fuhren. An diesen Tagen hatten auch die wenigen Fremden, die noch im Ort waren, ihr Recht verloren, denn aus der Servilität war Aggression und aus der Freundlichkeit Spott geworden. Zu ernsthaften Zwischenfällen kam es meist nicht, doch es war etwas in der allgemeinen Stimmung, das sie jederzeit hätte provozieren können.

Das halbe Dorf war spätestens am Kirtag-Sonntag im Rausch, die Männer hatten übernächtige Gesichter, die Haut der Frauen wirkte fahl unter den frischen Dirndlblusen. Das Kindermädchen ging spätestens nach dem zweiten Rundgang verloren und wir Kinder rotteten uns zu immer neuen Horden zusammen. Wir versuchten allen Verwandten und Bekannten Geld aus der Tasche zu locken, das wir sofort in Genuß umsetzten. Manche von uns waren ebenso betrunken wie ihre Eltern und wenn wir uns übergeben mußten, halfen wir einander, indem wir uns gegenseitig den Finger in den Mund steckten.

Am Kirtag-Montag flaute die Stimmung allgemein etwas ab, aber diejenigen, die nicht zur Arbeit mußten, fanden sich neuerdings zusammen und feierten umso wilder den Ausklang. Dienstag morgens trafen wir oft auf dem Schulweg die Spätheimkehrer, die sich blaß und unwirklich einen Pfad entlang des kaum von Autos befahrenen, aber doch recht breiten Wegs bahnten und laut vor sich hin redeten.

Es ist vorgekommen, daß sich solch einer beim Nachhausegehen über das Brückengeländer beugte, um die Fische zu zählen und in den Augstbach fiel, ohne sich besonders dabei wehzutun. Aber auch unter den Frauen gab es viele, die bis zu drei Nächte durchhielten und ihre Stimmen gellten von Wirtshaus zu Wirtshaus."

Auch der zweite Höhepunkt im festlichen Jahreslauf der Ausseer läßt aufschlußreiche Blicke auf ein Land zu, das Komarek „die Bühne hinter den Kulissen" nennt:

„Mitten im Winter bricht plötzlich ein Ereignis von urtümlicher Wucht aus, drei Tage lang: der Ausseer Fasching - unverfälschtes Brauchtum, das man erst gar nicht konservieren mußte, weil es putzmunter am Leben bleibt. Gäste, die mittun wollen, sind willkommen, notwendig sind sie nicht.

Ein echter Ausseer, und es gibt nur echte Ausseer, bitteschön, fängt schon am Samstag vor dem Aschermittwoch damit an, nicht mehr aufzuhören - und zwar mit einem Höchstmaß an Individualität und einem Minimum an Organisation.

Am Samstag werden die ersten Faschingsbriefe verlesen und vorgesungen, anmutig illustriert nach dem Vorbild der Bänkelsänger. In den Faschingsbriefen werden gnadenlos alle Peinlichkeiten aufgelistet, die dem lieben Mitbürger das vergangene Jahr über widerfuhren.

Sonntag reiben sich die Bürger tatendurstig die Nacht aus den Augen und gehen erst einmal auf die Straße - ins Wirtshaus kann man ja immer noch.

Auf den großen Umzug der Narren wartet allerdings keiner, weil dieser Umzug nicht stattfindet. Aber die Narren sind überall, die Grenzen zwischen Akteuren und Zuschauern verwischen sich und die Ausseer stellen beruhigt fest: Die Sache mit dem Chaos geht auch dieses Jahr wieder in Ordnung.

Nichts findet statt, alles geschieht, Improvisation mag man das ganze Jahr über, jetzt kommt die hehre Lehre von der reinen Unvernunft dazu.

Montag gehen die Bürgertrommelweiber ihrem gewichtigen Gewerbe nach, Dienstag werden die Arbeitertrommelweiber folgen. Es gibt seit Jahren heftige Diskussionen über subtile Unterschiede zwischen diesen beiden Gruppen; fest steht, daß unter gewaltigen, weißen Frauengewändern und Spitzenhäubchen ausnehmend männliche Männer stecken, deren musikantische Potenz auch nach mehreren Stunden und noch mehr Gläsern oder Stamperln nicht erlahmt. Nur die Melodie des immer wieder intonierten Marsches erfährt eine seltsame Veränderung, gerät mehr und mehr ins Unirdische und aus trotzigem Gleichklang wird elegischer Fehlklang.

Am Dienstag geht es weniger grobschlächtig zu, eher bunt und poetisch - mit den ‚Flinserln', freundlichen Lichtgestalten. Ihre Kostüme sind aus Leinen, darauf sind ausgeschnittene Stoffiguren genäht, die Tausende und Abertausende glitzernde Silberplättchen schmücken. Der Zug der ‚Flinserln' wird von einer kleinen Musikantengruppe angeführt, es flötet, es geigt. Die freundlichen Masken tragen mit Süßigkeiten gefüllte Säcke, und wenn die Kinder einen der uralten, überlieferten Faschingsverse aufsagen, regnet es Gaben. Möglich, daß sich auch noch recht rabaukenhafte Masken herumtreiben, häßlich und aggressiv, die ‚Bless' - der traurige Rest jener Winterdämonen, die ohnedies keine Macht mehr haben. Das Fest geht weiter, keiner kneift, bevor es nicht Aschermittwoch geworden ist und der Fasching mit düsterem Pomp und schwerem Schädel zu Grabe getragen wird.

„Der Ausseer Fasching pflegt Brauchtum nicht, sondern lebt es um seiner selbst willen" - Alfred Komarek über Flinserln und Trommelweiber in Bad Aussee.

Wenig später sind die Ausseer fast schon wieder so, wie andere Österreicher. Sichtlich entspannt, sichtlich auch im Rückblick überzeugt von der Notwendigkeit dieser Institution, die ein vernünftiger Mensch eben braucht."

Alois Wimmer (1852-1901) „Eisschießen am Altausseer See“

Die Aussiger“ seien ein letztes Mal zitiert, zu betroffenem Nachdenken anregend, obwohl das Kapitel „Von dero Faschingk und ander Kurtz-Weyl“ überschrieben ist:
Um der Wahrheit willen und weil Aussee mit seiner Landschaft und seinen Menschen trotzdem das Schönste bleibt, sei diesem Kapitel ein Postscriptum angefügt:

> Wann aber nit Faschingk ist / so pflegent si gnung ander Kurtz-Weyl / wi etwan Eys-Schiaßen / Dauben-Schiaßen / Plattl-Wörfen / Maybaum-Aufffstöllen / Kirch-Weyh / Bier-Zeltten etcetera. Die Bier-Zeltten dauerntt zumeyßt drey Tag / und genißet bey ihn derselbe die größt Hoch-Achttung / der all drey Tag sich rechtt unermüedlich eyngißet / im Zeltte seyn Rausch ausschlaffet / und hinach weytersauffet.
>
> Wiwol si also dergestallt das gantz Jar Faschingk zu feyern versuchent und immer Gaudi führent / ist es doch verwunderlich / daß bey ihn vil Leutt gemuetts-kranck seyen. Mer als sunst im gantz Landt / was im Verhältniß gemeynett ist / findt man bey ihn Brandt-Stifter / Tot-Schläger / leyder auch Selb-Mörder. Es ist dis wol ser betrüeblich / und der Geneygt Leser mög dis Erwähnung verzeyhen / aber es muß umb der Warheytt willen gesaget seyn.

Das mehrfach zitierte „Druckwerk des frühen 18. Jahrhunderts“ hat es nie gegeben! „Die Aussiger - Lehrsam und doch kurz-weylig zu lesend Beschreybung der Lebensweys/Sitten und Gebräuch eynes Steyrisch Völkleyns“ schrieb ein kluger und gelehrter, aber anonym gebliebener Ausseer Till Eulenspiegel unserer Tage. Auch der Kustos des Joanneums in Graz, Dr. Josef Fröhlich ist nur eine Fiktion. Wohl aber lebte einst in Aussee der Müller Josef Fröhlich (1694-1757), unehelicher Sohn einer Altausseerin und eines wandernden Krämers aus Oberösterreich. 1721 verschwand Fröhlich aus Aussee. Zehn Jahre später kehrte er als vornehmer Herr wieder zurück, berühmt und reich geworden als - Hofnarr! Seine närrische Laufbahn hatte ihn zuerst als „Fürstlichen Taschenspieler“ nach Bayreuth und dann als „Hoftaschenspieler und Kurzweiliger Rat“ an den Hof Augusts des Starken nach Dresden geführt, wo sich Fröhlich als „Graf Saumagen“ bald größter Beliebtheit erfreute.

„Sehr selbstbewußt ohne Unbescheidenheit und von jeder Devotion frei, dabei aber überaus friedfertig“ – August Fournier über die Grundlseer

Die Ausseer mag es kränken, daß aus ihren Reihen keine großen Staatsmänner und Dichter, keine Schlachtenlenker und Nobelpreisträger, ja nicht einmal Schiheroen erwuchsen, sondern nur ein großer Narr.

Aber wiegt nicht ein großer Narr all dies auf? Entspricht nicht Josef Fröhlich, der weise Narr, der all denen, die ihn für einen Narren hielten, die einen Narren daran fraßen, andere Narren zum Narren zu halten, seinen Narrenspiegel vorhielt, viel eher dem Wesen der Ausseer?

Jenes ruppigen, aber taktvollen, querköpfigen, eigensinnigen und toleranten Volkes, das es fertig bringt, auf dem Kopf zu stehen und mit beiden Beinen auf der Erde?

An ein junges Mädchen des Ausseer Landes

Als ich zuerst in dein Land kam,
Warst du noch nicht geboren,
Die Berge, Wildachen und Tannen
Kannte ich eher als du.
Warst du es nicht, die meine Hand nahm,
Geistheimlich mit allem verschworen,
Mich leitend, wo Waldwässer rannen,
Dem felsigen Quellursprung zu?

Da dir sich die Augen erschlossen,
Weit sahn sie die Wiesen im Winde,
Du schiedest das Grüne der Kiefer
Vom lichtern der Lärche sogleich.
Lang ehe die Träne geflossen,
Lag Tau noch im Auge dem Kinde,
Und innen im Herzgrund und tiefer
Wuchs viel fort vom pflanzlichen Reich.

Zu deinem süß schlummernden Munde
Herschwebte die Wespe, die Imme.
Bis zum siebenten Schnitt eurer Gerste
Im Blut dir mitrauschte die Traun.
Bald standst du mit Erdbeern im Bunde;
Du sangst mit der Grasmücke Stimme;
Wie die Christrose blühst du als Erste,
Bevor noch die Schneemoose taun.

Wenn einst frischgeschlagner Hochbäume
Harzduft mir zum Herzen nicht dringe,
Noch der Atem vom See, der mildfeuchte,
Noch des Juniheus holdweher Hauch:
Oh, was ich dann alles versäume:
Viel Blumen, viel Schmetterlinge,
Das Abendwiesengeleuchte,
Und dich, die du lang noch lebst, auch!

Felix Braun

„Mit Hugo spazieren gegen die Blaa-Alm...", Arthur Schnitzler, Tagebuch vom 23.8.1916

Im Gebirge der jungen Schäferinnen

Die Vordernbach-Alm liegt im Toten Gebirge, oberhalb von Gößl. Dichte Wälder umfangen einen weiten, saftigen Almboden. Ein Wasserlauf, silbern in der Sonne glänzend, durchzieht ihn. Am Waldrand eine Holzknechthütte. Rundum Stille, Ruhe. Die Vordernbach-Alm, ein kleines, grünes Paradies hoch über dem Grundlsee.

Vor über 160 Jahren sah es dort anders aus: „Die Alpe selbst besteht aus ungefähr zwanzig Sennenhütten und bildet somit ein förmliches Dorf, das freilich ausschließend von Mägden bewohnt wird und somit einen ganz eigenthümlichen Charakter annimmt", schrieb der Wiener Schriftsteller Alexander Baumann (1814-1857) in verklärter Erinnerung an die Sommer seiner Jugend. „Die Bauern um den Grundlsee schicken nämlich während der Sommerzeit dort ihr Vieh zur Weide hinauf und übergeben es jeder einer solchen Almerin zur Pflege, die nun die Verpflichtung hat, alle Sonnabende Butter und Käse ihren Herrn abzuliefern, Sonntag zur Kirche zu gehen, Abends einen kleinen Tanz mitzumachen und wieder zur Alpe zurückzukehren."

Als Student war Baumann mit seinem Freund, dem Schubert-Sänger Carl Freiherr Frey von Schönstein, durch Kärnten, die Steiermark und das Salzkammergut gewandert. Von dort hatte er auch die „Gebirgsbleamln" mitgebracht, eine Sammlung von Dialektgedichten, deren Texte und Melodien zum größten Teil aus seiner Feder stammten. Einige, so das Vordernbachalm-Lied, wurden beliebte Volkslieder.

Bei aller anfänglicher Zurückhaltung von beiden Seiten – welch ein Aufsehen müssen die beiden jungen Männer aus der fernen k.u.k. Haupt- und Residenzstadt unter den Grundlseer Almerinnen erweckt haben, die – zumindest die Woche über – auf der Vordernbach-Alm ein arbeitsreiches, hartes und eintöniges Leben führten.

„Die Dirnen sind die ganze Woche auf ihren eigenen Verkehr angewiesen und nur selten, wenn ein Jägerbursch sein Revier besucht oder ein Holzknecht an der Alpe vorüberkommt, bekommen sie ein menschliches Wesen zu sehen ... Kommt nun der wandernde Holzknecht oder der Jäger der Hütte näher, da springt wohl die Almerin mit ihren Holzschuhen schnell herbei und ist gerne behilflich, geht, ein wenig Feuer zu machen, ihm Sterz oder Grießnocken zu kochen, ihn mit Milch zu laben oder wohl auch sich in neckischem Gespräch zu ergehen. Bei weitem nicht so zuthunlich sind sie in der Regel mit den Fremden oder Städtern, ja, im Gegentheile, bemerkte ich viele von so großer Schüchternheit und Scheu, daß sie sich förmlich in ihre Hütte einschlossen, um nur nicht mit uns in Berührung zu kommen. Mit der Zeit allerdings wurden wir bessere Freunde – nachdem wir ihnen etwas Vanille-Liqueur mitgebracht hatten (ein großes Lieblingsgetränk der Almerinnen), Zither und Geige ausgepackt waren; da kamen selbst die schüchternsten immer näher gerückt und bald war unsere Sennenhütte im ganzen Alpendorfe der Sammelplatz der schönen Welt....

„Im Genusse der Naturschönheiten habe ich viele Stunden, ja Tage auf der Vordernbach-Alm zugebracht..." - Alexander Baumann (1814- 1857).

Wir schlugen nun hier förmlich unsere Wohnung auf und jeder von uns bezog das bescheidene Gemach einer Sennerin, während sich diese bei einer Freundin einlogirte. Den Tag über machten wir Ausflüge oder stiegen auf das höher gelegene Felsgebirge, um auf Gemsen zu jagen. Den Abend hingegen brachten wir wieder bei unserer Alm zu. Über die Gemsjagd wurde genug geschildert und geschrieben, und ich bemerke hier nur, daß, wie mir gewiß jeder Jäger gerne zustimmen wird, von allen Jagden diese die poesiereichste ist. schon die ganze Scenerie, das herrliche Thier selbst, Mühe und Gefahr: alles trägt dazu bei !"

Sommer für Sommer kamen die beiden Freunde, und die Zahl derer, die sie auf die Vordernbach-Alm mitnahmen, wuchs ständig. Auch einer der Wiener Theaterlieblinge zählte dazu: Mathilde Wildauer, Schauspielerin am k.k. Hofburgtheater am Michaelerplatz, Muse, Freundin und wohl auch Lebensgefährtin Baumanns, von dem nicht nur die Damen der Wiener Gesellschaft schwärmten. Der berühmte Musikkritiker Eduard Hanslick: „Ich habe nie wieder einen Menschen von so hinreißend natürlichem Talent kennengelernt. Er war auch äußerlich ein sehr hübscher Bursche mit treuherzigen, lebhaften braunen Augen, dunklem Haar und Schnurrbärtchen!"

Kühler und knapper, dafür umso exakter hatte schon zwei Jahrzehnte vor Baumann ein kaiserlicher Gast das Almleben beschrieben. Am 20. August 1810 war Erzherzog Johann zu einer mehrtägigen Tour ins Tote Gebirge aufgebrochen. Vom Ladner stieg er über den Lahngangsee zur Elmgrube auf: „Hier in der Elmgrube ist nur eine Hirtenhütte. 21 Pferde werden aufgetrieben, diese bleiben bis Ende August; dann folgen die Ochsen, so lange, als es die Witterung erlaubt. – Ein Hirt wohnt hier. Er bekömmt für ein Pferd zwei Pfund Schmalz und alle Wochen 7fl. für Alles. Er ist gewöhnlich 8 Wochen oben. Von Johanni bis Bartholomäi sind die Pferde da, die Ochsen bis zur Schneezeit. Der Hirt, ein kaiserlicher Arbeiter, ist ein Original von einem Menschen; er ist bei all seiner, in den Gesichtszügen ausgeprägten Einfalt, doch aufgeweckt und offenen, munteren Kopfes, sein Bild verdient abgezeichnet zu werden. Ich bemühte mich, sein runzliches Gesicht zu zeichnen; es ist durch Luft und Rauch völlig braun. Die Plotschenblätter, die gelb werden, benutzte er zu Rauchtabak."

Am 23. August ging es über die Henar-Alm und Augstwiesn-Alm – „Die Augstwiesenalpe hat eine der schönsten Lagen; die Hütten liegen auf einem Abhange, an ihrem Fusse ein grosser Kessel von einer Stunde lang, ganz grün und die beste Weide; westlich die mit Krummholz bedeckten Wände; östlich grüne schöne Rücken, überall vom Wind geschützt" – weiter zur Wildensee-Alm. „Hier sammelte sich die Gesellschaft und jeder bezog eine Hütte. Ueberall auf den Alpen fahren Mädchen auf; entweder haben sie das Vieh eines oder mehrerer Bauern zu versehen. Ein oder zwei Halter sind ebenfalls da, um das Schafvieh zu besorgen.

Carl von Binzer (1824-1902) „Der Halter"

Jede Magd hat die Aufsicht über 6-8 Kühe, 1-2 Schweine, 10-12 Schafe; hie und da sieht man Ziegen, die aber die Alpendrift der Waldungen wegen nicht verlassen sollten. Die Sennerin, in deren Hütte ich war, hatte das Vieh von 3 Bauern zu besorgen. Die Hütten sind von Holz, unten ist der Kuhstall, an beiden Enden der Eingang. Oberhalb das Vorhaus, wo der Herd ist; es bildet die Hälfte; die andere Hälfte, abgetheilt durch eine Wand, bildet die Milchkammer, und die Schlafkammer, in dieser ist ein gutes Bett; im Vorhaus ist noch der Trog für das Käsewasser, auch liegen hier die Geräthschaften. Ueberall fand ich die grösste Ordnung und bewunderungswürdige Reinlichkeit. Die Hütte ist von Aussen ganz mit Bretterschindeln verkleidet, folglich warm."

Johann beschrieb in seinem Tagebuch eine der beiden Ausseer Hüttenarten, die „hohe Hütte". Bei ihr wurde der Stall, das „Küadach", ebenerdig gebaut, mit der Stalltür an der Giebelseite. Dort befand sich auch der Aufgang zum Obergeschoß, der von Johann als Vorhaus bezeichneten „Hüttn", dem Feuer-, Wohn- und Arbeitsraum. Von dort ging's in den „Millikasten", den Vorratsraum, und in den „Bettkasten", den Schlafraum. Bei den „niederen Hütten" lagen Feuer- und Vorratsraum und der von der Giebelseite zugängige Stall in einer Ebene. An der gegenüberliegenden Seite führte eine zweite Tür zur „Hüttn" und von dort in den „Millikasten". Die Schlafstelle, „Rauschn" genannt, befand sich auf einer Zwischendecke über dem Stall und war über eine Leiter von der „Hüttn" aus zu erreichen.

Noch im 18. Jahrhundert hatte man auf den Almen viele kleine Gebäude errichtet. Um Bauholz zu sparen, ordnete dann das Ausseer Hallamt die Vereinigung der Einzelbauten unter einem Dach an. Vier Stämme, der „Fuaßkranz", wurden auf Ecksteinen aufgelegt. Die Blockwände der Hütten liefen an den Ecken mit Kamm- oder Schwalbenschwanzverbindungen zusammen. Holzdübel verbanden die Stämme untereinander, die Fugen waren mit Moos abgedichtet. Für das Dach und die Außenverkleidung wurden Bretter aus gut spaltbarem Holz verwendet. Alles in allem eine einfache, aber stabile Bauweise, die oft Jahrhunderte lang Wind und Wetter, vor allem den riesigen Schneemassen trotzte.

„Erlaub mir, schöne Sennerin, zu sein heut Nacht bei dir! Die Nacht hat überfallen mich, sonst weiß ich kein Quartier!", Stahlstich um 1835

Johann über die Almwirtschaft: „Das Vieh wird früh gemolken, dann ausgetrieben; es bleibt auf der Weide bis Abends, wo es zurückkehrt und wieder gemolken wird; zwei Mass Milch gibt es im Durchschnitte, in hölzernen Schüsseln wird sie aufbewahrt, eines jeden Eigenthümers Theil insbesondere; sie wird grösstentheils zu Butter benützt, aus dem Uebrigen wird Schotten gemacht, das Käsewasser ist für die Schweine; zum Buttermachen brauchen sie das gewöhnliche Werkzeug. Die Schafe werden ebenfalls gemolken und von der Milch wird Käse gemacht. – Die Milch ist gut und wirft viel auf, obgleich die Weide sparsam ist. Der Dünger wird täglich bei der Stallthüre hinausgeworfen, nie benutzt;

„Hohe Hütten" und „Niedere Hütten" auf der Fludergraben-Alm am Fuße des Sandling, um 1900

in den Voralpen schlagen sie ihn zu Zeiten zusammen und lassen ihn frieren, dann schleppen sie ihn zu ihren Häusern. Eine bessere Benützung, so wie im Zillerthal, würde den Ertrag der Alpen wohl auf das Doppelte bringen. Die Dirnen sind sehr fleissig; sie müssen Futter holen gehen für jene Tage, wo böses Wetter den Austrieb hindert; an den steilsten Stellen wird es geschnitten, und dabei geschieht manches Unglück. Die Mägde sind schlecht bezahlt, sie erhalten für das ganze Jahr 11 fl. und Schuhe, soviel sie verreissen.

Ist die Alpenzeit glücklich, so erhalten sie eine Belohnung. Zu Hause erhalten sie Kost aber gar keine Kleidung, die jetzt doch auf 20 fl. kommt. Der Halter hat 40 kr. des Tages, so lang er oben ist."

Sennerinnen beim Gleckschneiden auf der Lahngang-Alm 1946

Johann listete in seinen Tagebüchern alle Almen des Ausseerlandes auf, die in Vor-, Mittel- und Hochalmen eingeteilt waren und zu verschiedenen Zeiten befahren wurden. Die Vordernbach-Alm war mit 30 Hütten und Ställen die dichtest besiedelte Alm.

Ferdinand von Andrian führt in seinem 1905 erschienen Buch „Die Altausseer" Inventar und Arbeitsgeräte einer Almhütte um die Jahrhundertwende an: eine Bettstatt, ein Tisch, eine Bank, Schüssel- und Löffelrem, eine kleine Häferlsammlung, der Stolz vieler Almerinnen, ein „Mölistuhl" – der Melkschemel, der „Gazl" - ein hölzener Sechter zum Schöpfen des „Sautranks", der „Pfrahmzweg", ein Gerät zum Abschöpfen des Rahms, „Millifassln", „Schaarhagel, -besen, -schaufel" zum Ausmisten des Stalles. Endlich Sicheln, Sensen und der „Grasbär", ein aus Stricken geflochtener Sack, in den die Almerinnen das Gras, das sie oft an den steilsten Hängen schnitten, stopften. Die Ballen wurden dann die Abhänge hinabgeworfen.

„A lustiger Bua Geht in Almdiandlan zua...." Aus einem Ausseer Gstanzl.

Dieses schon von Johann erwähnte „Gleck'schneiden" war die mühsamste und gefährlichste Almarbeit. Sie begann daher auch mit einem gemeinsamen Rosenkranz. Vorbeterin war die „Almfrau", eine erfahrene Sennerin, die sich auch um die Arbeitseinteilung auf der Alm kümmerte und meist die Frau des „Almherrn" war. Dieser Bauer bestimmte nach einer festen Reihenfolge denjenigen, der den Almstier aufzutreiben hatte, er veranlaßte die notwendigen Einzäunungen und legte Almauftrieb und -abfahrt fest.

Alle acht Tage trugen die Schwaigerinnen – das Wort Sennerin war erst durch frühe Gäste aus der Schweiz und Tirol in die Steiermark gebracht worden – am Samstag die Milchprodukte im „Fahrtl" ins Tal. Das „Fahrtl" war ein in ein Tuch eingeschlagenes und am Kopf getragenes Holzschaffl. Der Marsch war mühsam, wog doch die Last bis zu 30 Kilo. Auf vielen Rastplätzen erflehten Marterln den Schutz Marias, des Hl. Leonhard und der Hl. Dreifaltigkeit für die Halter, die Almerinnen und ihr Vieh. Nicht jedes Gebet wurde erhört: 1777 ertrank Anna Kain im Altausseer See, von einer Kuh ins Wasser gestoßen. 1788 kam Matthias Scheuz aus Lupitsch ums Leben, als sein Pferdeschlitten im Eis des Altausseer Sees einbrach.

„Am 17. Oktober 1777 ist allhier Anna Kain im 32. Lebensjahre beim Viehtreiben von einer Kuh in den See gestossen worden u. ertrunken" - Marterl am Altausser See.

Über den Almabtrieb zu Ende eines unfallfreien Sommers schrieb 1830 Carl Gottfried von Leitner nach einem Besuch am Grundlsee: „Ich bemerkte einen hie und da durch die Ufergebüsche blitzenden, hierhin und dorthin irrenden, Goldglanz. Eben wollte ich meine Begleiterinnen auf diese fremdartige Erscheinung aufmerksam machen; als ein gewaltiger Stier das dicke Haupt mit seinen vergoldeten Hörnern und überflitterten Fichtensträußen brüllend aus dem Gesträuche hervor streckte. Ihm folgte eine Reihe eben so glänzend ausgestatteter Kühe mit bedächtigem Schritte, gutmüthigem Umherschauen und Muhen. Den Schluß des ganzen Alpenabzuges – denn ein solcher war es – machten drei rothwangige, braunäugige und feyertäglich weißgekleidete Schwagerinnen, welche blanke Kesseln und anderes Geräth und Gepäck auf dem Kopfe trugen. Auf unseren Gruß blieben sie stehen, und schienen mit freundlichem Lächeln ihr verdientes Lob zu erwarten; denn nur jene Sennerin, welche ihre Rinder vollzählig und gesund wieder von der Alpe treiben kann, hat nach der Landessitte das Recht, eine feierliche Heimfahrt mit geschmückter Herde zu halten. Hat ihr aber ein Wolf, was selten geschieht, ein Stück zerrissen, oder was sich öfter zuträgt, ist eines bey der Weide abgestürzt, so kehrt sie mit Allem im Stillen nach Hause."

Leitner, ein offenbar sittenstrenger Mann, schloß daraus: „Solche Unglücksfälle lassen vermuthen, daß sie Frühling und Sommer nicht fromm und züchtig, wie es einer Bergmaid zukomme, auf der grünen Alpe zugebracht; sondern ihrem Lieben nächtliche Besuche gestattet, und sich so die gerechte Strafe zugezogen habe."

Die „frommen und züchtigen Bergmaiden“ vom Grundlsee hätten – so sie des Schreibens und Lesens kundig gewesen wären – über Leitners Worte wohl gelächelt. Und ihre Kavaliere geschwiegen.

In der Tat waren Leben und damit auch die Beziehung zum anderen Geschlecht auf den Almen freier, ungezwungener, einfach selbstverständlicher als drunten im Tal, in Aussee, wo noch zur Zeit Maria Theresias an die zwanzig Personen wegen „nächtlichen Gaßlgehens“, also Fensterlns, zu hohen Geldstrafen verurteilt worden waren.

„Auf da Alm da gibt's ka Sünd“ – so hemmungslos, wie sich manch liebestoller Stadtfrack und viele Lustspielautoren und Heimatfilmregisseure in ihrer Phantasie das Treiben auf den Almen ausmalten, war das Almleben aber doch wieder nicht. „Stadtherren, die in's Gebirge steigen, sind den Almerinnen eben nicht sehr willkommen. Sie gelangen ermattet in die Höhe, sind neugierig, zudringlich, schwärmen, machen der Kühhirtin den Hof, wollen den Becher der Alpenfreude wie ein Glas Champagner leeren und sich am frühen Morgen wieder ins Thal trollen, um im nächsten Badeorte oder in der flachen Heimath recht viel von den Schwaigerinnen erzählen zu können“, schrieb Julius von der Traun in seinen „Excursionen eines Österreichers“. „Solche Leutchen erreichen ihren Zweck nur in jenen Almhütten, die nahe an starkbesuchten Bädern, oder überhaupt auf bequemeren, modernen und verkünstelten Gebirgstouren liegen; in jenen Hütten, unter deren Dache an jedem schönen Tage Studenten, Musterreiter, anonyme Journalisten und humoristische Juden Schmalzkoch essen, deren verderbte Bewohnerinnen ihre Alpenfrische und Alpenfreiheit als eine Erwerbsquelle benutzen.“

Der Schriftsteller war oft von Oberösterreich aus über's Tote Gebirge nach Aussee gewandert, wo man schon damals den feinen Unterschied kannte und ihn auch besang:

Der Bua is a Holzknecht
A Schoatnpecka
Und er is ma vü liawa
Wia a Tintnlecka.

Julius von der Traun, als Julius Alexander Schindler 1808 in Wien geboren, hat sicher gewußt, worüber er schrieb. Er hatte lange Jahre in Steyr und Gmunden gelebt.

War es ein Zufall, daß der spätere Reichsratsabgeordnete Schindler in seiner Jugend Gerichtsbeamter gewesen war? Und ein gebildeter Bergmann? Auf jeden Fall war er ein Mann von Ehre und – der Schluß seiner Erzählung „Der Alpenweg“ beweist es – von Diskretion.

Alois Wimmer (1852-1901) „Almabtrieb in Altaussee“

Einen Alpenweg beging, geführt vom Altausseer Revierjäger, fast zur gleichen Zeit der deutsche Reiseschriftsteller Kohl. In seiner „Reise in Steiermark“ bekannte er, wegen einer ganz besonderen Almerin nach Aussee gekommen zu sein: „Die Sennerin, auf welche es abgesehen war, wohnte auf der Pflindsberger Alpe, und sie hieß die ‚Külml Miedl‘ oder auch die ‚Külml-Tochter‘ vom Grundlsee. Viele steirische Räthsel in wenig Worten. Ich fange bei der Entzifferung von Miedl an. Es ist dasselbe eine Verdrehung und Abkürzung des Namens Maria. ‚Külml‘ hieß der Vater oder vielmehr der Bauernhof des Vaters der Maria, darum heißt sie die ‚Külml-Tochter‘, und am Grundlsee lag die Besitzung ihres Vaters. Es giebt Sennerinnen, die noch viel längere Titel haben als unsere Grafen.“

Der Grund seines Besuches bei der Külml Miedl läßt sich im Kapitel über Musik und Tanz im Ausseerland nachlesen.

Ein Alpenweg

Hübsche Bauernbuben und legale und illegale Jäger sind die Schwalben, welche die Schwaigerinnen am liebsten kommen sehen. Oft aber pochen an ihre Thüren auch Edelleute, deren Ahnenschlösser im Thale unten stehen, wo sie in guter Jahreszeit dem edlen Waidwerk leben, oder junge Förster und Gerichtsbeamte, gebildete Bergleute, die in irgendeinem Bergstädtchen angestellt, und mit den Kanzleihockern und Salonschwätzern der Residenz nicht zu verwechseln sind. Diese kräftigen Männer, deren von Geist erhöhte Genußfähigkeit alle erfreut, die mit ihnen zusammentreffen, sind den Schwaigerinnen Paradiesvögel, welche sie gern an den glänzenden Fittichen festhalten.

Doch muß man die Schwaigerin nie lüstern auf halbem Wege entgegenkommen denken; sie ist scheu wie ein Reh. Ich ging einmal mit zwei soit disant Paradiesvögeln von den beiden Offenseen über den schwarzen Wildensee, in die Wildensee-Alm hinauf.

Auf der Wildensee-Alm sind zweiundzwanzig Hütten, die wir alle verschlossen fanden. Nirgends ein menschlicher Laut, ein menschliches Wesen. Wir aber wußten, was wir von diesem Stillschweigen zu halten hatten. Es ist nicht weiter als ein Versteckenspielen, eine Koketterie, ein Vorspiel der verliebten Neckereien, welche gerngesehene Gäste zu erwarten haben. Wir pochten an alle Thüren, schimpften, schrien, schossen unsere Stutzen ab, warfen Steine durch die offenen Fensterchen – und das gefiel. Eine Schwaigerin öffnete ihre Hütte und trat heraus.

Die Schönste war es, die wohl wußte, daß sie die Schönste sei, und warum wir gekommen. „Ah, seid Ihr es!“ sagte sie mit Gleichgültigkeit, „was wollt Ihr denn noch so spät am Abende?“ „Ueber Nacht bleiben,“ gaben wir zur Antwort. „Was fällt Euch ein, ich kann Euch nicht behalten,“ sprach die Schöne scheinbar entrüstet, wie sie es noch immer gesagt hatte, wenn sie Einen von uns über Nacht behalten hatte. „In's Thal können wir nicht mehr, Du siehst, es wird finster,“ versetzte einer meiner Gefährten. „Da müßt Ihr Euch mit einem Bunde Heu begnügen, ich hab nur ein Bett.“ Da nahm sie einer der Paradiesvögel, der durch diese unschuldig hervorgebrachte Rede ganz entzückt war, beim Kopfe und küßte sie zu wiederholten Malen. Sie lachte. – „O, Du Hauptnarr!“ Der andere Paradiesvogel folgte nun dem Beispiele des ersten. – Ein Kuß hat schon manche Thüre geöffnet, und wir hatten vermuthlich zwei und zwanzig Küsse geküßt, da jetzt alle zwei und zwanzig verschlossenen Hüttenthüren sich öffneten, und freundliche Mädchen heraustraten, große und kleine von verschiedener Schönheit, wie nun die Kinder der Menschen eben sind. Alle brachten ihr Bestes, ein hübsches Alpenmahl stand vor uns.

Wir durften nicht auf dem Heu schlafen. Als wir uns am anderen Tage vom Lager erhoben, war Sonntag, wir merkten es aber nicht; dort oben ist es alle Tage Sonntag, wenn sich auch nicht alle Tage am Herd der Spieß dreht. Wir gingen auf die Jagd, kamen Mittags wieder in die Almhütte zurück und hielten ein olympisches Mahl. Ein paar Flaschen Tokyer, die wir in unseren Waidtaschen mitgebracht hatten, wirkten wie Nektar; die Spender dieses Trankes wurden von ihren drei Tischgenossinnen wie Götter behandelt und man weiß, was für ein Leben die Götter führen. – Die Schwaigerinnen lieben, wie alle Gebirgsbewohner, geistige Getränke; Jäger und Wildschützen kommen nie ohne ein Fläschchen Branntwein in eine Almhütte; auch der Bauernbursche trägt seinem Schatze, nebst dem treuen Bauernherzen, starkes Kirschenwasser in's Gebirge hinauf.

Die Kleidung unserer Gastfreundinnen was allerliebst. Sie trugen schafwollene Strümpfe, die unter dem Knie anfingen, und über dem Knöchel endigten, so daß der ganze Vorderfuß nackt blieb, einen blaukattunenen Rock mit Achselbändern, ein Schnürleibchen, ein seidenes Busentuch, ein schwarzes Kopftuch von gleichem Stoffe; um den Hals an einem Sammtbande silberne Zierrathen, die Arme waren voll und bloß. Auch muß ich zum Schlusse der frischen Lippen und blendenden Zähne gedenken, welche in klugem Vereine - - - Gegen Abend zogen wir über die Auxtwiese zum alten Aussee hinab.

Julius von der Traun

Kohl schauderte zwar anfangs vor der Bergwildnis rund um Aussee – „Das todte Gebirge ist eine der größten und vielleicht geradezu die allerausgedehnteste Hochgebirgswildnis, die es in den norischen Alpen gibt" –, doch dann stieß er auch auf die schönen Seiten dieser Bergwelt: „Im Ganzen giebt es auf diesem Gebirge 272 Weiden, ebensoviele Alpenwirthschaften und etwa 300 junge Mädchen; denn in einigen findet man auch wohl zwei Sennerinnen. Mithin könnte man sagen, daß dieses Todtengebirge, als ein bloß von jungen Mädchen bewohnter Landstrich, auf sehr angenehme Weise belebt sei, und man könnte ihm einen weit hübscheren Namen geben, z.B. das Gebirge der jungen Schäferinnen."

1750 standen auf 66 Almen rund um Aussee 487 Almhütten. Um 1880, am Höhepunkt der Almwirtschaft, betreuten auf den 14 Altausseer Almen 210 „junge Schäferinnen" und wohl auch so manche in die Jahre gekommene Schwoagerin über 1000 Stück Vieh.

Dem Höhepunkt folgte ein rascher Niedergang: 20 Jahre später waren es nur noch 66 Sennerinnen für rund 500 Stück Vieh.

Gründe für den Verfall der Almwirtschaft gab es viele: zum einen hatte der massive Anstieg des Fremdenverkehrs zu erhöhtem Milchverbrauch im Tal geführt. Die Bauern ließen daher ihre Milchkühe in den Ställen und trieben nur noch Schafe, Ochsen und Galtvieh auf, Jungvieh also, das noch nicht zu melken war. Zum anderen bot der Fremdenverkehr der weiblichen Jugend im Tal viele sichere und besser bezahlte Arbeitsplätze. Nicht zuletzt heirateten auch etliche Ausseer Bauern „zuagroaste" Mädchen , die dem sommerlichen harten Leben auf der Alm nichts abgewinnen konnten.

Der Maler Emmerich Millim lebte als Halter mit seiner Frau Maria auf der Gößler Alm, 1939.

In den 80er Jahren unseres Jahrhunderts übersommerten auf den acht Altausseer Hochalmen nur noch einige Halter und zwei Sennerinnen, die beiden Lupitscherinnen Lydia Marl und Martha Moser. Sie versorgten zwar über 200 Stück Galtvieh, aber nur noch wenige Milchkühe. Die letzte Grundlseer Almdirn ist Ernestine Hegner auf der Weißenbachalm.

Die Almwirtschaft des Toten Gebirges hatte einst als „Kopf des Hofes" gegolten. Heute ist sie oft nur noch Anhängsel, zu arbeitsintensiv und kaum mehr zu bezahlen. Nur ab und zu finden sich doch noch Menschen, junge Menschen, Idealisten, die's auf die Alm zieht. Wie den Berufsmusiker Toni Burger, einen Niederösterreicher, der seit einigen Sommern als Halter auf der Henar-Alm lebt und dort gerne aufgeigt. Mit dem Verlust der Almwirtschaft ging aber unwiderruflich ein Stück Volkskultur verloren, die das Ausseerland entscheidend geprägt hatte.

„Ausseer Almdirn", Foto des berühmten Ausseer Photographen Michael Moser

Wehmut befiel bei der Erinnerung daran nicht wenige Grundlseer und ihre Gäste, die 1995 einen Tag lang die einsame Vordernbach-Alm bevölkerten. Zur Erinnerung an Alexander Baumann und Mathilde Wildauer waren sie „auf die Alm g'fahrn". Einen Tag lang erfüllten ihre Musik, ihre Lieder – auch Baumanns schon selten gehörtes Vordernbachalm-Lied – die Stille des kleinen grünen Paradieses oberhalb von Gößl. Eines verlassenen Paradieses...

„...nichts war mit Aussee zu vergleichen. Selbst der Waldboden war anders und schöner als irgendwo sonst ...“ - Gina Kaus (1894-1985).

Vom Brot des Landes

Holz ist auch das Brot dieses Landes" hatte Herbert Zand über das Steirische Salzkammergut geschrieben. „Getreide gedeiht wohl, wenn man es anbaut, aber die Frucht ist klein und nicht so üppig im Ansatz wie draußen im flachen Lande. Die Wälder wachsen hier die langgedehnten Bergrücken hinauf bis zur Baumgrenze in einer bis heute nicht zu erschöpfenden Fülle, sie sind stark, kräftig und schön; sie ziehen über die Bergrücken hinweg und wieder hinab in die unbesiedelten Hochtäler, wo sie noch keine Axt und keine Motorsäge erreicht hat. Mit Holz konnte man bauen, Häuser, Hütten und Schuppen, und man konnte heizen..." Vor allem die riesigen Sudpfannen heizen, in denen jahrhundertelang Salz gewonnen wurde.

Holzrechen und Holzlagerplatz der Ausseer Saline, Freskomalerei im Kaiserzimmer des Kammerhofes in Bad Aussee

Salz kommt in den Bergen des Kammergutes nur selten in reinem Zustand vor. Um es von Beimengungen wie Gips und Ton zu trennen, gab es nur einen Weg: Salz mit Wasser vom Gestein zu lösen, also Sole zu gewinnen, die Sole zum Sieden zu bringen und das Wasser verdampfen zu lassen, bis reines Salz übrig blieb. Allerdings bedurfte es dazu riesiger Mengen Brennstoffs. Jahrhundertelang gab es nur einen einzigen: Holz. Ohne Holz kein Salz.

Im Altausseer Salzberg hatte es in den ersten Jahrzehnten des Salzabbaues noch genug Wald gegeben. Als aus Gründen der Staatsraison - die Erträge aus dem Salzhandel finanzierten oft bis zu 20 % des habsburgischen Staatshaushaltes - die Salzproduktion immer weiter ausgebaut wurde, wich man bereits in entlegenere Wälder aus. Als auch deren Holz nicht mehr reichte, führte man die Sole in langen Rohrleitungen aus Lärchenstämmen - der ersten Pipeline der Welt - in offenere Gegenden mit reichem Holzbestand. So wurden die Sudhäuser noch vor 1300 aus Altaussee in den Markt Aussee verlegt.

Der wöchentliche Holzbedarf einer Sudpfanne betrug schon im Mittelalter eine „Pfann", über 400 Raummeter Holz.

1568 wurden in der Saline Aussee bereits 142 Pfannen, das waren rund 57.000 Raummeter oder 40.000 Festmeter aus den Wäldern rund um Aussee, verfeuert. Eine unglaubliche Menge, auch gemessen an der heutigen Holzbringung der Bundesforste im Ausseerland: rund 50.000 Raum- oder 35.000 Festmeter sind es im Schnitt jährlich.

Jahrhundertelang war auch nur ein Drittel der Salinenarbeiter im Bergbau und beim Sud beschäftigt. Zwei Drittel hingegen arbeiteten im Forst.

Auch eignete sich nicht jede Holzart zum Sieden des Salzes. Fichten- und Tannenholz gab größere Flammen und erhitzte die Pfannen rascher als Buchenholz, das nur bis zu einem Drittel beigegeben werden durfte. Daher befahl schon die Hallamtsordnung 1523 die alleinige Aufforstung von Nadelbäumen, das „Heranzügeln des Schwarzwaldes" und das Schwenden, also Roden von Buchen in Fichten- und Tannenbeständen. Tiefgreifende Veränderungen im Landschaftsbild waren die Folge. Auf der Suche nach wertvollem „Schwarzwald" drangen die Ausseer Holzknechte immer tiefer ins Gebirge vor.

Christoph von Praunfalk, Verweser zu Aussee und rechte Hand Kaiser Ferdinands in Salz- und Forstfragen, machte den Kaiser 1544 auf bis dahin unerschlossene Urwälder weit hinter Gößl, in den Kammerböden, aufmerksam:

„Gib darauf Seiner Majestät zuversteen, das hinder dem obvermelten Crundlsee noch zween clain see ligen ainen gueten schlangen schuß von disen, der ain ist on fisch, der ander hat etlich aber wenig; hinder den seen allen dreyen steet ain großmächtig gewäldt und gehültz von schönen großen schwartz wald...", den Praunfalk mittels eines Triftkanals zwischen Kammer- und Toplitzsee zu erschließen empfahl. 1549 entstand das Meisterwerk: der 100 Meter lange, 2 Meter breite und durchschnittlich 6 Meter tief in den Kalkstein gehauene Kanal. Jahrhundertelang wurden durch ihn Urwaldriesen in den Toplitzsee getriftet, von dort in den Grundlsee und weiter bis zum großen Holzrechen in der Grundlseer Traun nahe der Ausseer Kirche geschwemmt.

Der Triftkanal zwischen Kammer- und Toplitzsee, 1946.

Der Klimaumschwung jenes Jahrhunderts, der den Dachsteingletscher rasch wachsen ließ, das Wachstum der Wälder aber beeinträchtigte, zwang die Ausseer Forstleute zu äußerster Schonung ihrer Wälder. Bestände am Zinken, im Koppen und am Sarstein wurden nicht mehr abgeholzt, nur noch gehegt, der alte Brauch der Ausseer, ihr Brenn- und Nutzholz aus dem Koppen zu holen, abgestellt, und auch die Eigenwälder der landesfürstlichen Hoheit unterstellt. Bis zu einem gewissen Maß durften die Untertanen die Wälder weiter nutzen - die Einrichtung dieser Holzservitute hat sich bis heute erhalten.

Auch Verpackung und Transport des Ausseer Salzes halfen Holz zu sparen. Ausseer Salz wurde, nur in Stroh gewickelt, durch Fuhrleute zunächst bis Rottenmann und Bruck gebracht. Erst dort wurde es zerstoßen und - in große Gebinde aus dem Holz der dortigen Wälder verpackt - auf Schiffe oder wiederum Fuhrwerke verladen, die die kostbare Fracht bis weit in den Süden nach Italien lieferten.

Salz aus dem oberösterreichischen Teil des Kammergutes wurde über Traun und Donau in den Norden und Osten der Monarchie transportiert. Dazu mußte es in „Kufen" aus wertvollem, astfreiem Spaltholz verpackt werden. Der Bau der großen Salzschiffe verschlang ebenfalls Unmengen hochwertigen Holzes.

So verblieb für den Hausbau im oberösterreichischen Trauntal nur wenig Holz. Die Häuser waren zum großen Teil gemauert, während die zum Teil sehr hohen Servitutsbezüge im steirischen Salzkammergut reine Holzbauten zuließen.

Das 18. Jahrhundert brachte die härteste und unmenschlichste Epoche in der Geschichte des Ausseerlandes: Ein durch zahllose Kriege ausgebluteter Kaiserstaat schrieb der Saline immer größere Fördermengen vor, ließ gleichzeitig ihre Anlagen verkommen und zahlte auch nur Hungerlöhne. Mißernten, Seuchen und Naturkatastrophen kamen dazu:

„Durch die grausamen Grund- und Stoßwinde, die kein Mensch allhier gedenket, sind die Waldungen derart umgeworfen worden, daß etliche tausend Pfannen Holz darniederlagen, überdies auch noch der stehende Fichtenwald leider abzudörren beginnt, sodaß davon auch noch Hunderte Pfannen anzutreffen sind", berichtete um 1700 der Ausseer Holzmeister Andreas Kalß.

Auch die Mißstände in der Saline wuchsen. Eine kaiserliche Visitation in beiden Teilen des Salzkammergutes deckte wenige Jahre später auch in Aussee Korruption unter den Salinenbeamten, Betrug und Diebstahl unter den Arbeitern auf. Der große Windbruch war immer noch nicht aufgearbeitet, dafür holten sich die Ausseer das Holz aus leicht zu erreichenden Wäldern oder bedienten sich überhaupt gleich an dem bis vor die Tore des Marktes geschwemmten Holz. Holzdiebstahl war zur Gewohnheit geworden.

Eine fürchterliche Katastrophe überschattete zudem jene schweren Jahre in Aussee.

Am 12. Februar 1738, das war der Mittwoch vor den schon damals „heiligen drei Faschingstagen" gewesen, verschüttete eine riesige Lawine auf dem Grillberg bei Gößl eine Holzknechthütte.

Da der Winter schneereich war und die Holzknecht-Partie ohnedies erst am Faschingssamstag heimkehren sollte, vermißte zunächst niemand die „Paß". Sie sei wohl eingeschneit und warte noch einen Tag ab, vermutete man. Erst Sonntag abends begann man Schreckliches zu ahnen. Binnen einer Stunde wurden sämtliche Faschingsveranstaltungen abgesagt und eine 200 Mann starke Suchtruppe zusammengestellt. Hüfthoher Schnee und grimmige Kälte zwangen viele Helfer zur Umkehr, ließen die restlichen erst nach 14 Stunden, am Mittag des Faschingsmontags, den Schauplatz der Katastrophe erreichen: Von den 20 verschütteten Holzknechten hatte nur einer überlebt. Er trug fortan den Namen „Lahn-Michel".

„So hat man hin und wieder endlich alle neunzehn armen Holzknechte und zwar einen nach dem andern, bei so unablässigen, früh und spät fortgesetztem Ausschaufeln herausbekommen, aber mit Entsetzlichkeit und gen Berg gestiegenen Haaren mit Weinen und Heulen vieler anwesenden Arbeiter, deren Herzen samt Mark und Bein mit Schmerzen durchdrungen waren. Denn da schaute ein Kopf, dort eine Hand, anderwärtig ein Fuß usw. hervor; endlich die Körper oder Leiber zu gewinnen, mußte man die darauf fest aneinander zusammengeschränkten Bäume also zerspalten und abhacken, daß es nicht wohl möglich gewesen wäre, die darunter gelegenen und eingepreßten armseligen Knechte (so auch einer noch am Leben gewesen wäre) ohne neue und frische Wunden, zerschlagen und zerstoßen lebendig heraus zu bekommen. Da aber nun zu sehen: wie einige entsetzlich zerquetscht und zusammengedrückt, mit gespaltenen Häuptern gleich augenblicklich ihren Geist hätten aufgeben müssen. Einige noch eine Zeit gelebet, und um sich auszuarbeiten, nach aller Längs mit Händ und Füßen, einige im einzigen Hemd auf ihrem armseligen Stroh schon süß geruhet hatten. Andere sich umarmend und einander helfen wollend, mehr mit zusammengeschlagenen Händen Gott rufend, jedoch alle um jede des Todes elendig verblichen dagelegen." So der erschütternde Bericht des kaiserlichen Holzmeisters Karl Josef Anton von Reichenau.

1743 entließ Kaiserin Maria Theresia die Führungsspitze der Saline und übertrug dem Tiroler Freiherrn Johann Georg von Sternbach die Reorganisation des Salzwesens und auch die gesamte Verwaltungsreform im Salzkammergut.

Sternbach griff hart durch, entließ 16 Förster, ersetzte sie durch ihm ergebene Tiroler Forstleute, reduzierte die Zahl der Holzknechte, ließ aufmüpfige Holzarbeiter evangelischen Glaubens nach Siebenbürgen ausweisen und hob auch das uralte Privileg der Befreiung vom Militärdienst auf. Die strengen Moralbegriffe der Kaiserin, bis dato nur in Wien und den großen Städten exekutiert, wurden nun auch in Aussee eingeführt und der in Forst und Saline arbeitenden Bevölkerung aufgezwungen. Kaum einer bekam eine Heiratsbewilligung, und wurde er bei vorehelichen Freuden in flagranti ertappt, so mußte er als Holzknecht mit Landesverweisung rechnen. Den „liderlichen Weibspersonen" drohte Pranger, ja sogar Auspeitschung.

„Als am 9. April 1843 unweit von hier Forstarbeiter die beschädigte Holzriese ausbesserten, kam in ihr unversehens ein Bloch daher und traf den Rottmeister Ferdinand Mayerl so schwer, daß er sein Leben im 43. Jahr beenden mußte. R.I.P." - Marterl in Grundlsee

Das war denn doch den meisten Ausseern zuviel, wenn auch nicht allen. Hatte doch nur wenige Jahre zuvor, 1734, der Marktrat einen langen und scharfen, durch öffentlichen Trommelschlag kundgemachten Erlaß herausgegeben, in dem gegen das immer mehr einreißende Tanzen und Saufen, Spielen und Fluchen, Raufen und Schlagen gewettert wurde, und daß „die Menscher derzeit denen Buben und Mannsbildern in die Wirtshäuser nachlaufen und sich selbst anböten und das bei ohnedem drangsaligen und betrübten Kriegszeiten".

Die Ausseer Salinenbeamten leisteten Sternbach zunächst versteckten, dann auch offenen Widerstand und ermunterten auch die Holzknechte dazu. Im Oberösterreichischen drüben eskalierte die Gewalt, führte in Ebensee zu einem Aufstand der Holzknechte, der nur mit Truppengewalt niedergeschlagen werden konnte. Auch spätere Ausseer Waldordnungen, wie die von 1770 und1778, trugen noch immer Sternbachs Handschrift und den Stempel der moralbedachten, aber darin ja selbst vom eigenen kaiserlichen Gemahl desavouierten Maria Theresia:

„Sonnwendfeuer anlegen, Maybäume setzen ist verboten. Ebenso bleibt die Erzeugung deren Besenstiel in denen zum Salzkammergut gewidmeten Waldungen ganz verbothen", so einige der forstlichen Paragraphen, die zur Schonung der Waldbestände Zäune aus Holz untersagten und durch Steinzäune oder lebende Hecken ersetzt wissen wollten. Sie untersagten auch den Hopfenanbau rund um Aussee, da die Schlägerung von Hopfenstangen den Waldbestand bedrohe.

Den Holzknechten selbst war - wohl aus gegebenem Anlaß - das „Wildpretschißen, Fischen, Verschwärzen von Salz und Eisen, auch Mauth- und Tabak Contrabandieren" bei schweren Geld- und Leibesstrafen verboten.

Noch immer waren neu aufgenommene Knechte dem Hallamt vorzuführen, „daß unter ihnen keine verdächtigen, liderlichen Personen seyen". Bei der Aufnahme von Auswärtigen war „von ihrem Pfarrer oder selsorger ein Attestum, das sye in Glaubens sachen gut unterwiesen sich christlich aufgeführt und wegen eines Irrglaubens nicht verdächtig gemacht haben, beyzubringen und unserem Hallamte vorzuzeigen". Weiters „sollen selbe einen gut Catholischen lebenswandl führen...wie nicht minder der verbotenen tänzen, auch alpen und gässel gehens sich gänzlich enthalten"!

Der vulgo Kanzler hackt die Fallkerbe, Gößl 1946.

Wer sich also sittsam aufführte, möglicherweise schweren Herzens dem „gässel gehen", dem Fensterln, entsagte und zudem zwei Jahre lang klaglos als Holzknecht gearbeitet hatte, der durfte sich „wie alle übrigen Cammerguths Personen des Allerhöchsten Schutzes und Freyheiten erfreuen". Auch wurde ihm das alte Privileg wieder eingeräumt: Er konnte gegen seinen Willen nicht mehr zu den „Recrouten" eingezogen werden.

Wenn Sternbachs Menschenführung auch bedenklich war, seine Leistungen als Forstfachmann sind unbestritten und ließen das Ausseer Forstwesen nach und nach wieder gesunden.

Auch seine Nachfolger bewiesen eine glückliche Hand. Die Amtsjahre des von Erzherzog Johann so geschätzten Josef Lenoble brachten der Saline Aussee und ihrem Forstwesen trotz der schweren Zeiten der napoleonischen Kriege neuen Aufschwung.

Wieder eine Generation später war wohl die Hochblüte des Ausseer Forstwesens erreicht. Um 1820 verfügte die Saline über 45.000 Joch Wald, in dem der jährliche Bedarf von rund 78.000 Festmetern einem natürlichen Zuwachs von rund 84.000 Festmetern gegenüberstand. Die Hofkammer konnte sogar der holzärmeren Saline Hallstatt drei Jahre lang die Nutzung der Koppenwälder überlassen. 13 Förster, 24 Rottmeister und 275 Holzknechte unterstanden damals dem Waldmeister Max von Wunderbaldinger. Durch die biedermeierlichen Reiseschriftsteller erfuhren die Menschen in den Städten zum ersten Mal vom Leben und der Arbeit der Holzknechte in den Wäldern Aussees:

„Diese rüstigen Söhne des Waldes in der Kraft und romantischen Eigenheit ihres Seyns und Berufes, bilden hier einen ganz eigenen Theil der Bevölkerung", schrieb Franz Carl Weidmann 1834 in seinen „Darstellungen aus dem Steyermärk'schen Oberlande". „Seine Säge auf dem Rücken, sein Beil mit den Keilen über der Schulter, zieht der Holzknecht einher in den dunklen Forsten, frey und ungebunden in seiner Lebensweise, wie kaum irgend ein anderer seiner Gefährten in der bürgerlichen Gesellschaft. Seine Heimath, sein ganzes eigentliches Leben und Seyn umfaßt der Wald. Aus unbehauenen Stämmen bildet er sich dort seine Hütte. Der Waldquell bringt ihm den stärkenden Trunk; dort umschattet von dem Dunkel des Urwaldes, weilt und bleibt er gerne, und nur an Feyertagen steigt er zum fröhlichen Gelage und Tanz in das ungern sonst von ihm betretene Thal aus dem Bergwald herab. Wenn die Stürme des Winters verstummen, der Schnee schmilzt, und der Frühling sein holdes Antlitz zeigt, da ergreift rüstig der nervige Holzknecht sein Werkzeug. In kleinen Trupps versammelt sich die kräftige Schaar, unter der Leitung eines Meisterknechts, und nimmt die von diesem angewiesene Paß ein. Nun werden die riesigen Bäume mit sehenswerther Geschicklichkeit und ins Unglaubliche gehender Berechnung gefällt, dann mit dem Axtbeile abgeästet, von den Wipfeln getrennt, und in große Klötze, welche Brocken genannte werden, zersägt. Diese werden dann wieder in Scheite zerhauen und aufgeklaftert (was zäunen genannt wird). Hier bleibt das Holz dann dem Durchzuge der scharfen trocknenden Gebirgsluft ausgesetzt. In vielen Gegenden ist aber erst das Bringen der Scheiter (so wird das Herabschaffen auf den Riesen bis an die Holzstätte, oder den Schwemmbach genannt) der beschwerlichste Theil der Arbeit des Holzknechtes...

Ist der Abhang nicht zu steil, so wird das Holz aufgezäunt. Geht dies nicht an, so werden die Klötze weiter herab gerollt, bis an einen schicklichen Ort; so bleibt das Holz bis in den Winter stehen. Wenn aber der Schnee die kleinen Gruben ausgefüllt hat, so wird dasselbe schnell durch Menschenhände, oder durch Zugvieh bis zur nächsten Riese geschafft. Aus derselben wird nun der Schnee gekehrt, und für's erste nur einige Klötze über die noch rauhe Riesenbahn geschleift, um sie glatt zu machen; dann ergreift einer der Holzknechte die Wasserkatze (eine Art von Schöpflöffel), schreitet, mit Fußeisen bewaffnet, die Riesen hinan, und bespritzt sie mit Wasser, damit es, in Tropfen zerstäubt, die Riesen decke, gefriere, und so die Bahn recht glitschig wird. Ist kein Wasser in der Nähe, so wird zu diesem Ende Schnee zerlassen. Wenn nun die Riesen so zubereitet ist, dann wird das Holz hinabgeschleudert, und es fährt mit Blitzesschnelle die glatte Bahn hinunter. So wird das Holz bis an die nächste Trift oder nach dem See gebracht, und von diesem zu den Rechen und Holzplätzen bey den Sudhäusern."

„Wasserriese in der Steiermark", Illustration aus „Die österreichisch-ungarische Monarchie in Wort und Bild", 1820

Weidmanns Zeitgenossin, der unternehmungslustigen Wilhelmina von Chezy, verdanken wir auch die genaue Schilderung einer Holzknechthütte in der Gegend der Schneckenalm oberhalb von Gößl:

„Ich war noch nie in einer solchen Holzknechthütte gewesen, es ist beinah wie in einer Kajüte, alles kompendiös und streng auf das Bedürfnis berechnet... In der Hütte steht der große Feuerheerd, mitten inne, der Rauch macht sich eine Weg, wo er irgend weiß und kann. An den Wänden herum sind die Lagerstätten gezogen, Pritschen,die seit etlichen Jahren nicht mehr mit Stroh bedeckt werden. Ueber jeder Lagerstatt zu Haupten hängt der Mehlbeutel, der Griessack, der Löffel, der Hafen, der Napf des Holzknechts. Nur mit Mehl und Gries, behaupten diese täglich schwer angestrengten Arbeiter, könnten sie sich stärken; Fleischkost sey nicht kräftig genug. Ihr Trunk ist Wasser. Von Montag um 3 Uhr, - wo sie von ihren entlegenen Wohnungen aufbrechen, um zur rechten Zeit den Arbeitsplatz zu erreichen, und sie auch die Meisten noch bei Sturm und Regen stundenlang über Seen rudern müssen,- bis Samstag Nachmittag 4 Uhr bleiben die Holzknechte im

Hartes Brot - winterliche Forstarbeit von einst

Max von Chezy (1808-1846) „Der famose Holzknecht Nahmens Hanns Beinsteiner", 1836

Wald, den Ihrigen und ihrem Hause fern. Es schmekte uns trefflich, das einfache Mahl. Bekanntlich wissen Weiber die Nocken aus Gries durchaus nicht so schmackhaft zu bereiten, als solch ein Holzknecht, sein eigener Koch und Gast."

Chezys Sohn Max zeichnete auch einen Holzknecht jener Jahre in voller Adjustierung. Dazu gehörte die seit Jahrhunderten verwendete Maishacke (auf der rechten Schulter und im Stamm), das Griesbeil (in der Linken), das, mit eisernem Stecher und Hauer an der Beilspitze versehen, zum Ziehen und Stoßen der Bloche in den Riesen, Triften, Klausen und Rechen diente. Dazu kamen zehnzackige Steigeisen, die auf nassem Boden und glatten Stämmen sicheren Stand boten. Besonders kühne Holzknechte polterten, mit ihren Eisen auf großen Blochen balancierend, in den Riesen zu Tal. Ein Wetterfleck, Lodengamaschen und ein Brotsack ergänzten die Ausrüstung.

Merkwürdigerweise ist auf dem 1836 entstandenen Aquarell noch keine Säge wie auf der 40 Jahre jüngeren Zeichnung

„Inneres einer obersteirischen Holzknechthütte", Illustration aus „Die österreichisch-ungarische Monarchie in Wort und Bild", 1820

Carl von Binzers abgebildet. Die Ausseer Holzknechte nahmen die Langsäge, die Sternbach nach guten Erfahrungen im niederösterreichisch-steirischen Grenzwald-Gebiet 1759 ins Salzkammergut bringen ließ, erst nach langem Sträuben an. Noch um 1800 fällten und zerteilten sie die Bäume ausschließlich mit der Maishacke. Auch heute noch heißt der Jungwald in vielen Gegenden des Salzkammerguts Jungmais.

Noch gut zwei Generationen lang sollte der Forst vielen Ausseer Holzknechten ein wenn auch bescheidenes Auskommen und eine - auf längere Sicht allerdings trügerische - Sicherheit bieten.

„In Gößl am Grundlsee im steirischen Salzkammergut besteht die Bevölkerung, da niemand wegen der großen Entfernung zur Saline geht, aus Bauern und kaiserlichen Holzknechten. Die meisten Verheirateten, die nur ein kleines Haus und kein Rindvieh besitzen, und die meisten älteren Buam sind ‚Stabile', das hieß ständig angestellte und pensionsberechtigte kaiserliche Holzarbeiter. Auch die Witwen nach den Männern sind pensionsberechtigt. Hierdurch erklärt sich zum guten Teil die frohe Sorglosigkeit und Heiterkeit, welche der Bevölkerung dieses abgelegenen Erdenwinkels am Fuße des toten Gebirges ihr charakteristisches Gepräge verliehen hat. Noch am Ende der Achtzigerjahre des verflossenen Jahrhunderts gab es für jeden Bauernsohn aus Gößl, Schachen oder Wienern, der nicht auf die Erbschaft des elterlichen Anwesens rechnen durfte, eine einfache Lösung der Existenzfrage. Er wurde kaiserlicher Holzknecht; da ging es ihm besser als im Bauernstande, bekam er doch seine tägliche Löhnung von 1 Gulden 5 Kreuzer und hatte sein bescheidenes, aber gesichertes Einkommen. Leider findet in den letzten Jahren die jüngere Generation nicht mehr ständige Aufnahme beim Forstärar. Es gibt einfache Armut, aber noch immer keine Not", schrieb 1910 der Wiener Fabrikantensohn Konrad

Mautner über Gößl, das ihm zur zweiten Heimat geworden war.

Auch in Altaussee war zu jener Zeit die Zahl der Holzknechte schon entscheidend zurückgegangen. Nur noch 17 „stabile“ und 25 „unständige“ Holzarbeiter vermerkte 1905 Ferdinand von Andrian in seinem Buch „Die Altausseer“.

Der Rückgang der Beschäftigungszahlen war eine Folge der industriellen Revolution des 19. Jahrhunderts gewesen, in der auch in den Salinen die Kohle das Holz als Brennmaterial abgelöst hatte.

Schon 1789 war Braunkohle aus dem Hausruckwald zur Erprobung in die Ebenseer Saline gebracht worden. Die hochgespannten Erwartungen erfüllten sich aber nicht, die Kohle eignete sich weder zum Sud noch als Schmiedekohle, bestenfalls zum Trocknen des Salzes. Wieder hing vom Wald allein die Salzerzeugung ab. Neue große Triftanlagen wurden gebaut, nicht mehr aus Holz, sondern bereits aus Stein.

80 Jahre später setzte sich aber dann Kohle aus Wolfsegg auch beim Salzsud durch, zuerst in den oberösterreichischen Salinen, ab 1877 - nach der Fertigstellung der Bahn - auch in Aussee.

Bereits 1851 waren die Waldämter der Salinen des Salzkammergutes, deren Reinertrag von 7 Millionen Gulden rund 4 Prozent der Staatseinnahmen jenes Jahres ausmachte, durch selbständige Forstämter ersetzt worden. So auch in Aussee. Dort führte eine neue Schichtordnung, die längere Arbeitszeit und weniger Pausen vorsah, im Mai 1852 zu einem Auflauf der Holzknechte. Da der k.k. Forstmeister Josef Schellinger dabei arg bedrängt wurde und zu seiner Sicherheit drei Gendarmen einschreiten mußten, kam es sogar zu Gerichtsverfahren gegen vier angebliche Rädelsführer. 107 Holzknechte wurden angezeigt, das Verfahren aber nach kürzester Zeit wieder eingestellt.

1868 wurde das Forst- vom Salinenwesen getrennt, 1869 die Salinendirektion des Salzkammergutes aufgehoben und alle Kompetenzen nach Wien verlegt. Aber erst 125 Jahre später, in den neunziger Jahren unseres Jahrhunderts, sollten Forst und Saline im Zuge der EU-Vorbereitungen der Österreichischen Salinen auch grundbücherlich getrennt werden. Selbständig geworden, mußten sich die Forstver-

Carl von Binzer (1824-1902) „Holzknechte aus dem Ausseerland“

waltungen wegen immer geringer werdenden Brennholzbestellungen der Salinen nach neuen Märkten umsehen. Nutzholzerzeugung und der Holzverkauf an Private traten an ihre Stelle. Auch das jahrhundertealte Verbot, Holz aus dem Salzkammergut auszuführen, fiel endlich.

Doch die Zahl der Holzknechte schrumpfte ständig. Konrad Mautner ahnte das drohende Ende eines einst blühenden Berufsstandes und hat in seinen volkskundlichen Büchern noch alle Lieder, Tänze, Spiele und Erzählungen der Holzknechte aufgezeichnet. Er erlebte auch den kriegsbedingten Einsatz ausländischer Forstarbeiter. Es waren serbische Kriegsgefangene, die im Ersten Weltkrieg nahe Gößl in einer mit starken Fenstergittern bewehrten Hütte hausten und ein auch heute noch als „Serbenschlag" bezeichnetes Waldstück schlugen. Der Landsturmmann Matthias Otter vulgo „Rotbart Hias" bewachte sie und bekam dafür auch ein Gewehr in die Hand gedrückt. Er wird es, als guter Musikant gerühmt, wohl auch öfters gegen die Geige eines der gefangenen Serben getauscht haben...

Der Mensch lebt nicht nur vom Brot allein. Und das Ausseerland schon lange nicht mehr von seinem Brot früherer Jahre, dem Holz.

Ganze zwölf Forstfacharbeiter stehen heute im Dienst der Österreichischen Bundesforste. Vierzig waren es im Ausseer Raum noch vor 15 Jahren gewesen. Und in wenigen Jahren wird es, analog zum Abbau der Arbeitsplätze in der Saline, wohl nur noch Brot für eine Handvoll Forstarbeiter geben. Jede Revolution frißt ihre Kinder; die industrielle sogar ihre Kindeskinder.

Holztransport von einst: ein „Holzboden" am Grundlsee

„Serbien muß sterbien!" - Die Haßparole zu Ausbruch des Ersten Weltkriegs galt in Gößl nicht. Dort zählten Arbeit und - Musik!

Wird der einst vielbesungene Beruf des Grundlseer Holzknechts, jahrhundertelang mit dem der Altausseer Bergknappen und dem der Ausseer Salinenarbeiter aufs engste verbunden, in absehbarer Zeit nur noch Erinnerung, ein Stück Historie aus Aussee sein, versunken im Strom der Geschichte?

Im Paradies der poetischen Angler

Am 12. Dezember 1954 kreuzte die „Pilar" vor der Küste Kubas. Ihr Besitzer war ein berühmter Mann. Er liebte das Leben, den Alkohol und den Faustkampf, die Jagd und den Fischfang, und er lebte vom Schreiben. Als junger, unbekannter Schriftsteller hatte er ein Jahr in Österreich verbracht, er kannte dessen Berge und Täler und wohl auch die Fischwässer.

An Bord seiner Yacht schrieb er an jenem Dezembertag: „Wer mit Charles fischen geht, lernt die Flüsse der Normandie und Österreichs so gut kennen wie die Lachsgewässer des hohen Nordens... Monsieur Charles ist einer der besten Fischer, die ich kenne. Er ist nicht nur groß als Fliegenfischer auf Forellen und Lachse, sondern auch ein gewandter Schriftsteller!"

Monsieur Charles, das war Charles Ritz gewesen, Sproß der weltbekannten Hotel-Dynastie. Seine Gewandheit als Schriftsteller hatte er mit „Erlebtes Fliegenfischen" bewiesen, in dem er über Kunst und Technik des Fliegenfischens auf Äschen, Forellen und Lachse erzählte. Sein Freund und Bewunderer war ein Mann, der in jenem Jahr 1954 gerade den Literatur-Nobelpreis erhalten hatte. Für die Geschichte eines alten Fischers - „Der alte Mann und das Meer": Ernest Hemingway.

Hemingway schrieb nicht nur das Vorwort zu „Erlebtes Fliegenfischen", er wußte noch mehr über Ritz: „Er hat die Gewässer des nordamerikanischen Kontinents befischt; er hat sich mit den atlantischen und pazifischen Lachsen Kanadas gemessen; er hat dem Hai bei Agadir und dem Thunfisch vor Trebeuren nachgestellt; er kennt die Meeresforellen Norwegens und den Lachs im sagenhaften Aarö. Seine beständigste Liebe aber gilt der Traun und der steirischen Salza..."

„Das stimmt, der Ritz war ganz versessen auf die Traun", hat eines Winterabends der Öhlinger Gust erzählt. Eine bitterkalte Nacht lag über der Ödenseer Traun. Wir saßen in der Wärme des Öhlingerschen Fischrestaurants in Kainisch, und der Gust berichtete aus seinem Fischerleben.

„I war in meiner Jugend schon Lagltrager bei den Amis, beim General Arnold, der bei den Hohenlohes in Altaussee sein Hauptquartier hatte und immer von baumlangen Militärpolizisten umgeben war. Später bin i dann mit dem Herrn Ritz gegangen. I hab ihn aber net sehr gern begleitet, weil i mehr ein wüder Fischer war und er dagegen sehr etepetete. Er hat das Fischen richtig zelebriert: Auf einem weißen Tuch stand der Kasten mit den verschiedenen Fliegen, die er mit einer Pinzette herausnahm. Meine Traun, die Ödenseer Traun war ihm a zu schnell, er fischte lieber in der Grundlseer Traun und besonders gerne in der Altauseer Traun, dort wo der Augstbach einirinnt!"

Charles Ritz war durch den berühmten Gmundner Rutenbauer Hans Gebetsroither mit der Traun bekannt geworden und bereits vor dem Krieg flußaufwärts gezogen. „Bei Kriegsende hatte ich nur eine große Sehnsucht: meine geliebte Traun wiederzusehen und ihr Tal nach allen Richtungen zu durchstreifen", schrieb Ritz in seinem Buch. Das gelang ihm bereits im Herbst 1945, bis hinauf zu den Quellen, deren die Traun ja mehrere hat.

„Die Traun hat eine schöne grüne Färbung, wohl noch etwas blasser als der Rhein" - Sir Humphry Davy in „Salmonia oder neun Angeltage", Leipzig 1840

„Die Gewässer des das Steyermärkische Salzkammer Guth umgebenden Hochgebürges sammeln sich in Seen, die drey Quellen der Traun bildend", vermerkte schon Erzherzog Johann.

„Wer zum Grundlsee möchte, folgt der Traun, wer zum Altausseer See will, folgt der Traun, wer den Ödensee anstrebt, folgt der Traun und wer das Ausseerland Richtung Hallstatt verlassen will, tut das erst recht traunwärts. Es ist ein Streich von geradezu genialer Hinterlist, alle Flüßchen des Landes beim gleichen Namen zu nennen. Die Ausseer wissen Bescheid, und allen anderen gönnt man gern die lehrreiche Erkenntnis, daß ein Begriff hierzulande für jede Richtung gelten kann, ebenso aber auch für eine gemeinsame. Außerdem ist es ein schönes Beispiel für angewandte Diplomatie, daß drei Gewässer namens Traun, die aus verschiedenen Himmelsrichtungen aufeinander zufließen, das Kunststück fertigbringen, nur einen Traun-Ursprung zu haben und daß dieser noch dazu fremdenverkehrswirksam mit dramatischer Optik und wildromantischer Umgebung ausgestattet ist" - keiner versteht sich besser auf die hintergründige Identität des Ausseerlandes als Alfred Komarek, daselbst geboren. Sein „Ausseerland - Die Bühne hinter den Kulissen" sei daher auch jedem ans Herz gelegt, der mehr über diese erlesene Schaubühne Österreichs, mehr über ihre Haupt- und Nebendarsteller wissen möchte.

Erzherzog Johann zum Beispiel, der steirische Prinz, war einer der Hauptdarsteller gewesen. Seine habsburgischen Ahnen am Kaiserhof zu Wien, die Landesfürsten in Graz, aber auch die hohe Geistlichkeit und Beamtenschaft in beiden Städten, sie alle waren jahrhundertelang die Nutznießer der Fischbestände der Traun und der Ausseer Seen gewesen. Hatte der Altausseer See von jeher Saiblinge und Forellen von besonderer Größe und Schönheit hervorgebracht, so gab es im Grundlsee nur kleinere Exemplare, die dafür in reicherer Menge.

Voraussetzung für das Fischrecht an beiden Seen war ein Landbesitz bestimmter Größe, die „Fischhube". Ihrer vier gab es am Altausseer See, siebeneinhalb am Grundlsee.

„Item de Ausse lacu a IV hubis dantur pisces 3200", 3200 Saiblinge als landesfürstlicher Zins aus dem Altausseer See bestimmte schon 1280 das Urbar des ersten habsburgischen Landesherrn, Herzog Albrecht I. Das war damals wohl fast der ganze Jahresertrag gewesen, den die zinspflichtigen Hubenbesitzer des Ortes Fischerndorf an die Herrschaft Pflindsberg abzuliefern hatten.

„Item des lacu chrungelse de 7 1/2 huba dantur 7000 piscium minus 250 piscibus", 6750 Saiblinge also wurden vom Grundlsee verlangt. Im Gegensatz zum Altausseer See, an dem die Fischrechte auch heute noch in den Händen Privater liegen, übernahm am Grundlsee, Lahngang- und

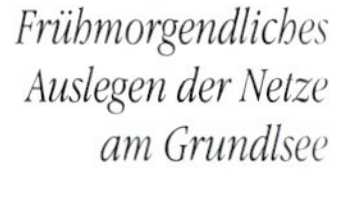
Frühmorgendliches Auslegen der Netze am Grundlsee

Toplitzsee schon im Mittelalter das landesfürstliche Salzamt in Aussee das Fischereiwesen in Eigenregie und übertrug es der Fischmeisterfamilie Kain. Über 300 Jahre lang wurde das Fischmeisteramt jeweils vom Vater auf einen Sohn vererbt.

Das Fischereirecht in den drei Traunflüssen hingegen stand seit altersher dem Markt Aussee zu. In diesen, vorwiegend mit Äschen und Forellen besetzten Wässern durften alle dem Magistrat des Marktes unterstehenden Personen den Fischfang innerhalb der jeweilig festgesetzten Fischerordnung frei ausüben. Auf ihr Fischrecht beriefen sich auch die Altausseer Salzarbeiter in einer Bittschrift, in der sie 1497 Kaiser Maximilian klagten: „So haben wir je und je von alters her freie Jagd und Fischerei und andere Zustände gehabt, die uns auch sollen entzogen werden..." Der Kaiser reagierte rasch: „...daß du ihnen ihr erbliches Fischrecht, das sie auf dem Altausseer See viele Jahre und Zeit her gehabt haben, niederlegest und verbietest", stehe nicht in den Instruktionen, ließ er den Fischmeister in den niederösterreichischen Landen wissen. Er solle nur „Fleiß anwenden, den Altausseer See von denselben Arbeitern in Unsere Hand zu bringen und zu kaufen!". Der Kauf der privaten Altausseer Fischrechte ist selbst einem Kaiser nie gelungen!

Dafür delektierten sich seine Nachfahren umso reichlicher an den Ausseer Köstlichkeiten. Nicht weniger als 447 Saiblinge aus dem Altausseer See, 1676 aus dem Grundlsee und 800 aus dem Toplitzsee ließ 1571 Maximilians Urenkel, der steirische Landesherr Erzherzog Karl, zu seiner Hochzeit nach Graz bringen. Lebend, versteht sich! Die Fische wurden in Fässern auf Fuhrwerken bis nach Leoben gebracht, von dort auf der Mur nach Graz weitertransportiert. Für Wien bestimmte Transporte gingen mit dem Fuhrwerk zunächst bis an den Hallstätter See. Dort wurden sie in eine Zille umgeladen, die mit den Salzschiffen Traun und Donau abwärts fuhr. In Nußdorf bei Wien angekommen, wurde die empfindliche Fracht neuerlich umgeladen und schließlich in die kaiserlichen Fischteiche gebracht.

Die exorbitanten Transportkosten und die Transportverluste während der warmen Jahreszeit belasteten die Kasse des Ausseer Salzamtes schwer. Zudem stieg im Lauf der Jahrhunderte die Zahl der Deputatfische ins Uferlose. Um doch auch Fische für den freien Handel zu bekommen, wurde vor allem der Grundlsee fast leergefischt. Der Raubbau blieb nicht ohne Folgen. Mitte des 18. Jahrhunderts stand der ärarische Fischereibetrieb vor dem Zusammenbruch. 1752 mußten die Lieferungen an den Wiener Hof eingestellt, Vertrieb und Transport der kostbaren Fische der „Unteracher Fischhandelskompanie" der Familie Hollerwöger überlassen werden.

Den Altausseer Fischern ging es ein wenig besser. Sie hatten zwar die eine Hälfte ihres Fanges um geringes Entgelt der Obrigkeit abzuliefern, durften aber die andere in Aussee frei verkaufen.

Am besten hingegen trafen es die Ausseer, die mit ihren Äschen, Traunforellen und Saiblingen, die sie entweder den Altausseern abgekauft oder wohl auch unter der Hand aus dem Grundlsee bekommen hatten, einen schwunghaften Handel betrieben. Welser Händler brachten diese „Ausseer Saiblinge" bis nach Wien, sehr zum Schaden der „Unteracher Fischhandelskompanie" und damit auch der ärarischen Kasse.

Ein Jahrhundertfang - die 26 Kilo-Forelle aus dem Grundlsee

So also stand es um das Ausseer Fischereiwesen zur Zeit Johanns. Saiblinge und Forellen aus dem Ausseerland, eine begehrte, aber nur schwer erhältliche Delikatesse aus Wässern, von deren Qualität nur wenige Kenntnis hatten. Und die wahren Fischexperten jener Zeit lebten ja nicht in Aussee und schon gar nicht in Graz oder in Wien, sondern viele Tagreisen, ja Wochenreisen jenseits der Grenzen des Kaiserstaates.

„Welch ein prachtvoller Anblick! Dieser breite klare Strom mit seiner Umgebung von Wald, Fels und Schneegipfeln... das Paradies eines poetisch gesinnten Anglers", begeisterte sich einer jener wahren Fachleute, „die schönsten Fische sah ich bei Aussee!" Der Öhlinger Gust wollte an jenem Abend in Kainisch noch viel über den Autor dieser Zeilen wissen, der ein weltberühmter Gelehrter war. Dazu eine Koryphäe auf dem Gebiet des Fischens, die die Kunde von den Fischwässern des Steirischen Salzkammergutes in ganz Europa verbreitete und doch in Aussee völlig unbekannt geblieben ist.

Begonnen hatte alles vor vielen Jahren beim Blättern in einer außergewöhnlichen Chronik. „In Grundlsee waren englische Sportfischer die ersten Sommergäste", schrieb Franz Hollwöger, der verdienstvolle Lehrer und Historiker in seinem „Ausseer Land".

Ein kurzer Satz, nicht mehr. Keine Quellenangaben und auch, ganz im Gegensatz zu Hollwögers anderen Informationen, keine weiteren Hinweise. Auch fand sich in keinem anderen Buch eine Bestätigung seiner Aussage.

War das englische Zitat, das sich Jahre später fand – im Vorwort zu einem „Wegweiser durch das Salzkammergut nebst Ausflügen nach Gastein, Aussee etc.", 1841 in Linz gedruckt –, eine Spur?

„I know no country more beautiful. The variety of the scenery, the verdure of the meadows and trees, the depths of the vallies, the altitude of the mountains, the clearness and grandeur of the rivers and lakes, give it, I think, a decided superiority over Switzerland, and the people are more agreeable", übersetzte der Buchautor und er pries Humphry Davy als „gewiß unverwerfliche Autorität." „Ich kenne kein schöneres Land. Die Abwechslung in den Parthien, das herrliche Grün der Wiesen und Wälder, die Tiefe seiner Thäler und die Höhe seiner Berge, die Klarheit und Größe seiner Flüsse und Seen geben ihm, nach meiner Meinung, einen entschiedenen Vorzug vor der Schweiz, welche es auch an Liebenswürdigkeit der Bewohner übertrifft", schrieb also dieser Humphry Davy.

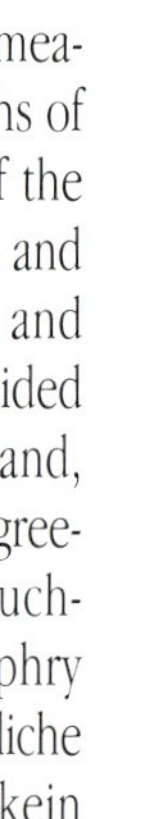

Im Fischkalter an der Grundlseer Klause: „...die zwei Fischer, Hans, das Ledergesicht mit edlem Faltenwurf, und Karl, ein Hecht in den besten Jahren..." - Alfred Komarek in „Die Nacht der Saiblinge".

Wer war dieser Mister Davy? Ein Reiseschriftsteller? Ein wandernder Poet? Das Literaturlexikon brachte keine Klärung.

Wieder einige Zeit später: In einem Antiquariat findet sich ein Exemplar der „Steiermärkischen Zeitschrift" des Grazer Joanneums, Jahrgang 1830, mit Carl Gottfried von Leitners poetischer Beschreibung der Ausseer Seen:

„Nachdem ich nun lange in dem wunderherrlichen Anblick des Grundlsees geschwelgt hatte, sah ich mich erst in der hölzernen in den See hinaus gebauten Hütte, in welche ich gleich anfangs geeilt war, allenthalben um, und fand ein schlichtes Gemählde, welches rohe Kunst dem Andenken des Besuches Sr. Majestät des Kaiser Franz geweiht hatte. Auch lag ein schmutziges Fremdenbuch auf dem sandigen Tische neben Kohlhäuptern und anderem Grünzeug. Nur drey Fremde waren dieses Jahr eingezeichnet.- Ich erstaunte,- doch noch eine ganze Reihe von ähnlichen Bemerkungen überzeugte mich, daß nur selten ein Wanderer sich an diesen feenhaften Wildsee verirre, und daß der weitentfernte Britte ihn besser zu kennen scheine als wir Eingeborene."

Ein Brite am Grundlsee? Vielleicht gar einer der von Hollwöger erwähnten englischen Sportfischer? Leitner wußte noch mehr zu berichten:

„In Hallstadt hatte mir eben Tage zuvor ein Schiffer erzählt, er habe vor drey Jahren ein Paar Engländer schon gegen Abend noch nach Untertraun übersetzen, und dann über den Koppen an den Grundlsee führen müssen, welchen sie wenigstens - da die Zeit sie drängte - in der klaren Vollmondnacht sehen wollten; weil ihnen ein Freund in ihrer Haimath oft von demselben voll Begeisterung erzählt habe."

Hatte Hollwöger doch Recht gehabt? Hatte er auch Leitners Bericht gelesen? Jener Humphry Davy drängt sich auf, und Johanns Englandreise 1815. Die Encyclopädia Britanica mußte helfen. Doch dort gab's Davys sonder Zahl, etliche auch mit Vornamen Humphry.

Einer schien in jene Jahre zu passen: Sir Humphry Davy, 1778 bis 1829, Chemiker und Physiker. Sein Lebenslauf füllte viele Spalten. Er war der Stolz der englischen Naturwissenschaften gewesen, hatte die Zerlegung anorganischer Stoffe durch elektrischen Strom und nicht weniger als fünf Elemente entdeckt, dazu eine Sicherheitsgrubenlampe erfunden. Und dann die letzten Zeilen seiner Biographie:

1826 hätte, so stand geschrieben, Davy die ersten Anzeichen einer unheilbaren Krankheit erkannt, alle Ämter, auch die Präsidentschaft der Royal Society abgegeben und sich einen Jugendtraum erfüllt: eine Reise nach Mitteleuropa, zu den besten Fischwässern des Kontinents.

Davy hatte auch noch Zeit, darüber zwei Bücher zu schreiben: „Salmonia or days of flyfishing", 1828 erschienen, und das erst nach seinem Tode veröffentlichte „Journal of a tour in 1828/29 through Styria, Carniola and Italy". Und dort standen sie, Davys Reisenotizen und seine Lobgesänge auf die Fischwässer rund um Aussee!

„4ten Juni 1827.- Abgereist von Admont nach Aussee; feuchtes Wetter. In Aussee war es kalt, der Fluß sehr angeschwollen, die höheren Berge alle mit Schnee bedeckt. Dunkle Wolken gaben der Landschaft ein ganz eigenes Ansehen, und die schroffen weißen Bergwände stachen sehr ab gegen die dunklen Fichten und Tannen. Wald, Fels, See und Fluß tragen gemeinschaftlich bei, der Gegend Effect zu verleihen.

5ten.- Es regnete früh, um 11 Uhr hellte sich jedoch das Wetter auf. Ich ging nach dem Flusse, der aus dem Oedensee hervorkommt, auch hier war die Gegend sehr schön. Zehn Forellen gefangen, keine unter einem Pfund; sie glichen der englischen Bachforelle...

6ten. Aussee.- Auf den Bergen hängen Wolken. Ich wanderte nach dem Oedensee, einem schönen kleinen Alpensee von Nadelholz und hohen Felsen umgeben. In dem See und dem Bergbache, der ihn füllt, fing ich mit Fliegen 21 Forellen, Bachforellen, von der Größe des Herings und darüber. Diese Seeforellen, auch die halbpfündigen, waren roth, wie die Salmen, die Forellen aus dem Bache weiß, aber die Haut der letzteren viel glänzender; der Geschmack von beiden gleich gut. Die Bachforelle muß sich mehr bewegen und gegen die Strömung ankämpfen; kommt sie deshalb vom Fette?

11ten.- Ich wanderte an den Gründtlsee, und fuhr dann zu dem entlegensten Theile desselben, wo der Fluß, der von dem Töplitzsee kommt, einläuft. Hier fing ich neun schöne Forellen, einige wol zwei Pfunden, bei dem schönsten Wetter. Den unteren Theilen des Sees fing ich noch eine. Der Fischer und sein Weib ruderten. Der See war so ruhig, daß er alle Berge mit ihrer ganzen Bekleidung widerspiegelte, so daß man also das Bild der herrlichen Landschaft doppelt hatte.

12ten.- Im Alt-Aussee, einem schönen Alpensee, zu dem ich mich begab, sah ich nichts, was der Mühe zu angeln lohnte; die Fischerei gehört hier den Bauern."

Ebenso aufschlußreich ist Davys zweites Werk „Salmonia", in der deutschen Ausgabe „Salmonia oder neun Angeltage" betitelt. Darin läßt Davy vier Freunde an den schönsten Forellen- und Lachswässern Europas von der Kunst des Fliegenfischens schwärmen. Das war eine in Mitteleuropa, wie es schien, damals noch so unbekannte Art des Fischens, daß sich der Leipziger Verleger veranlaßt sah, sie dem deutschsprachigen Leser vorzustellen:

„In England hat man zum Forellenfang künstliche Insecten aus Seide und Pferdehaaren nach dem Leben gemacht; die läßt man an der Angel auf dem Wasser herumhüpfen, wodurch die Forellen, in der Meinung, daß es wirkliche Insecten sind, getäuscht werden, und wohl eine halbe Elle hoch über das Wasser hinausspringen. Man nennt dieses die Sprungfischerei; und sie soll vorzüglich bei trübem Wetter glücken." Auf den britischen Inseln war die Kunst des Fliegenfischens schon Jahrhunderte alt. Bereits zur Mitte des 17. Jahrhunderts hatte der Londoner Leinwandhändler Isaac Walton ein Lehrbuch darüber geschrieben.

Sir Thomas Lawrence (National Portrait Gallery, London) „Sir Humphry Davy - Baronet"

Der neunte und letzte Tag sieht die vier Freunde nach Angeltagen an den schönsten Wässern Englands, Irlands, Schottlands und Skandinaviens dann an der Traun, beim Huchenfang am Traunfall unterhalb Gmundens. Beim nachfolgenden Mahl in einem nahen Gasthof rühmen die vier die Qualität der Fische und die Qualität der Traun. Die exakten Beschreibungen bestätigen Davys Reisenotizen.

„Die Hauptmasse ihres Wassers erhält die Traun aus dem Gründtlsee, und diesen See nähren zwei andere, der Töplitzsee und der Lahngensee. Die Nebenflüsse aber, welche bei Aussee einmünden und vom alten Aussee und Ödensee sich ergießen, sind zwar der eine blau, der andere gelb; geben aber in ihrer Vermengung eine Farbe, die der des aus dem Gründtlsee kommenden Gewässers fast gleichkommt, und welche nun der Traunfluß in seinem ganzen Verlauf behält."

Als Feinschmecker gab Davy dem Saibling, im englischen Original „char", in der deutschen Übersetzung „rote Forelle" genannt, den Vorzug vor allen anderen Fischen:

„Ich ziehe die rote Forelle vor, die mir besser schmeckt als der schönste frische Lachs, den ich je gegessen...sie ist erstaunlich roth und saftig; ich bewundere ihr Fett; sie kommt aus dem Gründtlsee, also hoch aus den Alpen, wo das Wasser ein halbes Jahr mit Eis bedeckt ist...es giebt dort mehrere kleine Arten Fische und junge Brut in dem See, es lassen ferner die Insecten, welche im Sommer auf demselben schwärmen, ihre Eier zurück, die im Herbst, Winter und Frühjahr aus dem Wasser auskriechen, außerdem giebt es da gewöhnlich kleine Schalthiere in beträchtlicher Menge, die in dem tiefern Wasser des Sees sich aufhalten, so daß die rothe Forelle auch im Winter Nahrung genug findet...ihre Färbung ist stets prächtig, hat aber in den verschiedenen Gegenden gar vielerlei Nuancen. Gewöhnlich bewohnt sie tiefe kalte Seen, und auf die Oberfläche des Wassers kommt sie nur erst spät im Herbst. Dann wird sie allerdings eine Fliege oder einen kleinen Fisch anbeißen. Man hat sie auf beiderlei Arten gefangen."

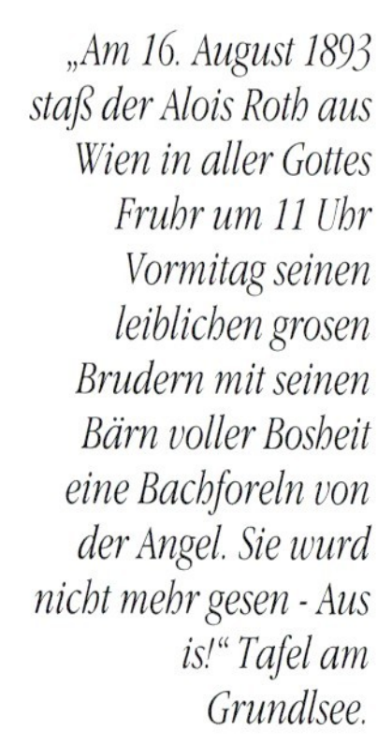

„Am 16. August 1893 staß der Alois Roth aus Wien in aller Gottes Fruhr um 11 Uhr Vormitag seinen leiblichen grosen Brudern mit seinen Bärn voller Bosheit eine Bachforeln von der Angel. Sie wurd nicht mehr gesen - Aus is!" Tafel am Grundlsee.

Hans Weigels Feststellung, daß Grundlsee einst seinen Erforschern das Entdecken erschwert habe und ein Aufenthalt nicht einfach durchzusetzen gewesen wäre, kam wohl nicht von ungefähr.

Denn die hohe Fischerei-Behörde vergalt Humphry Davys biedermeierliche Aussee-Werbung mit Ungleichem; begegnete ihm und seinen Jüngern, die, mit Davys „Salmonia" im Gepäck, in Scharen kamen und an Aussees Fischwässern viel gutes Geld ließen, mit wenig Gastfreundschaft.

Heinrich Noé schreibt in seinem „Österreichischen Seenbuch": „Natürlich haben die Engländer auch den Grundlsee entdeckt. Daß sie auf ihm nicht anders als unter Bedingungen fischen dürfen, welcher sich kein anständiger Mensch bequemen wird, ist ein Schaden für die Wirte, welchen wohlhabene Gäste angenehm sind. Daß man den Wert der selbstgefangenen Fische vergüten, außerdem Toren, Trinkgelder und dergleichen bezahlen muß, versteht sich hier und anderweitig von selbst. Daß man aber in seinem Nachen einen Holzknecht mitzunehmen hat, welcher die gefangenen Fische zählen und die Ehrlichkeit des Anglers überwachen soll, das ist eine dem Grundlsee eigentümliche Aufmerksamkeit gegen jene Fremden, durch welche sie immer und immer wieder veranlaßt werden, sich fern zu halten."

Warum findet sich auch heute noch im angeblich so gastlichen Österreich der Begriff „Gast" bestenfalls im Wort „Gastraum"? Geduldetermaßen noch in „Gästebetten", die aber schon in „Fremdenzimmern" stehen und dem von „Fremdenverkehrsverbänden" geleiteten „Fremdenverkehr" dienen?

Der kritische Noé wußte bereits vom Wert der Fische und verstand auch ihren hohen Preis: „Die Fische sind an allen Seen die Schrecken der Wirte, wenn sie von den Gästen begehrt werden. Diese wissen in der Regel nichts von dem hohen Preis, die der Gastwirt selbst für die Leckerbissen bezahlen muß, da sie nun, sei es wegen ihres Geschmackes oder wegen ihrer häufigen Zitierung im Baedeker, von den Leuten begehrt werden. Sie rechnen dann das Geld, welches sie bezahlen müssen, dem Wirte zur Last.

Die Fischer am Altausseer See treiben mit den Leckerbissen einen Handel, der ihnen nicht so viel einträgt, als es scheint. Überall werden die Saiblinge, welche man im Sommer den Reisenden vorsetzen will, während des Winters vornehmlich mit zerschnittenen wertlosen Fischen gefüttert. Seltsamerweise sollen die in den Fischbehältern des Aussees gefangenen Saiblinge davon eine Ausnahme machen. Sie verschmähen nach Aussage der Fischer in dieser Gefangenschaft jegliche in dieser Weise gereichte Nahrung und begnügen sich mit dem kalten Seewasser. Nichtsdestoweniger findet ihr gelbes Fleisch in weiter Ferne Beifall. Man bratet sie auf einem Rost, unter welchem Buchenkohlen ein gelindes Feuer unterhalten. Sodann werden ihrer sechs in eine dicke Schachtel von Fichtenholz gelegt: die Zwischenräume füllen Zitronenschalen und Lorbeerblätter aus. So gelangen sie in die Hände ihrer Liebhaber in weiter Ferne, in Böhmen und am Adriatischen Meer."

Einer von ihnen hat sich der Delikatessen aus dem Grundlsee sogar jenseits des Atlantischen Meeres erinnert.

„Habe hier am Mississippi Forellen gegessen, die der Fluß ausgespien haben muß, so schlecht waren sie. Ich freue mich schon auf die Ihren. Viele Grüße an Sie und Ihre Damen und lesen Sie in der Zwischenzeit ‚Die Erben der Tante Jolesch', Seite 268", schrieb einst Friedrich Torberg an Toni Schraml, den ob seiner Forellen weithin berühmten Grundlseer Wirt.

Die Postkarte hing lange Zeit in der Wirtsstube; ein unbekannter Gast, der zwar ein ehrlicher Torberg-Verehrer gewesen sein mag, sonst aber ein unehrlicher Patron, hat die Karte eines Abends mitgehen lassen...

Für Leser, die „Die Erben der Tante Jolesch" gerade nicht in Griffweite haben, soll Friedrich Torberg noch einmal mit dem Lob auf die Schlagfertigkeit und den hintergründigen Witz des Grundlseer Gastronomen, aber auch seines kongenialen Geschäftspartners zu Worte kommen:

„Das Gastgewerbe scheint der Entwicklung von Originalen überhaupt förderlich zu sein, nicht nur in Wien, sondern bis tief ins steirische Salzkammergut hinein. Eines dieser Originale ist Herr Schraml, der Wirt des Gasthofes ‚Zur Post' in Grundlsee, bei dem es die besten Forellen des Erdenrunds gibt. (Mit ihrem Züchter und Lieferanten, dem Herrn Grill, liegt er in ständiger Wortfehde und mußte sich in meiner Gegenwart von ihm sagen lassen, er, Schraml, habe seinen Eltern nur ein einziges Mal wirklich Freude gemacht, nämlich neun Monate vor seiner Geburt).

Es geschah eines sommerlichen Mittags im schattigen, direkt am See gelegenen Gasthausgarten der ‚Post', daß ein bundesdeutscher Feriengast immer wieder und immer lauter nach schnellerer Bedienung verlangte - bis es dem Schraml-Toni zu dumm wurde. Er trat an den Tisch des penetrant Eiligen heran und erkundigte sich mit aller Höflichkeit, deren ein österreichischer Gastwirt fähig ist: ‚Sagen Sie, bitte schön - sind Sie auf Urlaub oder auf der Flucht?'"

„Welch ein prachtvoller Anblick dieser Wasserfall! ... Ich erkläre diese Stelle geradezu als Paradies eines poetisch gesinnten Anglers!" - Sir Humphry Davy in „Salmonia oder neun Angeltage", Leipzig 1840

„Es ist die Jagd das herrlichste Schauspiel" – Erzherzog Johann

„Schiaßn, das is sei Freid...“

Dies sang im Januar 1912 der alte weiland fürstlich Kinskysche Oberjäger Johann Grieshofer vulgo Iring Hans in das merkwürdige, neumodische Gerät - sein in Gößl heimisch gewordener junger Freund aus Wien nannte es einen Phonographen: „Schiaßn, das is sei Freid, bessa wia d'Weibaleit!“

„Der kleine Wildschütz“ hieß das Lied, das Konrad Mautner in „Alte Lieder und Weisen aus dem Steyermärkischen Salzkammergut“ aufgezeichnet hatte. In einer Fußnote vermerkte er auch, daß der weit über achtzigjährige Grieshofer in seiner Jugend als berühmter Wildschütz sechs Gams zugleich auf dem Buckel heimgetragen hatte und daher der „Gamshansl“ genannt worden sei. Wenn sich, wie Mautner schrieb, das Wesen eines Volkes am besten und schönsten in seinen Liedern widerspiegle, dann müssen die Bewohner des Ausseerlandes von altersher zwei Dinge des täglichen Lebens über alles geliebt haben: die Liebe und die Jagd.

Ein Blick in Mautners Liedersammlung bestätigt dies: Die Kapitel „Liebe“ und „Wildschützen und Jäger“ sind die umfangreichsten des Buches. Zwischen den Zeilen kann man aber auch lesen, daß sich der Iring Hans privat nicht so genau an den Liedtext hielt und die „Weibaleit“ durchaus auch „sei Freid“ gewesen wären ...

In den drei landesfürstlichen Forsten Aussees - dem Altausseer, dem Grundlseer und dem den Bergstock des Zinken umfassenden Langdorfer Forst - spielte die Jagd in frühen Zeiten im Vergleich zu anderen steirischen Revieren eine eher untergeordnete Rolle. Die intensive Schlägerung der Wälder durch die Saline ließ keinen allzu großen Wildstand zu, seine Schälschäden waren im Vergleich zu denen des Hausviehs, besonders der Ziegen, unbedeutend. Rot- und Rehwild dürften nicht einmal dem Raubwild gereicht haben. Bären, Wölfe und Luchse taten sich dafür am wenigen Vieh der Bergarbeiter und Holzknechte gütlich und wurden deshalb auch gnadenlos verfolgt.

Sogar die Altausseer Hubfischer durften Wölfe jagen. Die blutigen Schädel waren zur Auszahlung des Fanggeldes dem Verweser in Aussee vorzulegen. 1571 sandte dieser Balg und Kadaver eines Prachtexemplares, das Hans Khalß, Zimmermeister und bestellter Forstknecht, auf einem Holzweg mit zehn Selbstgeschoßen erlegt hatte, sogar nach Graz an den landesfürstlichen Hof. Im Winter 1638/39 war die Raubtierplage im Ausseerland so stark, daß den Jägermeistern ein Bericht, wie sie „dies schädlich tier auszurotten“ gedächten, abverlangt und danach ein radikaler Abschuß aufgetragen wurde.

„Als Kamerad unter dem Bauernvolk gern gelitten, hat der Schreiber dieser Zeilen Sang und Tanz oft und oft bis in den lichten Morgen gehuldigt ...“ - Konrad Mautner im Vorwort zu „Alte Lieder und Weisen aus den Steyermärkischen Salzkammergut“.

Ein gutes Jahrhundert später war auch der Luchs ausgerottet, ihm folgte zu Anfang des 19. Jahrhunderts der Bär. Auf einen der letzten, so wird erzählt, stieß am Bärenstein unter dem Schoberwiesberg der alte Kaunz, Bauer am Tressensattel. Erschreckt hätten beide - Bauer und Bär - „an Hröra“ getan und die Flucht ergriffen. In der Tat gibt es all die Jahrhunderte über keinen Bericht, daß im Ausseerland Raubwild jemals den Menschen angegriffen hätte. Unrühmlich das Ende des letzten Bären: Er wurde in einem Kampf mit einem Stier getötet. Wölfe wurden zuletzt 1874 in der Nähe Aussees gesichtet.

Die große Leidenschaft der Ausseer, Altausseer und vor allem Grundlseer galt aber anderem Wild: „auf Gams gehen", das lag ihnen im Blut, den wenigen dazu Befugten und den vielen, denen diese Leidenschaft verboten war. Zu den Befugten zählten einige Salinenbeamte, die auch Wildpret als Deputat zugeteilt erhielten, und wiederum die Altausseer Hubfischer. Schon Kaiser Maximilian hatte ihnen das Recht auf Gamsjagd zugestanden. Allerdings ohne Hilfsmittel: ohne die langen Schäfte, mit denen er selbst die Gemsen aus den Felswänden stach und warf, ohne Hunde. In seiner Abneigung gegen Feuerwaffen ließ der

„Gembsjeger" – Holzschnitt aus dem „Triumphzug" Kaiser Maximilian I. nach Hans Burgkmair.

„letzte Ritter" nur eine einzige Schußwaffe zu, die er ebenfalls meisterlich beherrschte –, die Armbrust. Im Toten Gebirge auf Gamsjagd zu gehen, das blieb dem großen Jäger und Erneuerer der habsburgischen Wald- und Forstwirtschaft verwehrt. Nur zwei Tage weilte Maximilian 1511 in Aussee, das er in einigen seiner Dekrete „unsere Stadt" genannt hatte. Der Wappenstein mit dem Reichsadler über dem Tor des Kammerhofes erinnert an den Besuch des hohen Herrn.

Vierzehn Jahre zuvor hatten die Ausseer Salz- und Bergarbeiter wieder einmal auf das frühmittelalterliche Jagdrecht jedes freien Mannes gepocht. 1497 erinnerten sie den Kaiser in ihrer Bittschrift, daß „wir je und je von altersher freie Jagd und Fischerei und andere Zustände gehabt, die uns auch sollen entzogen werden". Das erbliche Fischrecht bestätigte ihnen Maximilian ohne Zögern. Die Jagd aber blieb ihnen weiterhin verwehrt. 1598 vermerkte die „Vorhalt an die Ausseer Holzknechte", daß „den holtzknechten und sonst in gemein allen anderen bei schwerer leibs straff aufgelegt sein, das sy in den wäldern, hochen gepürgen und wilt pannen das rott und schwarze wildtpret nit schreckhen, vertreiben, noch beleidigen, vill weniger dasselbig schiessen, fählen, oder fangen".

In der selben Vorhalt wurde auch „die Jagd des kleinen Mannes", der seit urdenklichen Zeiten im ganzen Salzkammergut geübte und schon 1579 in einem Privileg Kaiser Rudolf II. bestätigte Vogelfang, erwähnt: „soll kheiner in fählung des wildtprets sich vergreiffen, ohne special befehl khein khugl rohr oder andere pixen mit sich in werch statt nemben, und anstatt der arbeith dem schiessen oder vögl fangen nachgehen..."

Die echten Ausseer „Wildbratler" scherten solche Verbote wenig. Hieß nicht zumindest die Hochfläche des Toten Gebirges nach einem alten Kremsmünsterer Stiftsurbar „Freigebirg"? Waren also nicht die Berge um Aussee auch „ein zum Jagen für jedermann freies Gebirge?" Die Wildschützen gingen dort nicht ohne Raffinesse ihrer Leidenschaft nach: Mit Vorliebe wechselten sie nach Norden ins „Österreichische", über die Landesgrenze nach Oberösterreich, in die Gegend des Offensees oder ins Kohlenkar. Die oberösterreichischen Wilderer wiederum zog es auf die steirische Seite des Toten Gebirges. So blieben beide Seiten von der Obrigkeit einigermaßen unbehelligt und mußten die strengen Strafen, die für Wildfrevel ausgesetzt waren, kaum fürchten. So hatte 1754 Kaiserin Maria Theresia ein „Patent für das Herzogtum Steyer wider die Raubschützen und Wilddiebe" erlassen, das für erstmalig betretene Wilderer eines großen Wildes, so sie Inländer waren, zwei Jahre Festungshaft in Ungarn vorsah. Ausländer mußten vier Jahre sitzen und wurden dann des Landes verwiesen. Vermummte oder geschwärzte Wilderer sollten, auch wenn sie ohne Beute arretiert wurden, zu zwei bis sechs Jahren Zwangsarbeit verurteilt werden.

Friedrich Simony berichtet in seiner Erzählung „Auf dem Prielgebirge" von dieser verbotenen Jagdleidenschaft. Der große Wissenschaftler, Zeichner, Alpinist und Freund

Stifters hatte für die Wanderung vom Almsee zur Wildenseealm einen Führer, „eine kräftige Gestalt, ausgezeichnet durch ernste, beinahe finstere Züge, in denen der Trotz gegen die Gefahren der Alpennatur sprechend ausgeprägt war", gedungen:

„Zu meiner nicht geringen Verwunderung bemerkte ich mit einem Mal an der Seite meines Führers ein Ding, welches er erst seit einigen Minuten, wo er für einen Augenblick verschwunden war, herbeigeholt haben konnte, ein Ding, welches einer Kugelbüchse auf das allertäuschendste ähnlich sah. Indes schien es mir klüger, die Überraschung nicht laut werden zu lassen und die Entwicklung ruhig abzuwarten. ‚Es wird grob werden, der Nebel über dem See und die Morgenröthe sind schlechte Zeichen', brummte Sepp ärgerlich und setzte, wahrscheinlich um mich über sein neues Attribut aufzuklären, noch hinzu, daß es mit dem Gemsgeier, dessentwegen er schon fünfmal hier heraufgestiegen sei, auch diesmal wieder nichts sein werde. Ich machte mir über den fraglichen Geier im Stillen meine eigenen Gedanken.

Am Rothg'schirr, einer mächtigen vielgezackten Wand, um deren Fuß sich ganz besonders wild zerklüftete Felsenkare hinziehen, wurde Halt gemacht. Ich nahm mein Zeichenportefeuille zur Hand, Sepp sah zu, wie ich die Gegend ‚aufschrieb', mehr noch aber spähte er nach dem Rothg'schirr hin, von dessen Abstürzen zeitweilig ein leises Geräusch wie von fallendem Schutt herübertönte. Endlich zog er ein kleines Perspektiv hervor und schaute unverwandt nach dem zerrissenen Grat. Bald hatte er auch eine Gemse entdeckt, die auf einer der höchsten Zacken desselben Schildwache hielt. Aus dem fortgesetzten Fallen der Steine war zu vermuthen, daß eine größere Anzahl von Thieren in der Nähe sein müsse. Jetzt litt es den Schützen nicht länger; in aller Schnelligkeit wurden aus dem Ledersack ein paar Filzsandalen hervorgeholt, an den Füßen befestigt; dann die Spitze des Stockes mit einem Lappen umwickelt. Ohne weiter ein Wort zu verlieren, nahm er seine Büchse und verschwand zwischen dem Geklippe. Lange blieb er meinen Blicken entzogen, bis ich ihn mit einemmal mitten in der Wand des Rothg'schirrs sich vorwärts bewegen sah. Ich nahm nun mein Fernrohr zur Hand und überschaute mit wahrem Grauen den Weg, den der kühne Schütze nahm. Sein Körper schien durch magnetische Kraft an den Felsen gehalten zu sein. Gleich darauf hörte ich mehrere gellende Pfiffe nacheinander, die von dem Schützen auszugehen schienen. Im Nu verschwand das wachehaltende Thier auf dem Grat, das frühere zeitweilige Rieseln wurde zu einem wahren Steinregen, endlich wurden acht Gemsen bemerkbar, welche quer durch die Wand in wilder Flucht der Klamm zueilte, die von dem für sie unsichtbaren Schützen bewacht wurde. Plötzlich wirbelte von seinem Stande leichter Rauch auf, dann folgte ein im hundertfachen Echo sich wiederholender Knall und ein stürzender Körper wurde sichtbar, der zuletzt auf einem Schutthang am Fuße der Wand liegen blieb. Eine Stunde später stand der Schütze, belastet mit einem prachtvollen Gemsbock, vor mir, hoch erfreut, daß sein Gang sich so gut gelohnt habe."

Max von Chezy (1808-1846) „Gemsjäger", 1836

Ab und zu berichten die Jagd- und Wildschützenlieder auch von Menschen, die an ihrer Jagdleidenschaft zerbrachen. Johanna Gräfin zu Eltz schreibt in ihrem Buch „Das Ausseer Land":

„Daß in die Berge Wildschützen gehören, ist selbstverständlich. Meistens ist es ein ‚Nebenberuf', doch von zweien in Grundlsee wissen wir, daß es ihr Hauptberuf war. Beide waren, wie es der Volksmund nennt, ‚Desentere', also Soldaten, die zwölf Jahre hätten dienen sollen, die aber, von Heimweh gepackt, in ihre Berge zurückkehrten. Der Flucht-Fischer, ein Bauernsohn von Wienern in Gößl, war der eine... Er bewohnte im Winter die Hütten auf der Salza und Ödernalm, im Sommer die große Höhle bei der ‚kalten Herberg', wo viele Jahre nach seinem Tode noch eine Pfanne und eine Holzknechtschüssel gefunden wurden. Eine ihm wohlgesinnte Almerin brachte ihm Nahrung, Pulver und Blei... Zwölf Jahre lebte er als Freiwild und Wildschütz, bis ihn sein Schicksal ereilte. Er wurde eingesperrt und starb im Gefängnis. Der andere Wildschütz, der ein ähnliches Leben führte, war der Gams-Urberl, ein verwegener und geschickter Bursche, der wiederholt durch weite Sprünge seinen Verfolgern entkommen war. Er lebte ebenso wie Fischer viele Jahre im Gebirge. Er soll durch den Klang der Glocken in der Christnacht aus seiner verschneiten Almhütte auf der Henar-Alm hervorgelockt worden sein. Er wurde vom Glockenläuten in Erinnerung an seine Kinderzeit so ergriffen, daß er nicht mehr an seine Sicherheit dachte. Das Andenken an ihn wird durch ein G'stanzl erhalten:

Johann Peter Krafft (1780-1856) „Erzherzog Johann als Jäger", 1817.

Wann koa Alm nit war
Und koa stoaners Wandl,
Wo hiat denn der Urberl
Sei Interstandl?

Aus dem Andenken gestrichen haben die Ausseer allerdings eine Bluttat, die sich in unserem Jahrhundert ereignete und der 1932 der Ebenseer Jäger Karl Promberger auf dem Schönberg zum Opfer fiel. Die Täter, ein wilderndes Altausseer Brüderpaar, wurden gefaßt, der Todesschütze zu fünfzehn Jahren schweren Kerkers verurteilt."

Im Toten Gebirge war schon etliche Jahre vor Simony einer, den die Ausseer auch als Jäger in Erinnerung haben, als Achtzehnjähriger auf Gamsjagd gegangen: Erzherzog Johann.

„Das Interessanteste, nach meiner Ansicht, wäre das Beginnen, nämlich im Jahre 1800, wo ich meine erste Gemse auf dem Traunstein schoß", schrieb Johann knapp vor seinem Tode in Erinnerung an jene Jahre. „Auf manchen Gängen von einzelnen Jägern jener Gegend begleitet, schoß ich so manches Stück und hatte mehr Freude daran als an den großen Treibjagden, wo ich viele erlegte."

Johann war sicher das Ideal eines Weidmannes, in erster Linie Heger, erst dann Jäger. Als er 1818 den Brandhof erwarb, gab es im Hochschwabgebiet nach der Notzeit der Napoleonischen Kriege kaum mehr Rot- und Rehwild. Die Gemsen waren überhaupt von der Ausrottung bedroht. Zwölf Jahre lang hegte sie der Brandhofer, erst ab 1830 wurden sie wieder gejagt. Allerdings hatten sich alle Jagdgäste, zu denen in späteren Jahren auch sein Großneffe Franz Josef zählte, an Johanns Prinzipien zu halten:

„Daß ich in meinem Leben über 1000 Gemsen erlegte, glaube ich; doch geschah dies stets mit Schonung der Zucht, Gaise und Kitze, mit einem einläufigen Gewehre, meistens allein auf meinem Stande mir selbst ladend. Es ist keine Kunst auf diese armen Thiere mit vielen Treibern, mit Jagdzeug, mit zwei oder drei Doppelgewehren zu jagen, 10 bis 20 Gemsen zu erlegen, 100 bis 150 Schüsse zu machen, vieles anzuschießen, aber rein wenig auf der Decke zu haben; dieses ist keine Unterhaltung, es ist eine Mezelei, schädlich für die Jagd selbst und wird bei mir nicht geduldet."

Diese weidmännische Haltung Johanns hat zweifellos auch die jagdliche Gesinnung Franz Josefs und über diesen das Weidwerk der untergehenden Monarchie beeinflußt. Welcher Jagdherr überließ auch schon den besten Hirsch seiner Reviere seinem Leibjäger? Adam Rosenblattl, Johanns Lieblingsjäger und Stammvater vieler kaiserlicher Jagdbegleiter, widerfuhr diese Auszeichnung.

So ist es wohl kein Wunder, daß die Erinnerung der Steirer und der Ausseer an Johann vor allem mit dem Bild verbunden ist, das Peter Krafft 1817 gemalt hat. Es zeigt Johann im grauen Lodenrock mit grünem Kragen, wohl auf der Gamsjagd. Dieser Rock, vom Habsburger selbst für die von ihm 1808 aufgestellte Landwehr entworfen, wurde bald Volkstracht und weit über die Steiermark hinaus als „Steirerrock" und schließlich als Vorläufer des Steireranzuges bekannt.

Wundert es auch, daß ein Lied, das dieses Bild beschreibt, zur heimlichen steirischen Landeshymne wurde?

„Steyrers Heimweh" stammt aus der Feder eines Oberösterreichers: Anton Schosser aus Losenstein, ein Landschullehrer und Landvermesser, schrieb und komponierte es 1830 in Schärding.

Wenig bekannt ist dagegen ein Bild von Johanns Gattin, der Ausseer Postmeisterstochter Anna Plochl in Jagdtracht. Anna dürfte auch gerne auf die Jagd gegangen sein. In einem Testament, das sie 1839 vor der Geburt ihres Sohnes Franz verfaßte, bezeichnete sie „Erspartes, welches ich von Wildhäuten in wenigen Jahren einnahm als mein ganzes Vermögen". Johanns Jägertracht setzte sich auch bald im Ausseerland durch.

„Auf den Wind soll ein Gamsjäger immer schauen. Sein Hut muß nicht frisch und neu sein, sondern alt und grau. Auch sein Gewand muß grau sein, ohne blinkende und metallene Knöpfe, welche Geräusche machen, wenn sie an die Felsen schlagen. Die jungen eitlen Burschen schießen daher auch immer weniger Gamsen als wir älteren" – dies erzählte der Altausseer Revierförster dem deutschen Reiseschriftsteller Kohl in der 1842 erschienen „Reise in Steiermark und im baierischen Hochlande". „In ihrer Heimath bekommt man die Gamsen nicht so leicht. Die Jagd ist daselbst der schroffen Abhänge und Felsspitzen wegen sehr schwierig und mit vielen Gefahren verbunden. Doch steigen wir ihnen auch dahin nach, und es giebt hitzige Jäger, die tagelang den Gemsen in die unzulänglichsten Felsen nachklettern, indem sie des Nachts über bloß in einer Schlucht, Höhle oder unter einem überhängenden Felsen Quartier nehmen.

‚Ich erlegte so an der Trisselwand einen großen Bock, der eine Stimme hatte, wie ein Bär, ein recht damisches Thier. Ich schoß ihn gerade mitten durch's Herz. Man hat da oben schon oft genug Jäger vom Felsen herabgestürzt oder vom Blitz erschlagen gefunden. Zuweilen ereignete sich auch, daß unsere Jäger sich, wie der Koaser

Josef Kriehuber (1800-1876) „Anna Freiin von Brandhofen, geb. Plochl als Jägerin", 1844

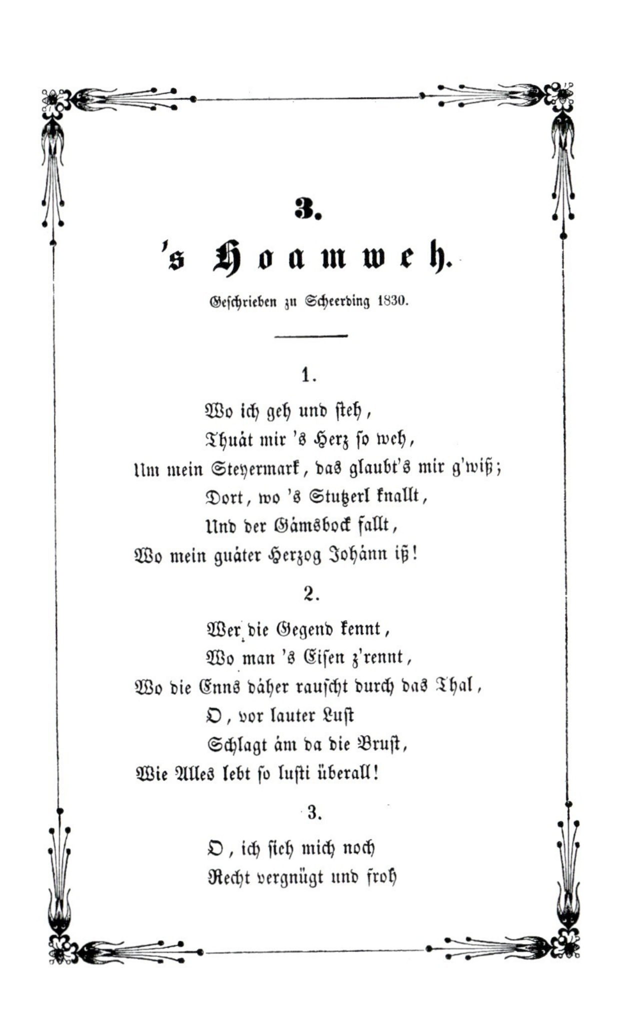

3.

's Hoamweh.

Geschrieben zu Scheerding 1830.

1.

Wo ich geh und steh,
Thuát mir 's Herz so weh,
Um mein Steyermark, das glaubt's mir g'wiß;
Dort, wo 's Stutzerl knallt,
Und der Gámsbock fallt,
Wo mein guáter Herzog Johánn iß!

2.

Wer die Gegend kennt,
Wo man 's Eisen z'rennt,
Wo die Enns dáher rauscht durch das Thal,
O, vor lauter Lust
Schlagt ám da die Brust,
Wie Alles lebt so lusti überall!

3.

O, ich sieh mich noch
Recht vergnügt und froh

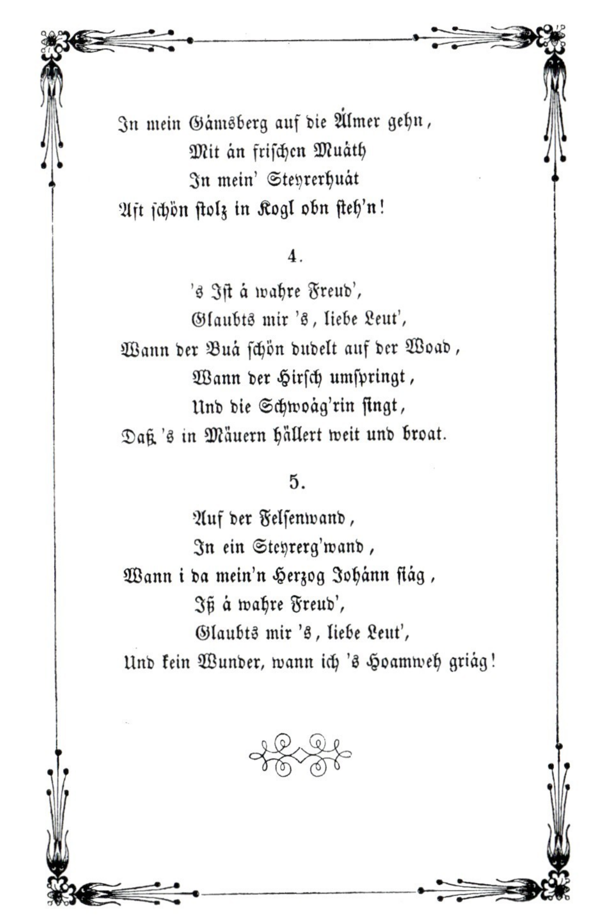

In mein Gámsberg auf die Álmer gehn,
Mit án frischen Muáth
In mein' Steyrerhuát
Ast schön stolz in Kogl obn steh'n!

4.

's Ist á wahre Freud',
Glaubts mir 's, liebe Leut',
Wann der Buá schön dudelt auf der Woad,
Wann der Hirsch umspringt,
Und die Schwoág'rin singt,
Daß 's in Mäuern hällert weit und broat.

5.

Auf der Felsenwand,
In ein Steyrerg'wand,
Wann i da mein'n Herzog Johánn siág,
Iß á wahre Freud',
Glaubts mir 's, liebe Leut',
Und kein Wunder, wann ich 's Hoamweh griág!

Das Grundlseer Jagdpersonal des Reichsgrafen Kesselstatt

Maximilian bei Schwaz in Tirull, so versteigen, daß sie weder aufwärts, noch abwärts können, so daß sie entweder verhungern oder daß sie sich terschießen lassen müssen'. ‚Wer erschießt sie denn?'- ‚Ihre Freunde! Sie bitten ihre Kameraden darum, und diese, wenn sie ihnen auf keine andere Weise helfen können, erschießen sie. Natürlich! Glauben's mir, daß oben in den Alpen mehr g'schicht, als wovon sie unten in den Thälern wissen. Glauben's mir?'"

Johann Georg Kohl, ein Herr aus Norddeutschland, mag es ihm wohl geglaubt haben, dieses frühe Ausseer Jägerlatein...

Anläßlich einer Jagd im Toten Gebirge kam 1858 das deutsche Fürstenpaar Hohenlohe erstmals ins Tal von Altaussee. Marie, die Gattin des späteren deutschen Reichskanzlers, war eine begeisterte Jägerin, die vier Jahrzehnte lang die Jagdgeschichte des Ausseerlandes prägte. Sie pachtete Reviere im Toten Gebirge, baute in der Seewiese, in der Wildenseealm, im Schwarzenberg und auf der Gschwandt Jagdhäuser. Fast achtzig Jahre lang blieb die Altausseer Jagd in den Händen der Hohenlohes.

Erster privater Jagdherr im Grundlseer Revier war Graf Hunyadi. Ihm folgten Ferdinand Fürst Kinsky und nach dessen Tod Eugen Reichsgraf Kesselstatt. Sie alle teilten ihre Leidenschaft mit den Altausseer und Grundlseer Jägern und unterschieden sich in Gehabe und Kleidung nur wenig von diesen. Bei der Auswahl ihrer Jagdgäste blieben sie allerdings unter ihresgleichen.

Der begeisterte Jäger August Fournier, Schwiegersohn des großen Weidmannes und Burgtheaterhelden Ludwig Gabillon, schreibt in seinen Erinnerungen:

Jagdherrin in Altaussee und Jagdherr in Grundlsee: Maria Fürstin zu Hohenlohe-Schillingsfürst und Eugen Reichsgraf Kesselstatt

„Ich staunte, als mir Albin Schraml unser Wirt, einen benachbarten Bauersmann zeigte, schon angegraut, mit kurzen Lederhosen und nackten Knien, seine derbe Pfeife im Mund, und mir erklärte, das sei Graf Kesselstatt, ein reichsständischer Herr, der an der Mosel große Güter besitze... Nur mit der Jagd war es am Grundlsee nichts. So liebenswürdig auch Fürst und Fürstin Kinsky, denen die Hochjagd gehörte, sich den Schauspielern gegenüber gaben, zur Jagd wurde Nimrod Gabillon, der Freund und Jagdgenosse des reckenhaften und gütigen Grafen Hans Wilczek, hier nicht eingeladen. Auf der Jagd, wie in ihren Salons bleiben die österreichischen Aristokraten - mit wenig Ausnahmen - und aus denselben Gründen, lieber unter sich und bürgerliche Gäste, die sie am Ende in ihren Jagdhütten beherbergen müßten, was eine gewisse Intimität mit sich brächte und die ihre störte, sind ihnen lästig. Und da wir nicht zu Wilderern werden wollten, wozu übrigens die Grundlseer Bauerschaft großes Talent besitzt, blieben unsere Flinten in Ruhe, höchstens daß wir hie und da auf eine alte Forelle schossen oder mit dem Stutzen nach der Scheibe in dem nahen Gaiswinkl, wo eine kleine Schützengesellschaft sich ein Schußhaus in geradezu idealer Landschaft erbaute."

Literarische Zeugnisse über die Jagd im Ausseerland gibt es aus jener Zeit nicht. Wohl deshalb, weil die vielen Schriftsteller, die über ein Jahrhundert lang Aussee besangen, zumeist bürgerlicher Herkunft und nur in den seltensten Fällen Jäger waren. Und waren sie welche, so wurden sie eben nicht eingeladen.

Womit einmal mehr Johanna Gräfin zu Eltz Zeugin der großen Leidenschaft der Ausseer und ihrer Gäste bleibt. Aus ihren Erinnerungen an die hohe Zeit der Jagd um die Jahrhundertwende im vielleicht schönsten Ausseer Jagdgebiet, dem damals 15.000 Hektar großen Grundlseer Revier mit dem Jagdhaus in der Elmgrube:

„Jaegerhaus auf dem Wildensee", eigenhändige Photographie von Marie Hohenlohe-Schillingsfürst, 1864

„Meistens im August oder Anfang September fanden die großen Grundlseer Jagden im Toten Gebirge statt. Die Jagdherren Kinsky und Kesselstatt versammelten viele Gäste um sich und in vielen Plätten, besetzt mit Jägern und Treibern, wurde singend und jodelnd im Schlepptau des Dampfschiffs ‚Fürstin Kinsky' zum Ladner oder ins Gößl gefahren. Hier begann der Aufstieg zur Elmgrube oder Lackenhütte. Dreißig, vierzig Gemsen, manche Jahre auch mehr, wurden in den drei Jagdtagen geschossen. Abends wurde dann getanzt...!"

Jagdhaus in der Elmgrube

Mit dem Gedicht eines Jagdgastes, des Grafen Rudolf Meran, endet auch das Buch der Gräfin:

Und hupft ma mei Herz,
Wann's hoaßt: Liaber Bua,
Heit geht's Elmgrubenwärts.
Bua, dös is a Freid,
Do geit's beim Fürst Kinsky
Das lustigest Gjaid.

Das lustigest Gjaid,
Auf d'Nacht dann an Tanz,
Der Krister tuat Zithern schlagen
Und der Ötz Franz.
Die Leit, die tuan paschen,
Mir singend und schrein,

Na, so lustig wia da
Kanns do ninascht sein.
So lustig is nit
In der Stadt auf an Ball,
Und wann ma a tanzat
In Kaisern sein Saal.

In Kaisern sein Saal
Und im Fürschtenbahlee,
Auf der Elmgrubn is lustiger,
Beim Lahngangsee.

Johann Nepomuk Geiger „Sang und Klang in Steiermark", um 1820, Titelblatt zur Volksliedersammlung Erzherzog Johanns.

Zuerst die Musik der Engel und dann unser Tanz

Der Sommer in Aussee ist oft naß und kalt, früher Schnee auf den Bergen vertreibt die Fremden, nicht aber die Stammgäste. Sie wissen, daß nun die schönste Zeit des Jahres folgt, Tage, die immer kürzer und stiller werden unter dem tiefen Blau des herbstlichen Himmels.

Wer an solch einem Tag ans Ende des Grundlsees fährt, wird - so es das dritte Wochenende im September ist - in den Gasthäusern des Veit und des Ladner auf viele Sänger und Musikanten aus Aussee, dem übrigen Salzkammergut, aber auch aus Bayern treffen.

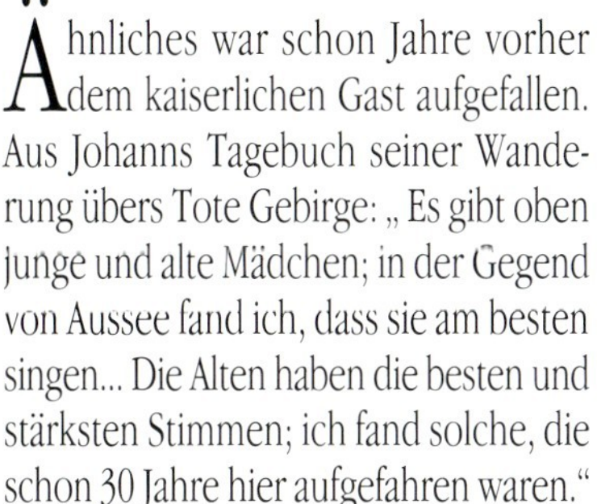

Josef Mansfeld (1819-1894) „Ausseer Zitherspieler", 1893

Vor über zwanzig Jahren hatte der Schützenmeister Hermann Rastl zum ersten Mal das Treffen veranstaltet. Ein Musikantenschießen auf der Schießstatt in Gaiswinkel war seitdem auch immer einer der Höhepunkte des musikalischen Wochenendes.

Seit einigen Jahren ladet der Grundlseer Dreig'sang, dem in schöner lokaler Ausgewogenheit die Grundlseerin Nora Schönfellinger, die Altausseerin Heidi Simentschitsch und der Bad Ausseer Matthias Syen angehören, zu diesem Volksmusiktreffen. Auch Steffi Stenitzer wird man dort finden mit Tochter Gerti und ihrem Mann Karl: die Familienmusik Stenitzer. Die Steffi, eine große stattliche Frau, stammt vom Kölml-Gut nahe Grundlsee. Es lohnt sich schon ihretwegen, den Ladner und den Veit zu besuchen, sich still in eine Ecke zu setzen, offenen Ohrs und offenen Herzens ihrem und dem Spiel der anderen Musikanten zu lauschen. Dann wird man wissen, wie Volksmusik klingt, wer sie spielt, wer sie singt.

Wegen einer Kölml-Tochter war schon im vorigen Jahrhundert ein weitgereister Mann nach Aussee gekommen. Der deutsche Reiseschriftsteller Johann Georg Kohl wollte unbedingt die Grundlseer Schwaigerin Maria Gaiswinkler vulgo „Külml Miedl" kennenlernen, die als beste Sängerin weitum galt.

„Diese ‚Külml-Tochter' hat ihre ‚Schwaig' oder ‚Sennhütte' an dem Abhange eines zur Ueberblickung des Ausseer Panoramas trefflich gelegenen Berges oberhalb der alten Ruine Pflindsberg.

Sie ist schon über die Jahre der ersten Jugend hinaus, und solche Mädchen sind eben die beßten Sängerinnen. Zwischen dem 25. und 35. Jahre singen die Sennerinnen am stärksten und schönsten. Ich kann mir das erklären. Für eine ganz junge Stimme ist der Alpengesang nicht gemacht. Es gehört eine starke Brust und viel Uebung dazu, in den Bergen die Stimme richtig zu gebrauchen."

Ähnliches war schon Jahre vorher dem kaiserlichen Gast aufgefallen. Aus Johanns Tagebuch seiner Wanderung übers Tote Gebirge: „ Es gibt oben junge und alte Mädchen; in der Gegend von Aussee fand ich, dass sie am besten singen... Die Alten haben die besten und stärksten Stimmen; ich fand solche, die schon 30 Jahre hier aufgefahren waren."

Kohl in seiner „Reise in Steiermark und im baierischen Hochlande", 1842 in Dresden und Leipzig erschienen:

„Sie haben dreierlei Arten von Gesang, erstlich das gewöhnliche ‚Jodeln', dann das ‚Johezen' und endlich die ‚Jauchzer'.

Das Jodeln ist jetzt allgemein auch in allen Ebenen Europas durch die herumreisenden Alpensänger bekannt geworden, das ‚Johezen' und die ‚Jauchzer' aber kann man nur in den Bergen selbst kennen lernen; denn es ist auf die Natur der Berge begründet und hat ohne diese Bühne keine Bedeutung."

„Johezen", „Johizen", „Juhizen" oder „Ihrizen" - alles lautmalende Worte für die Urform des Jodlers, der mit einem „Almschroa" oder „Birigschroa" eingeleitet wurde. Überlaut und lang gedehnt schrie ihn die Almerin, mit leicht zurückgeneigtem Körper, die Zeigefinger zu beiden Seiten des Kopfes an die Schädelknochen gepreßt, damit die Stimme in die Ferne trug.

„Ein kadenzirter Ruf gibt z.B. zu erkennen, daß die Senndin eine ihrer Freundinnen oder Nachbarinnen zu solchem musikalischen Gespräch auffordert", schrieb 1834 der Wiener Journalist und Reiseschriftsteller Friedrich Carl Weidmann in seinen „Darstellungen aus dem Steyermärk'schen Oberlande". „Hierauf folgt sodann in raschen, halb gedehnten, halb scharfen Tönen und vernehmlichen Worten, eine Art Recitativ, bald einen Gruß, einen Vorwurf, eine Einladung, ein Märchen oder die Schilderung der Leiden und Freuden der Alpenzeit darstellend. Sobald die eine Sängerin pausirt, fällt die andere ein, und so wechseln sie an heitern Tagen stundenlang ihre Gefühle und Empfindungen, über breite Klüfte hin, welche die Alpentriften trennen."

Joseph Ernst Tunner (1792-1877) „Die Külml-Dirndeln Franziska und Josefa Gaiswinkler"

Kohl ergänzte: „Zuweilen wünschen sie sich blos mit dem Recitativ einen guten Morgen, erkundigen sich bei der Nachbarin, ob sie nicht etwas Neues erzählen könne, - ob sie ihren Geliebten kürzlich gesehen, - ob sie ihr Vieh alles zusammen habe. Mitunter machen sie ihre Freunde auch aufmerksam, daß sich einiges von ihrem Vieh zu versteigen drohe, - oder daß ein Gewitter zu nahen scheine, und dergleichen. Oft sprechen sie so mit einander, ohne sich gegenseitig sehen zu können."

Mit dem „Juchezen" nicht zu verwechseln war das „Ludeln" oder „Lu'ln" - (den Begriff „Jodeln" hatten erst Reisende aus der Schweiz und Tirol mitgebracht), bei dem die Melodie im „Zuawi-" und „Drübersingen" zwei-, drei-, vier-, ja sogar fünfstimmig wurde.

Almschreie und Ludler des Toten Gebirges waren nach den Almen oder auch den Namen der Sängerinnen benannt. „Der Dreier Jugizer von der Annerl Lois" stammte von Aloisia Steinegger, die die Gößler- und die Vordernbach-Alm befuhr. Ludler wie „Da Sarstoana" und „Da Wüldensea" waren nach den Almen am Sarstein bei Bad Aussee und der Wildensee-Alm im Toten Gebirge benannt.

„Die ‚Külml-Tochter vom Grundl-See' war nun nicht nur eine ausgezeichnete Alpensängerin und Jauchzerin, sondern, wie die Leute sagten, geradezu die ausgezeichnetste und beßte im ganzen ‚Steier'", schrieb Kohl weiter. „ Ich fragte, wie sie dieß wissen könnten. Sie antworteten mir, sie wüßten es so: Vor einigen Jahren habe der Johann (nämlich der Erzherzog Johann), wie er das oft thue, in Gratz große und schöne Wettspiele veranstaltet. Erstlich für die steirischen Musiker, besonders die Violinisten und dann für die Sängerinnen. Für die waren Preise von 40-50 Gulden ausgesetzt, und es kamen nun viele Sendinnen von ihren Alpen herunter, um sich hervorzuthun und diese Preise zu gewinnen. Auch zwei Schwestern der Miedl kamen und wurden öffentlich als die beßten Jodlerinnen anerkannt und ihnen die höchsten Preise zugetheilt."

Erzherzog Johann hatte schon 1812 zur „Einsendung von Texten und Weisen der im Lande verbreiteten Volkslieder" aufgefordert. Im September 1840 lud er zu dem großen Wettbewerb nach Graz ein.

„Es machte nun einen eigenthümlichen Eindruck, diese naiven Spielleute, die bisher nur in einer engen, düsteren Wirthsstube zum Kirchweihtage gespielt hatten, und diese verschämten Landdirnen, die bisher die Naturtöne ihrer Brust nur von der Höhe ihrer Alpenweiden in die tiefe Stille der Einsamkeit hatten hinauswirbeln lassen, jetzt ihre einfachen Hirtenweisen in weiten, reich beleuchteten Sälen und vor Tausenden von kunstverwöhnten Städtern vortragen zu hören", schreibt Johanns Biograph Carl Gottfried von Leitner. „Aber sie errangen allerseits den lebhaftesten Beifall, und als der erlauchte Gönner der Gebirgsvölker sich anschickte, nach dem Ausspruche der Preisrichter, die in weiß und grüne Seidenbänder gefaßten Preise mit eigener Hand zu vertheilen, brach die versammelte Menge vollends in den rauschendsten Jubel aus."

Er galt vor allem den bildhübschen Zwillingsschwestern der „Külml-Miedl", Franziska und Josefa Gaiswinkler.

Auch ein großer Dichter hat ihnen einmal zugehört – Nikolaus Lenau im Juli 1841 in einem Brief aus Ischl: „In Aussee hab ich zwei Almerinnen singen gehört..., welche Stimmen! Eine schwindelnde Höhe, wie die der steyrischen Felsen, eine Reinheit wie die der Alpenluft, und eine süße Stärke, gleich jener des steyrischen Weins. Es war herrlich!"

Die „Külml-Miedl" vermißte man im Grazer Colosseum. „Die Miedl selber wollte auch hin, aber sie konnte dazu nicht die Erlaubniß von ihrem Herrn, bei dem sie in Dienst ist, erlangen. Da sie nun, wie alle in Aussee herum wissen, noch viel besser singt als ihre Schwestern, und da diese als die beßten von allen übrigen anerkannt wurden, so muß sie denn wohl die beßte in der ganzen Steier sein", schloß Kohl richtig. „Wie begierig war ich nun, diese Nachtigall in ihrem Busche selber zu belauschen. Man hatte uns gesagt, sie sei noch nicht von der Alpe abgefahren, aber sie würde entweder heute oder morgen kommen, und wir, mein Jäger und ich, beeilten uns daher umso mehr, ihre Hütte zu erreichen.

Kaum aber waren wir auf den reizenden Fußsteigen ein wenig in die Büsche hineingekommen, so sagte mein Jäger, indem er auf einige mit Vieh in der Ferne erscheinende Mädchen wies: ‚Da rauscht die Külml-Miedl den Berg abe.'- In der That, sie war es. Sie trieb ihre Kühe vor sich her. Ein Pferdchen, das ihr Halter führte, war mit ihren kleinen Habseligkeiten beladen, und eine ihrer Schwestern schleppte noch in einem Sacke einige andere Sächelchen auf dem Rücken. Sie selber ging in der Mitte. So war denn meine Idee, einen idyllischen Abend bei diesen Mädchen und ihren Gesängen zu verbringen, gescheitert, und ich muß gestehen, ich war darüber so sehr verstimmt, daß ich den guten Mädchen fast mit Vorwürfen begegnete und sie schalt, daß sie mit dem fatalen Abfahren oder ‚Aberauschen', wie sie hier auch wohl sagen, nicht noch ein wenig gewartet hätten.

Ich holte einige schöne Kaiserbirnen hervor, die ich in Aussee mitgenommen hatte, um die Sennerinnen auf ihren Gemsweiden damit zu erfreuen, und schenkte sie ihnen. Sie nahmen sie mit freundlichem Danke an; aber zum Singen konnte ich sie nicht bewegen. Da ich wohl sah, daß mich ein so gezwungener Gesang wenig erfreuen würde, so ließ ich auch bald von meinen Bitten ab und setzte, ihnen alles Gute wünschend, meinen Weg zu ihrer Hütte, der ich nun schon ziemlich nahe war, fort.

Kaum waren wir indeß etwas weiter gestiegen, so hörten wir auf ein Mal einen zweistimmigen Gesang ertönen. Wir blickten zurück und sahen die beiden Mädchen unten auf dem Vorsprunge des Berges stehen, wo sie sich im Wechselgesang antworteten. Sie mochten mir angesehen haben, daß es mir wirklich darum zu thun war, sie zu hören, und vielleicht aus Dankbarkeit für unsere Birnen, die ihnen unterwegs eine erfreuliche Labung gewesen waren, sangen sie uns von fern zu. Wir setzten uns am Wege nieder und horchten. Die Mädchen sangen das ganze Lied, da es sie selber zu erfreuen schien, andächtige Zuhörer zu haben, regelmäßig und schön Vers für Vers bis zu Ende und schlossen es dann mit einem kräftigen Jauchzer, den sie beide aus tiefer Brust holten und der im Walde verhallte. Ich wollte wieder heruntersteigen und ihnen danken, aber sie liefen beide rasch davon ihren Kühen nach und verschwanden mir bald hinter den Bäumen."

Die Sennin.

Schöne Sennin, noch einmal
Singe deinen Ruf in's Thal,
Daß die frohe Felsensprache
Deinem hellen Ruf erwache.

Horch, o Mädchen, wie dein Sang
In die Brust den Bergen drang,
Wie dein Wort die Felsenseelen
Freudig fort und fort erzählen!

Aber einst, wie Alles flieht,
Scheidest du mit deinem Lied,
Wenn dich Liebe fortbewogen,
Oder dich der Tod entzogen.

Und verlassen werden stehn,
Traurig stumm herübersehn
Dort die grauen Felsenzinnen
Und auf deine Lieder sinnen.

Nikolaus Lenau

„Der Steyrertanz".

Er ist der beste Schütze.
Und ist der feinste Tänzer
Von diesen Burschen allen.
Wie er die schöne Dirne
So leicht und sanft und sicher
Im frohen Kreise tummelt!
Uns läßt das lust'ge Paar
Hintanzen vor den Augen.
Harmonischer Bewegung.
Ein freundlich Bild des Lebens.

Er reicht dem lieben Mädchen
Hoch über ihrem Haupte
Den Finger und sie dreht sich
Um seine Faust im Kreise.
Die Anmuth um die Stärke.
Er tanzt gerade vorwärts
In edler Manneshaltung
Und läßt das liebe Mädchen
Leicht wechselnd, aus der Rechten
In seine Linke gleiten,
Und nimmt die Flinkbewegte
Herum in seinem Rücken,
Läßt sich von ihr umtanzen,
Als wollt' er sich umzirken
Rings um und um mit Liebe
Und ihr im Tanze sagen:
Du schließt mir den Kreis
Von allen meinen Freuden!

Nun fassen sich die Frohen
Zugleich an beiden Händen
Und drehen sich geschmeidig
Sich durch die Arme schlüpfend
Und blicken sich dabei
Glückselig in die Augen
Als wollten sie sich sagen:
So wollen wir verbunden,
uns in einander schmiegend
Hintanzen leicht und fröhlich.

Nikolaus Lenau

Verlassen wir Kohls Altausseer Pflindsberg-Alpe, wahrscheinlich die Sandling-Alm, Richtung Grundlsee, wo Alexander Baumann und Carl Freiherr Frey von Schönstein die Vordernbach-Alm entdeckt hatten. Musiker waren beide, und das half, die anfängliche Scheu der Almerinnen zu überwinden: „Eine gewisse Fertigkeit, die ich im Zitherspiele besaß, der herrliche Gesang meines Freundes und unsere Fähigkeit mit den Leuten in ihrer Sprache zu verkehren und auf ihre Weisen einzugehen, machten uns bald bei Jung und Alt beliebt. Am Abend , wenn alle Arbeit geendet und das Vieh versorgt war, da ging es gar lustig her. Zither und Geige erschallten, Holzknechte und Jäger wurden eingeladen und eine Sennenhütte ward zum förmlichen Tanzboden umgewandelt. Zwanzig Paare drehten sich da oft auf einem unbeschreiblich kleinen Raume herum, und es gehörte die ganze Geschicklichkeit eines steirischen Tänzers dazu, um bei diesen tausend zierlichen Verschlingungen und Windungen noch Raum für sich und seine Tänzerin zu finden. In der That, nach den Spaniern, glaube ich, versteht nur dies Volk allein wirklich zu tanzen."

Weidmann war ebenfalls Baumanns Meinung: „Ich habe Volkstänze gesehen, und beobachtet von den Karpathen bis an die Pyrenäen, ich habe die Masurka und den Fandango, und was zwischen ihnen liegt, auf nationeller Erde tanzen sehen. Doch bey keinem jener Tänze den eigenthümlichen Eindruck empfunden, als bey dem steyermärkschen. Die süßen Tändeleyen der Liebe mit der ansprechendsten Simplicität, und dem Ausdrucke einer unaussprechlichen Fröhlichkeit und Gemüthlichkeit bilden seinen Charakter."

Vollends dem Zauber des „Steyrer-Tanzes" aber erlag der Hamburger Schriftsteller August Schumacher. Oder war es eher der Reiz der Ausseer Frauenzimmer gewesen?

Jakob Gauermann (1773-1843) „Polsterltanz am Grundlsee", 1821

„Das Frauenzimmer spielt, wie überhaupt in der Steyermark, die Hauptrolle und führt ihn mit einer natürlichen Grazie aus, die ein erlerntes Ballett oft nur schlecht affectirt. Aber all das Drehen, Wenden, Verschlingen, Loslassen, Entfernen, Wiederfinden und stille Dahinwiegen erzählt deutlich genug die ganze Geschichte der Liebe; es ist ein zärtliches Bemühen, sprödes Versagen, muthwillige Neckerey und hingebende Versöhnung. Die Musik hat meistens Volks-Melodien, und so bleibt es nicht bey der stummen Geberdensprache, sondern die Tänzer mischen oft einzelne Liederstrophen ein, und nicht selten beym Aufspringen und Händeklatschen einige abgebrochene Ludeltöne, oder einen eigenen hellschneidenden Pfiff, das höchste Entzücken bezeichnend.

So giebt die Tanzfreude dieser gesunden, rüstigen Naturen, deren Gliederfülle eine vortheilhafte National-Tracht kleidet, dem Fremden ein reitzendes, lebensvolles Schauspiel; ihnen selbst aber ist sie die Grenze der Seligkeit, und ich will ihnen gern glauben, was eine wohlgebildete Frau, die nur zusah, mir auf eine beyfällige Aeußerung mit leuchtenden Augen antwortete: ‚Zuerst die Musik der Engel, und dann unser Tanz!'"

Ein Tanzabend am Grundlsee sollte auch das Leben des kaiserlichen Gastes verändern. Doch davon ahnte Erzherzog Johann 1810 auf der Wildensee-Alm noch nichts: „Zuletzt liess ich in einer Hütte geigen, wo denn Alles lustig wurde; sie tanzten weiss der Himmel wie lange." Den hohen Herrn hielt's nicht so lange - „um zehn Uhr schlief ich in meiner Kammer ein."

„Ebenso originell und charakteristisch wie die Formen des Tanzes ist die Melodie desselben" - Friedrich Carl Weidmann über die Tanzweisen. „Sie athmet einen ganz eigenen Geist. Die Violine ist das tonangebende Instrument, aber das sogenannte Hackebret und die Baßgeige müssen unerläßlich ihre Gefährten seyn. Auch muß der Vorgeiger einen gewissen Strich, ein gewisses Tempo beobachten, welches durchaus eigenthümlich ist. Dieser Tanz hat daher auch seine eigenen Componisten und Virtuosen, deren man welche in allen Thälern findet. Diese werden sehr gesucht, und finden gutes Auskommen, da die ganze Bevölkerung aller Thäler leidenschaftlich an diesem Vergnügen hängt."

Jakob Gauermann „Tanz zum Spiel der Jochhammerer aus Mitterndorf", 1819

Ein wahrhaft fürstliches Honorar war vor allem einer Gruppe sicher. Sie stammte allerdings nicht aus Aussee.

Johann Matthias Ranftl (1805-1854) „Die Brüder Jakob und Ignaz Jochhammer"

In Mitterndorf, im Haus, das bis vor wenigen Jahren als „Gasthaus Reisinger" musikalischer Mittelpunkt des Ortes gewesen war, wohnte einst der „Jocham Naz", Ignaz Jochhammer, ein Meister auf dem Hackbrett. Mit ihm musizierten sein Bruder, der „Lederer Jakele", und der „Maurer Lois", zwei vortreffliche Geiger. Bei Johanns Almbesuchen und am Grundlsee haben die drei oft für ihn aufgespielt, „bekannt unter dem Namen die Jochhammerer; in ihrer Art für einen Mahler ausgezeichnete Gesichter, zusammenpassend durch Gestalt, wahre Originale, die besten Spielleute der oberen Steyermark; unerschöpflich in ihren Weisen, sey es zum Tanz oder Wohlezer, ergözten sie die Gesellschaft, die Melodien gemütlich, sanft, nicht lärmend" - so das Lob des kaiserlichen Volksmusikfreundes.

Die Jochhammerer spielten auch an jenem 22. August 1819 , an dem Johann vom Toplitzsee zum Ladner wanderte. „Die Spielleute giengen in die lange Stube, nahmen an einem Ende Platz und spielten auf. Dieses zog das Volk hinauf; während dieses tanzte, stampfte, pfiff und sang, und das Gejauchze, je nachdem eine beliebte Weise vorgetragen wurde, sich steigerte, saß die Gesellschaft im fröhlichen, unbefangenen Gespräche und speißte. Der Brandhofer konnte ruhig die Tischgenossinnen betrachten, sein Urtheil stellte sich bald günstig für seine zwey Nachbarinnen und unter diesen zu Gunsten der jüngeren." Fünfzehn Jahre war das Mädchen damals alt, das Johanns große Liebe werden sollte: Anna Plochl, Tochter des Postmeisters von Aussee.

Erst Jahre später erwuchs den Jochhammerern in Aussee Konkurrenz. Zu den Spielleuten, die weit über die Grenzen des Landes bekannt wurden, zählten vor allem die „Wilhalmer", die Brüder Josef und Franz Steinegger (1819-1907).

Josef Dessauer, ein zu seiner Zeit sehr geschätzter Opern- und Liederkomponist, Freund Alexander Baumanns und auch durch ihn nach Aussee gekommen, förderte das Talent der drei Grundlseer. Fast jedes Jahr lud er sie im Winter nach Wien ein. Besonders dem jungen Schraml wurde Dessauer ein väterlicher Freund, Förderer und Ratgeber. Mit dem in den Salons der noblen Wiener Gesellschaft erspielten und von Dessauer gut angelegten Geld erbaute sich Schraml später einen Gasthof. Grundlsee verdankt seinem ersten Fremdenverkehrspionier sehr viel. Schraml ließ im Ort ein Badehaus, den heutigen „Gasthof Post" erbauen, er errichtete eine Stellwagenverbindung zum Bahnhof in Aussee und führte auch die Dampfschiffahrt am Grundlsee ein. In der „Post" wird das Tagebuch aufbewahrt, das er im Winter 1853/54 während einer Reise nach Wien führte. Schraml wohnte wie immer bei Dessauer, die Steinegger beim berühmten Maler Ranftl, der die Brüder auch portraitiert hat.

Johann Matthias Ranftl (1805-1854) „Die Grundlseer Pfeiferlbuam Josef und Franz Steinegger"

„Die Pfeiferlbuam vom Grundlsee" hießen sie nach ihrem Instrument, der Seitl- oder Schwegelpfeife.

„Der Schwägel ist eine einfache, roh gearbeitete Pfeife, ungefähr von der Gestalt eines Pikkolo", schrieb Heinrich Noé in seinem „Österreichischen Seenbuch". „Mit diesen vermögen sie Töne hervorzubringen, daß man zugleich den gezogenen Klang der Geige und die anmutige Flöte zu hören glaubt. Ich habe zwei solche Künstler gesehen und gehört. Sie waren die berühmtesten unter diesen an den Ufern der Seen, ihres sonstigen Zeichens aber Bergarbeiter. Sie kamen eben von Wien zurück, wohin sie ein reicher Freund ihrer Schwägelpfeife eingeladen hatte. Am Tage nach ihrer Ankunft aus der Stadt, in welcher ihr Beschützer sie zu allerlei Lustbarkeiten hatte einführen lassen, arbeiteten sie wieder in ihren Stollen. Über den Wiener Leckerbissen hatten sie ihren Geschmack an der ‚Schottensupp' nicht verloren. Der Aufenthalt unter den Vergnüglingen der Stadt, in welcher sie unter ähnlichen Verhältnissen schon zum sechsten Male verweilt hatten, brachte in ihren Gesinnungen und Gewohnheiten keine Spur einer Veränderung hervor. Als ich einen von ihnen mit den schönen Wienerinnen neckte, entgegnete er: ‚Schöner sind sie schon als mein Weib, aber mein Weib sind's halt doch net!'"

Ein Freund der „Wilhalmer" war Hans Graf Wilczek, ein großer Jäger. Er hatte Marie und Chlodwig Hohenlohe-Schillingsfürst auf einer Jagd im Toten Gebirge auch auf Altaussee aufmerksam gemacht. Wilczek war auch Schutzherr der österreichischen Nordpolexpedition 1872 - 1874 gewesen. Vor allem aber war er ein großer Mäzen und Freund der schönen Künste. Aber auch selbst ein passionierter Musikant: „In Wien hatte ich bei dem bekannten Flötenvirtuosen Doppler Pikkolo blasen gelernt und übertrug dann meine Fertigkeit auf die Schwegelpfeife. Die zwei Holzknechte und Salzarbeiter Wilhalmer, Seppl und Franzl Steinegger vom Gallhof am Grundlsee waren Meister auf der Schwegelpfeife und lehrten mich den richtigen Vortrag. Im Gebirge führte ich die Schwegelpfeife immer bei mir und spielte unverdrossen. Als Seppl, der ältere von den beiden Brüdern, heiratete, war Fest und Tanz im Wirtshaus von Altaussee. Da der Bräutigam nach altem Brauch vortanzen mußte, war nur der Franzl zum Pfeifen da und ich ersetzte den fehlenden Part und pfiff die ganze Nacht zum Tanzen, was mir ein seltenes Vergnügen machte; daß es aber auch den Zuhörern gefiel, konnte ich daran erkennen, daß mir Tänzer und Tänzerinnen Wein und Bier, soviel ich nur trinken konnte, brachten, und noch überdies Trinkgelder in kleiner Münze spendeten."

Musik lag aber auch anderen hohen Herrschaften im Blut. Marie und Chlodwig Hohenlohes Sohn Moritz war ein berühmter Zitherspieler in Aussee.

Auch Alexander Baumann musizierte oft mit den „Wilhalmern", in den Almhütten des Toten Gebirges und in den Wiener Salons. Dort war der charmante Schriftsteller, Sänger und Schauspieler hoch willkommen, spielte er doch die Zither, ein für die Wiener recht exotisches Instrument. Sie verband ihn auch mit einem ebenso lebenslustigen und allen Konventionen abgeneigten Brieffreund in München: Herzog Maximilian von Bayern, Vater zweier unehelicher und acht ehelicher Kinder. Seine Tochter „Sisi" war gerade neun Jahre alt, als der Vater nach Korrespondenz mit Baumann 1846 seine „Sammlung oberbayerischer Volksweisen und Lieder" herausgab. Acht Jahre später kam Sisi zum ersten Mal nach Aussee - als frischvermählte Kaiserin Elisabeth von Österreich.

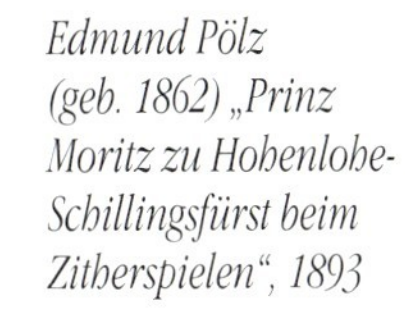
Edmund Pölz (geb. 1862) „Prinz Moritz zu Hohenlohe-Schillingsfürst beim Zitherspielen", 1893

„Steirisch singen und spielen" war in jenen Jahrzehnten in Wien große Mode gewesen. Nach dem Vorbild der „Tiroler Nationalsänger" - in ganz Europa geschätzten sangesfreudigen Zillertalern - taten sich 1828 „Steirische Alpensänger" zusammen. Sie dürften die biedermeierlichen Urväter des „Musikantenstadls" gewesen sein und waren wahre Meister des Etikettenschwindels.

Der „Hans Jörgel von Gumpoldskirchen", ein satirisches Wiener Blatt, schrieb im Herbst 1832 nach einem ihrer Auftritte im Theater an der Wien: „...wann einer einen Steirer umsonst will singen hören, so soll er einen Spaziergang auf die Alpen machen, so waß er do g'wiß, daß er einen wirklichen Steirer hören kann. Die fremden Sänger aber, scheint mir, sind nit von dort herkummen."

Von wo sie kamen, vermerkte recht bissig Oberösterreichs großer Mundartdichter Franz Stelzhamer :

„Natursänger" seids und von „Hochgebirg", gelt's
Zwischen „Fünfhaus" und „Lerchenfeld" steht's
und haißt „Schmelz".

Auch Alexander Baumann wetterte gegen die „Volkstümliche Musik" jener Zeit: „Es ist ein ganz falscher Glaube der Fremden, die sich unter Alpenmusik nur immer die reisenden Zillerthaler und andere Tiroler vorstellen und nicht selten verkappte Lerchenfelder dafür in Kauf nehmen, während in Steiermark überhaupt und besonders in Aussee und um Gmünden die eigentliche Pulsader dieser Weisen zu suchen ist. Dort tauchen stets neue Melodien auf und zeugen von weit mehr Erfindungsgabe und haben weit größeren Liebreiz als jene althergebrachten aus Tirol.

Wer hatte nicht auf seiner Reise dahin den Violinspieler Roitner, die Zitherschläger ‚Bräuer-Michel' und ‚Tallerdrechsler', die Pfeifferbuben und unzählige Almerinnen mit Vergnügen gehört und bewundert?"

Der „Violinspieler Roitner" war der 1811 in Obertressen geborene German Roittner, Salinenbeamter von Beruf, Tanzgeiger, Klarinettist und Komponist aus Berufung. Im Gegensatz zu vielen seiner Musikantenfreunde konnte er auch Musik niederschreiben. So setzte er für Graf Wilczek „Steirische Tänze für die Schwegelpfeife" in Noten.

Bei Erzherzog Johanns Musikfest 1840 in Graz gewannen nicht nur die Grundlseer Külml-Dirndln einen ersten Preis, auch Roittner holte sich einen im Violinspiel. Seine Geige erklang bei Hochzeiten und Almtänzen, bei Bällen und beim Bachwirt, der selbst ein großer Musikant gewesen war.

Roittners bester „G'span" war Michael Fischer, ein Bräuknecht. Der „Bräumichl" war ebenfalls ein meisterlicher Geigen- und Zitherspieler - sein Bräustüb'l-Walzer erklingt auch heute noch oft.

Das höchste Lob hat Roittner wohl von Anton Schosser in „Naturbilder aus dem Leben der Gebirgsbewohner in den

Johann Matthias Ranftl (1805-1854) „German Roittner"

Der Zitherspieler einer Kaiserin: Franz Köberl (1867-1954) vulgo Ötzer aus Gößl.

Grenzalpen zwischen Steyermark und dem Traunkreise" erhalten. „Wenn Herr Roithner aus Aussee hier ist, hört Alles zu", berichtete Schosser von vergnüglichen Tanzabenden aus dem musikbegeisterten Gmunden.

1865 hörte dem Roittner beim Schraml sogar die kaiserliche Familie zu. Franz Joseph und Elisabeth waren zum dritten Mal nach Aussee gekommen und hatten ihre Kinder Gisela und Rudolf mitgebracht. Eine junge Gößlerin hütet eine Erinnerung an „Sisi" und einen musikalischen Schatz aus jener Zeit - ein vergilbtes, handgeschriebenes Notenheft ihres Urgroßvaters. Steirische Tänze, ein Landler und ein Walzer finden sich darin, ein kleines Stück Papier ist den Noten beigefügt:

„Vor Ihrer Majestät Kaiserin Elisabeth von Österreich Zither gespielt am 21. Juni 1888 in der Elmgrube", hat Franz Köberl vulgo Ötzer stolz an jenem Tag vermerkt, an dem Sisi mit dem Grundlseer Bergführer Stefan Hopfer vulgo Kriag Stefl das Tote Gebirge überquert hatte. Es war der letzte Besuch der Kaiserin in Aussee gewesen. Ein Jahr später erschoß sich ihr Sohn, 1898 wurde Elisabeth ermordet.

Franz Josefs Großonkel Erzherzog Johann war 1859 gestorben. Anna, seine Witwe, kam aber noch jedes Jahr nach Aussee, verbrachte die Sommerfrische in ihrem Elternhaus am Meranplatz oder in der Villa am Grundlsee, die ihr Sohn Franz 1873 an der Stelle des alten Ötzgütls hatte erbauen lassen. Beim Ladner hängt noch heute die Scheibe, die zur Hauseinweihung beschossen wurde, und dort, beim Ladner, veranstaltete der junge Graf Meran 1869 auch ein Volksfest, zu dessen Höhepunkten eine Plättenregatta zählte. Der Maler Carl von Binzer, Sohn des Ehepaares Daniel und Emilie von Binzer, das 1847 die erste Sommervilla in Altaussee gebaut hatte, beschrieb und zeichnete es.

„Von weit und breit war das Volk herbeigeströmt und bot auf dem engen Raume, der es hier aufnehmen mußte,ein ganz ungewöhnlich malerisches Schauspiel. In allen erdenklichen Variationen zeigte sich der grüne Hut mit seinem Aufputze, die Juppen, die Strümpfe und Bundschuhe. In lieblichster Weise waren junge Mädchen in ihren hellrothen Röcken, weißen Aermeln und bunten Miedern in den dichtesten Gruppen verstreut. Die interessanten Jägergestalten strichen ab und zu da durch mit ihren Stutzen. Und zu diesem so ganz ausgeprägten, in die Landschaft hineingewachsenen Volk bot einen unbeschreiblich eigenthümlichen Gegensatz die außerordentlich vornehme Gesellschaft.

Steirische Tänze aus dem Notenheft des Franz Köberl

Die Fürsten und Grafen waren in steyrischer Kleidung und verschwanden daher einigermaßen in der Menge. Die Damen aber, die in großer Zahl versammelt waren, stachen wunderbar hervor in ihrer städtischen Pracht.

Als die Regatta sich näherte, bestieg Graf Meran ein reizendes Ruderboot des Grafen Hunyadi, auf dem in der Mitte die Signalflagge steckte, während beim Steuer, das der Magnat selbst führte, die österreichische und ungarische Flagge bis in's Wasser hingen. Alles drängte nun gegen das Ufer und blickte mit Spannung hinaus, wo die kräftigen Gestalten mit ihren Federn an den Hüten die schwerfälligen Fahrzeuge mit reißender Schnelligkeit vorwärts trieben. Der Sieger wurde mit großem Jubel empfangen.

Als sie nun Alle einschwenkten und zu den Nachen, die schon weit das Ufer entlang aneinandergereiht waren, diese noch hinzukamen, das Volk sich mit Lachen und Grüßen um die Schiffer schaarte, die sich den Schweiß von der Stirne wischten, die Trommler und Pfeifer dazu aufspielten, Böller hineinkrachten, das war der Glanzpunkt des Tages. Graf Meran theilte dann selbst die Preise mit liebenswürdigen Ansprachen aus. Da stand der hohe, schlanke Mann so recht in Mitten eines treuen Volkes.

Nach und nach glitten die Nachen, gefüllt mit Heimfahrenden, vom Ufer des im Abendglanze leuchtenden Sees. Die Büchsen krachten fort und fort im Schießstand, bis die Dämmerung die Scheiben umdunkelte. Dann schmausten die Schützen, im Tanzsaal ertönten Schnaderhüpfel, das Händeklatschen, das Juchzen, die Trompeten und Pfeifen. Bis in die Nacht hinein saßen Jäger und Burschen und

Partner und Gast von Hugo von Hofmannsthal in Aussee: Richard Strauss (1864-1949), „Ball beim Grundlsee-Wirt" aus „Intermezzo".

Carl von Binzer (1824-1902) „Ein Volksfest am Grundlsee in Steiermark", Allgemeine Illustrirte Zeitung 1871

Almerinnen im Mondschein und sangen steyrische Lieder. So klang ein wahres Volksfest melodisch aus."

Die Feste am Grundlsee, ihre Tänze, ihre Musik haben auch Eingang in die klassische Musik gefunden. In „Intermezzo", seiner 1924 uraufgeführten „bürgerlichen Komödie mit sinfonischen Zwischenspielen" entführt Richard Strauss die Musikfreunde an den Grundlsee. Strauss war ja oft beim Ehepaar Hellmann in Altaussee zu Gast gewesen. Beim „Grundlsee-Wirt" - womit wohl der Ladner gemeint war - wird gerodelt, nachher gesungen und getanzt. „Ball beim Grundlsee-Wirt" heißt auch der große Walzer der musikalischen Komödie.

Der „Pfeiervater" Leopold Khals (1883-1965)

Daß Seitlpfeifen in Aussee und im ganzen übrigen Salzkammergut nicht in Vergessenheit geriet, ist Konrad Mautner und zum wesentlichen Teil dem Volksmusikforscher Raimund Zoder zu danken.

Zoder führte 1925 den „Pfeifertag" ein. Dieses Musikantentreffen wird alljährlich am „großen Frauentag" zu Maria Himmelfahrt am 15. August im Salzkammergut abgehalten. Bevorzugter Platz im Ausseerland ist die Blaa-Alm in Altaussee, und zwei Altausseer führen zur Zeit auch die Geschicke dieses traditionsreichen Volksmusiktreffens: Thomas und Kurt Simentschitsch.

Die Persönlichkeit zweier großer Musikanten hatte vor ihnen die Pfeifertage geprägt. Der Salinenbeamte Leopold Khals aus Bad Ischl leitete sie von 1925-1964. Khals war Bergmeister im Altausseer Salzberg und unterrichtete in der Musikschule Bad Aussee junge Seitlpfeifer. Ihm folgte der Oberbergmeister Alois Blamberger, der nicht nur als Seitlpfeifer, sondern auch als Geiger der Simon-Geigenmusi aus Bad Goisern berühmt wurde.

Ein Pfeifertag auf der Blaa ist ein Erlebnis der besonderen Art. Im Schatten ihrer Almhütten lagern Musikanten und viele Zuhörer . Letztere werden freundlich geduldet und wenig beachtet, wie's den Ausseern halt öfters so zu eigen ist. Das Spiel verschiedener Gruppen, oft einander überschneidend, liegt über dem Almboden, eine Klangwolke aus Seitlpfeifen-, Geigen-, Gitarren-, Ziehharmonika- und Fozhobltönen.

Die große, dunkle Wolke „sauren Regens", die vor Jahren der Blaa drohte, ist Gott sei Dank vorübergezogen. Damals hatte man das alte Blaa-Wirtshaus den Erfordernissen der modernen Zeit angepaßt, und auch der musikalische Zeitgeist sollte mit einer Einladung an Karl Moik und seinen „Musikantenstadl" Einzug halten. Man ließ den Gedanken doch wieder fallen. Hatte H.C.Artmann das Umdenken bewirkt? Als er seine Feder statt in „a schwoazze Dintn" in bittere Galle tauchte: „Was der saure Regen für den Wald ist, ist der Moik für die Volksmusik!"

Friedrich Torberg schrieb einst über Altaussee, daß es keine Durchgangstation sei, daß die Natur hier im bergumhegten Becken gewissermaßen eine Sackgasse bilde.

Das gilt im wesentlichen für das ganze Ausseerland. Seine geographische Situation trug sicher dazu bei, daß sich Volksmusik hier so unverfälscht erhielt. Die sozialen Verhältnisse taten ein übriges. Die große Masse der Ausseer war nie reich gewesen. Aber die Arbeiter im Salzbergwerk, in den Sudhütten und den dazugehörigen Wäldern genossen bei aller Kargheit ihres Lohnes und der Bescheidenheit des täglichen Lebens einen entscheidenden Vorteil: Der gesicherte Lebensunterhalt und eine geregelte Arbeitszeit ließen ihnen Zeit für kulturelle Interessen, für Musik und Tanz.

„Wahrscheinlich gibt es kaum sonstwo auf so kleinem Raum so viele Menschen, die ein Instrument spielen und sich zu Gruppen zusammenschließen, um das zu tun, was sie am liebsten machen, nämlich Musik", schreibt die Altausseerin Barbara Frischmuth. „ Die Ausseer sind ein musikbegabtes Volk, sie singen und spielen gerne, und zum Spielen gehört nun einmal das ‚Paschen'. Das mag nicht nach jedermanns Geschmack sein, aber der Rhythmus, das muß man den

Paschern lassen, ist ein komplizierter, hochmusikalischer, und das, was man im Ausseerland unter Volksmusik versteht, ist alles, nur keine Schrumm-schrumm-Musik."

Paschen ist mehr als bloß ein rhythmisches Händeklatschen. Alexander Baumann hatte schon recht, als er schrieb, er wüßte nach den Spaniern kein Volk, das so zu tanzen verstünde wie die Menschen des Salzkammergutes. Wenn das Klatschen dort auch nicht im harten Stakkato spanischer Tänze, sondern milder, weicher, gemütlicher klingt – Selbstbewußtsein und rauher Stolz der Tänzer gleichen nicht selten dem der Spanier. Gepascht wird vom Innviertel bis ins Salzkammergut nach einem gleichen Ablauf: Die Musik spielt eine Melodienfolge, nach der entweder getanzt oder der auch nur zugehört wird. Nach dem Wechsel in eine andere Tonart wird ein Gstanzl angesungen und danach eine Gstanzllänge gepascht. Wenn das Singen und Paschen auch seinen Ursprung im Tanz hat, es gibt den „Pasch" auch am Stammtisch, losgelöst vom Tanz.

Was es mit dem Paschen auf sich hat, beschreibt Herbert Seiberl im Vorwort des Buches „Gstanzeln aus dem Salzkammergut", das er mit Johanna Palme herausgegeben hat:

„Die ersten Unterweisungen erhielten wir ‚Nachwuchspascher' vom Steiner Engelbert, dem ehemaligen Brückenwirt, in dem wir einen liebenswerten und vor allem begnadeten Lehrmeister hatten. Im Gasthof ‚Brückenwirt' an der Schnittstelle zwischen Markt und Unterkainisch, da konnte man die schönste ‚Pasch' hören. Und – wenn man schon die nötige Profession hatte – mitpaschen.

In dieser Zeit begannen wir dann auch schon unser Können beim ‚Walzerabend' im Gasthof Max Schraml in Grundlsee unter Beweis zu stellen, einem Tanzabend, der für viele unvergeßlich bleiben wird und von dem wohl alle bedauern, daß es ihn nicht mehr gibt… man konnte dort vom ‚Steirer' zum ‚Landler', vom ‚Waldhansl' zum ‚Schleunigen' über den ‚Siebenschritt', ‚Schottischen', ‚Neukatholischen' und ‚mit'n Kopf z'samm, mit'n Arsch z'samm' alles tanzen. Geprägt waren diese Abende von der Grundlseer Geigenmusik und ihr voran dem Grafen Brecht. Wenn er ansang, war das etwas ganz Besonderes. Hell und klar war sein Gesang und von solch einer eigenwilligen Musikalität, daß dem Grafen Brecht sein Ansingen unter hunderten zu erkennen gewesen wäre…"

Musik im 5/8-Takt - die Altausseer Schützenmusi beim Pfeifertag auf der Blaa-Alm

Schöne Stimmen - schöne Weisen: der Grundlseer Dreig'sang beim Pfeifertag auf der Blaa-Alm

Von falschen Steyrern und Zweiheimischen

„Mit dem Arbeiten geht es leidlich, ja gut", schrieb Arthur Schnitzler 1904 an Hugo von Hofmannsthal. „Mit der stärksten Anteilnahme lese ich im Vehse die Zeit des fünften Carl. Seite für Seite hat man die Empfindung: undramatisierter Shakespeare." Ob Schnitzler auch in Eduard Vehses „Geschichte des österreichischen Hofes und der österreichischen Diplomatie" geblättert hat? Er hätte in dem 1852 erschienenen Buch Amüsantes über frühe Gäste des Ausseerlandes erfahren:

Damensalon im Hochgebirge - Touristinnen von einst! Aus „Illustrirte Frauen-Zeitung vom 16. August 1884.

„Aus der Fäulniß der Wiener Zeit unter Kaiser Franz stammten auch die falschen Steyrer. Sie meinten dem löblichen Beispiel des Erzherzog Johann nachzueifern, allein dieser Prinz hatte durch sein inniges Zusammenleben mit dem steyrischen Volke ein gewisses Recht auf den groben Lodenrock erworben. Die falschen Steyrer hingegen waren meist blasirte Gecken und Wüstlinge, reiche Juweliers- und Bankierssöhne aus der Residenz, welche im Winter die falschen Wiener spielten. Im Sommer schlugen sie ihr Hauptquartier in Aussee und Umgebung auf, steckten sich in graugrüne Wämser, eng anliegende Kniehosen, farbige Strümpfe und Schuhe mit Schnallen... Im Kaffeehause traf man solche falschen Steyrer, vierzigjährige Narren, welche in ihrer Maskerade so gewissenhaft waren, daß sie unter dem Spitzhut nach altsteyrischer Sitte die schwarze Schlafmütze, aus der Brusttasche die kleine steyrische Fuhrmannspfeife und aus der schmalen Seitentasche der Kniehose ein silberbeschlagenes Besteckmesser und Gabel vorgucken ließen, natürlich ohne Pfeife und Messer jemals zu brauchen; dafür rochen sie nach Bisam und Moschus, glätteten fleißig mit dem Kämmchen ihre Bärte, beguckten sich im Handspiegel und hatten ‚gar keine Waderl nit'."

Milden Spott goß auch eine Generation später Daniel Spitzer in seinen Reisebriefen über die Kurgäste: „Da es zu den Vorzügen von Aussee gehört, daß selbst nach anhaltendem Regen die Wege bald trocknen, brauchten die Damen auf ihre Schleppkleider nicht länger zu verzichten, die ‚schöne Gesellschaft' nahm in einer für die Schönheit nicht sehr schmeichelhaften Weise zu, sodaß man dreist jeden, der einige ältere Töchter mit sich schleppte, Excellenz ansprechen konnte", schrieb Spitzer 1878. „Auch die Engländer nahmen immer mehr überhand, wodurch es in den Gasthöfen oft schwierig wurde, den wirklichen Oberkellner herauszufinden, und eines Tages sah man gar im Markte einen jungen Mohren spazierengehen, sodaß die braven Ausseer schnell zur Beichte liefen, weil sie glaubten, sie hätten sich diese gerechte Strafe durch ihren sündigen Lebenswandel zugezogen. Es war aber nur ein dem Seelenheil der alten Weiber, sowie dem allgemeinen Gesundheitsstande der hiesigen Kühe nicht im mindesten schädlicher Diener des Grafen Esterhazy. ... Auch traf ich dort eine Ballett-Tänzerin unserer Oper. Ein Wiener Bankier hielt jahrelang diese leichte Person für schweres Geld aus, es scheint aber, daß sie ihn nicht aushielt, denn sie ist jetzt die Freundin eines Freundes ihres Freundes. ..."

Auch Peter Rosegger mokierte sich am Grundlsee über Auswüchse des frühen Fremdenverkehrs: „Ein Stück Wien, mitten aus der Großstadt, just dort, wo sie am geschniegeltsten und gespreiztesten ist, herausgebrochen und wie ein Kuckucksei in diese schöne Ländlichkeit gelegt. ... Der alte wackere Schraml im schlichten Lodenrock zwischen Fräcken und Seidenroben ist eine Schwalbe, die keinen Sommer macht." Seine Kellner kleidete der gute Schraml allerdings sehr zum Unmut Roseggers in ebensolche Fräcke:

„Zu jedem guten Einkehrgasthof, der frei von Kellnerfräcken ist, sollte Baedecker zwei Sternchen setzen. Eine Hauptaufgabe der Verschönerungsvereine wäre es, in den Alpen die Kellnerfräcke auszurotten; ich mag in unseren herrlichen Landschaftsgemälden diese vertrackten Tintenkleckse nicht sehen."

Ein gutes Jahrhunderte später wichen Spott und Ironie zynischer Bitterkeit:

„Ich verstehe gar nicht, daß es Leute gegeben hat, die sich freiwillig in Altaussee angesiedelt haben. Schriftsteller, Komponisten, Komödianten, dieses ganze Gesindel hat sich dort angekauft, vor der Jahrhundertwende und danach. Kaum haben die Leute Geld, kaufen sie sich diese alten scheußlichen Häuser, gehen in Dirndlkleidern herum und in Lederhosen und machen sich mit Fleischhauern und Holzhackern gemein", schrieb Thomas Bernhard. Einen „traurig verzweifelten Erzschelm unserer Gefährdungen" nannte ihn der deutsche Filmregisseur Hans Jürgen Syberberg.

Seit vielen Generationen müssen sich die Ausseer ihre Landschaft mit Menschen teilen, die dort eine zweite Heimat suchen und inmitten der Einheimischen „Zweiheimische" werden wollen. Ernst Jandl, auch er ein Ausseer Sommergast, prägte das Wort.

„Das wohlige Sommerfrische-Gefühl ergibt sich aus dem Bleibendürfen - im Gegensatz zur großen ‚einmalig schönen' Reise, bei der ein Ort nach dem anderen verlassen werden muß, um das definierte Ziel zu erreichen" - Wolfgang Kos, einer der profundesten Kenner der großbürgerlichen Welt von einst, über ihre Sommerfrische. „Um die Jahrhundertwende, in der goldenen Ära der D-Züge, war der Reiseradius des Großbürgertums, also auch der der Schnitzlers und Hofmannsthals, sehr groß. Es gab einen ungeschriebenen Jahresfahrplan: Im Spätwinter suchte man den Frühling am Gardasee oder an der Riviera, im Frühling folgten Bildungsreisen durch Italien oder Frankreich, im Frühsommer eventuell einige Wochen am Meer, in Ostende oder an der Ostsee. Die beschauliche Sommerfrische erlaubte die Erholung vom Reisen, war bewußter Stillstand in einer Epoche rasch zunehmender Mobilität."

Stillstehen, um still schauen, still leben, die Schönheit des Ausseerlandes still erleben zu können. Oft ohne jeglichen Luxus.

Hugo von Hofmannsthal schreibt in einem Brief an das Ehepaar von Nostitz: „... Es ist ein winziges Bauernhaus, das sogenannte Speisezimmer so, daß die Kinder nie zu Tisch kommen können, sondern für sich essen, bei Sonne im Freien, bei Regen in der bäurischen geräumigen Küche. Regnet es nun, wie es neulich in Strömen tat, so ist nicht die Möglichkeit, daß ein Gast sich zurückzieht, es ist kein Raum da als das winzige Schlafzimmer: ein sogenanntes Arbeitszimmer ist in einem andern Bauernhäuschen abseits...

Dies Ganze wird Ihnen als Lebensform schwer zu verstehen sein; es ist ja auch wirklich noch unter meinen sehr bescheidenen Verhältnissen. Aber einmal liebe ich das Primitive sehr, bin sehr achtzehntes Jahrhundert in meinen Neigungen, liebe eine flackernde Kerze, ein dünnes Schindeldach, auf das der Regen trommelt, eine enge Holztreppe, eine schiefe Dachkammer, wie diese in der ich seit 8 Sommern schlafe und die kein Bedienter ohne Nasenrümpfen acceptieren würde, dann ist es einmal so gekommen - und dann ist es eine gute Schutzwehr gegen das Sociale; und die muß ich haben, denn der Sommer ist meine eigentliche Arbeitszeit."

Josef Kriehuber (1800-1876) „Die Burgtheaterschauspielerin Mathilde Wildauer in Tracht", 1849.

Der Standard der Ausseer Gästeunterkünfte war in den ersten Fremdenverkehrsjahren bescheiden - gemessen an dem anderer Sommerfrischen in Tirol oder Südtirol. Im ersten Haus Altaussees, dem Seehotel, ließ sich der Wirt 1865 zwar zur unerhörten Anschaffung von sechs silbernen Eßbestecken überreden. Die Nächte aber mußten selbst Angehörige höchster Kreise in den einfachen Kammern des Hauses noch auf Strohsäcken verbringen. Erst für einen Besuch Kaiserin Elisabeths wurden Roßhaarmatratzen angeschafft.

Auch Wilhelm Kienzl gab sich mit einem bescheidenen Refugium zufrieden: „In einem neben dem Hauptgebäude der Kaffeewirtschaft ‚Zur Wasnerin' gelegenen sogenannten ‚Stöckl' bezogen wir eine nur für das Allernotwendigste Raum bietende Wohnung von zwei Stuben, deren minimale Dimensionen eigentlich nur für Liliputaner ausgereicht hätten. Aber wir waren angesichts der herrlichen Natur glücklich, begnügten uns mit der frugalen bäuerlichen Kost,

„Die Hauptzeit meines musikalischen Schaffens war und ist der Ausseer Sommer" - Wilhelm Kienzl (1857-1941) am Fenster des „Kienzl- Stöckls"

arbeiteten und schmiedeten Zukunftspläne."
Fast fünfzig Jahre lang kam der Komponist zur Sommerfrische nach Aussee und schuf hier beglückt viele seiner Werke. „Der Evangelimann" und „Der Kuhreigen" wurden die größten Erfolge, geschrieben in einem kleinen Buchenhain nahe der „Wasnerin": „Darin ließ ich Bank und Tisch zimmern. Zwischen den Baumkronen hindurch fällt der Blick auf das stolz aufragende Felsengebirg des Losers mit seiner Walhall ähnlichen Zinne, und im Rücken, durch ein Umblicken dem Auge sich in seiner ganzen Pracht darbietend, das Eisfeld des Dachsteins, dessen blendendes Weiß unter dem tiefblauen Himmel doppelt leuchtend erscheint. In dieser gottgesegneten Stille, nur vom stets wachen leisen Bergwind belebt, saß ich viele Stunden des Tages, an meinen Partituren arbeitend. Der Platz wäre eines Wagner, eines Beethoven würdig, und ich schäme mich fast des Umstandes, daß er gerade mir von der Vorsehung gegönnt war."

Auch Hofmannsthal bedeutete diese Landschaft alles. Im Sommer 1909 plante er eine Reise für Alfred und Helene von Nostitz: „ ... Ich ging gleich Ihre beiden Zimmer ansehen (sie sind im nächsten Bauernhaus, einen Steinwurf von hier, unseres ist zu winzig klein für Freunde, bei uns schläft in jeder Dachluke ein Mädchen, ein Kind oder sonst was), ja es sind nette freundliche Zimmer, mit kleinen grünen Fenstern, ums ganze Haus herum läuft ein hölzerner Balcon, Apfelbäume sind davor und ein großer Nußbaum und eine der lieblichsten, reichsten, vielfältigsten Landschaften, die es auf der Welt gibt, trotz Griechenland und Umbrien!"

Raoul Auernheimer (1876-1948)

Die Landschaft war es auch, die Hofmannsthal - und nicht nur er - zur Arbeit benötigte: „Mein Lieber, ich habe mich etwas verloren und hoffe, daß ich mich in dieser lieblichen vertrauten Landschaft wieder ganz zusammenfinden werde. Ich möchte den letzten Aufzug der Comödie nicht anders als in starker Stimmung schreiben. Er braucht etwas Glanz und Heiterkeit und den bäuerlichen Hintergrund, den ich hier von selber vorfinde, mit schwerbeladenen Apfelbäumen und kleine rauschenden Brunnen", schreibt Hofmannsthal über die Arbeit an „Der Abenteurer und die Sängerin" im August 1908 an Harry Graf Kessler. Der deutsche Diplomat war dem Dichter Freund, Berater und künstlerischer Mitarbeiter geworden.

„Man verließ Wien, nicht um müßig zu gehen, sondern um unter günstigeren Voraussetzungen entschlossen weiterzuarbeiten", schrieb Raoul Auernheimer in „Das Wirtshaus zur verlorenen Zeit", Biographie und wehmütiges Spiegelbild eines untergegangenen Österreich in einem. „Zumal von uns Schriftstellern galt dies und der von uns ein für allemal bevorzugte Sommeraufenthalt kam unseren

Alex Storm „Jakob Wassermann, Hugo von Hofmannsthal, Raoul Auernheimer und Arthur Schnitzler am Altausseer See", 1980

Vorhaben entgegen, denn die wochenlangen Regenperioden, die den Ausseer Sommer fast wie den schottischen auszeichnen, wiesen uns allenthalben auf uns selbst zurück und steigerten die literarische Betriebsamkeit. Der Regen, der die Waldwege vermurte, segnete unsere Felder. Es lag nahe, in solchen Zeiten, die allsommerlich wiederkehrten, den schwarzen See mit einem riesigen Tintenfaß zu vergleichen, in das die im Kreise herumsitzenden Dichter ihre Federkiele tauchten."

Auch Richard Eybner, der als Burgtheaterschauspieler dreizehn Direktoren überlebt und als Gast über fünfzig Sommer in Aussee erlebt hatte, empfand den Ausseer Regen eher als Segen: „Das Ausseerland ist eine Gegend für gescheite Leute. Denn die Blöden ärgern sich, wenn es regnet, und fahren weg. Die gescheiten Leute, die darauf gekommen sind, was dies für ein herrlicher Flecken ist und daß der Regen ja zum Leben gehört, bleiben dann da. Und so hat dieses Land immer wieder das Glück, eine Auslese von gescheiten Leuten hier zu haben."

Einer von diesen hatte sogar die Idee zu einer Sammlung aller literarischen Regenbeschreibungen. Viele auf Sonnenschein bedachte Fremdenverkehrsfachleute belächelten das Vorhaben. Der optimistische Ketzer behielt dennoch recht: Friedrich Langers „Ausseer Regenbüchlein" wurde ein Riesenerfolg.

In Aussee ist nicht nur Literaturgeschichte geschrieben worden. Ein Wiener Sommergast schrieb dort auch Weltgeschichte: Theodor Herzl.

Auf einer Anhöhe im Westteil Jerusalems steht der schwarze Sarkophag des Schriftstellers, Journalisten und Propheten des Staates Israel. Im Museum neben dem Grabmal entdeckten erstaunte Altausseer vor Jahren auch ein Photo ihres Schneider-Wirtshauses: Es war etliche Jahre das Stammquartier Herzls gewesen. 1894 war er zum ersten Mal mit Familie und Dienerschaft - acht Personen vermerkte die Kurliste - nach Aussee gekommen und zunächst in der Villa Fuchs in Praunfalk abgestiegen.

Herzl hat in den Sommern danach regelmäßig in der Wiener „Neuen Freien Presse" aus Aussee berichtet: über Tagesereignisse, wie das große Hochwasser des Jahres 1897, und über Ausseer Gäste. In seinem Tagebuch schrieb er aber auch über die kleine jüdische Gemeinde in Aussee. „Im vorigen Jahr freute ich mich, als ich im Haus gegenüber den jüdischen Holzschnitzer sah. Und ich hielt das für die ‚Lösung'", vermerkte er im August 1895. „Heuer komme ich wieder. K. hat sein Haus vergrößert, eine Holzveranda vorgebaut, hat Sommerparteien, arbeitet nicht mehr selbst. In fünf Jahren wird er der reichste Mann im Ort sein, und man wird ihn wegen seines Reichtums hassen. So entsteht der Haß durch unsere Intelligenz."

Von Aussee gingen auch viele Briefe in alle Welt, die der Idee eines Judenstaates zum Durchbruch verhelfen sollten.

„Waren die Begründer der Staaten, die jetzt groß sind, mächtiger, klüger, gebildeter, reicher als wir heutige Juden? Arme Hirten und Jäger haben Gemeinwesen gegründet, die dann Staaten wurden. In unseren eigenen Zeit haben Griechen, Rumänen, Serben, Bulgaren sich etabliert - und wir vermöchten es nicht?" schrieb Herzl im August 1902 an Lord Rothschild in London.

Im August 1895 hatte er in sein Tagebuch notiert: „Im Kurpark mit dem alten Simon, Präsidenten der Wiener Judengemeinde und noch zwei anderen alten Juden gesprochen... Wieder konnte ich bemerken, daß ich imstande bin, Leute zu begeistern. Das sind nur Alte, Träge, durch ihre Wohlhabenheit Indifferente. Und doch spüre ich, daß ihre Seele Funken gibt, wenn ich draufschlage. Die Jungen, denen ich eine ganze Zukunft schenken will, werde ich natürlich im Sturm mit mir reißen."

Die Ausseer Sommerfrische verleitete aber nicht nur zu literarischer Arbeit. Von „musikalischen Jausen, hypnotischen Soireen, Radpartien, Bootsfahrten, Gesprächen mit Freunden, Vorlesungen" berichtet Jakob Wassermann in einem Brief an eine Vertraute, „alles wechselt kunterbunt, und wenn man allein sein will, kostet dies wenig Mühe. Schade, daß Ihr nicht mal so einen Sommer erlebt ... Kein ödes Hoteltreiben, sondern ein Leben in Villen und mit gut gesinnten, interessanten Menschen. Grete Wiesenthal ist wieder hier, ihr Mann malt mich, mit Auernheimer spiele ich Schach, mit Frankenstein gehe ich auf die Forellenjagd, mit Fischers fahre ich Automobil, mit dem Sonderling Franchetti philosophiere ich, es gibt Frauen und junge Mädchen, denen sich die Sympathie zuwendet und mit denen man Tee trinkt, und nun ist es schon Mitte August und ich bin besorgt über die Eilfertigkeit der schönen Zeit!"

„Eine der wesentlichsten Vergnügungen der Großstädter ist es, im Sommer Kleinstädter zu werden" - Theodor Herzl (1860-1904) mit seinen Kindern 1902 in Altaussee

Ausseer Holzschnitzerei
Großes Lager in Andenken-Artikeln
empfiehlt
J. Kohn, Aussee, Ischlerstrasse Nr. 86
vis à vis dem photogr. Atelier Moser
Atelier im Praunfalk, Altausseerstr. 58, im eigenen Hause.

„So fand ich denn das Tal im steirischen Gebirge" - Jakob Wassermann am Altausseer See

Die Literaten übten sich aber auch in der subtilen Kunst versteckter Rivalität. „Den Herzl abgeholt - er und Frau mit nach Altaussee. - Schiff zum Seewirth, Rückfahrt; Herzl liest seinen Einakter ‚Die Glosse' im Kahn vor; sehr hübsche Stellen, hübsche Hintergrund-Handlung. - Herzl im Gespräch stetes Bedürfnis, sich geltend zu machen" - eine Notiz Arthur Schnitzlers im Sommer 1894 über einen Ausflug mit Freunden. Einer von ihnen war auch Richard Beer-Hofmann, der Herzls literarische Zwangsbeglückung auf den Wassern des Altausseer Sees gelassener hingenommen haben soll: „Jetzt, wo man nicht aussteigen kann ..."

In einem der heißen, stillen und unvergeßlichen Ausseer Sommer gingen aber auch über Europa die Lichter aus.

„In Altaussee, an meinem zwölften Geburtstag, bekam ich einen Brief von meinem Vater, in dem er schrieb, daß es ihm leid tue, nicht zu meinem Geburtstag kommen zu können, wie er es vorgehabt hatte, ‚denn es ist leider Krieg'“ - das war die Erinnerung des Philosophen Karl Popper an den 28. Juli 1914. Es war der Tag der Kriegserklärung an Serbien, der Tag, der das Ende einer Epoche einleitete, der Tag, an dem Österreich-Ungarn aus Angst vor dem Tode Selbstmord beging. Eine Welt, die nur noch nach außenhin heil gewesen war, zerbrach. Für immer. Auch in Altaussee.

Hugo von Hofmannsthal, Mitte der Zwanzigerjahre im Bad Ausseer Kurpark

„Unvergeßliche Tage, die jetzt über unser malerisches Alpendorf und den fichtenumstandenen See hereinbrachen“ erinnerte sich Raoul Auernheimer. „Die Welt brannte an allen vier Ecken und die lodernden Abendhimmel, die den gewittrigen Tag flammend unter jagenden Wolken begruben, schienen dem aufgerissenen Auge des erschreckten Sommergastes wie ein faßbares Sinnbild ... Eine Kriegserklärung jagde die andere, eine Siegesnachricht übertraf die andere. Wenn Freund Wassermann nachmittags zum Schach den kleinen Berg, das Rad vor sich herschiebend, heraufkam, rief er mir schon von ferne zu: ‚40.000 Gefangene! 80.000 Gefangene! Liège! Namur! Antwerpen!' ... Morgens blieb die Erdbeerfrau aus, die uns sonst immer ihren Korb beim Küchenfenster niederstellte und auch der Honigbauer zeigte sich nicht, der Nachmittag fällig war. Der Mann hatte Söhne, die über Nacht ‚einrückend gemacht' worden waren, und die Erdbeerfrau hatte einen Mann, der hoch oben in den Triften sommersüber als Senne lebte. Der Gendarm war nachts zu ihm hinaufgestiegen und hatte ihm den Einberufungsbefehl überbracht. Auch der Sohn des Bauern, dem wir unser Häuschen abgemietet hatten, war einberufen worden, wie der mit geschulterter Sense unter meinem Fenster vorübergehende Bauer mit bedeutungsvollem Nicken heraufrief. Mir verging plötzlich die Lust am Schreiben!“

Viele, denen die Ausseer Sommerfrische unverzichtbarer Teil ihres Lebens gewesen war, kamen nicht wieder. Ihre Zeit, die nur für wenige eine „gute alte Zeit“ gewesen war, war abgelaufen. Auch Hofmannsthal wußte dies.

„Berg frei!“, Lager der Wiener Naturfreunde am Grundlsee

Im November 1919 - die Komödie „Der Schwierige“ war im Entstehen - schrieb er aus Aussee an Arthur Schnitzler: „Vielleicht hätte ich die Gesellschaft, die das Lustspiel darstellt, die Österreichische aristokratische Gesellschaft, nie mit soviel Liebe in ihrem Charme und ihrer Qualität darstellen können, als in dem historischen Augenblicke, wo sie, die bis vor kurzem eine Gegebenheit, ja eine Macht war, sich leise u. geisterhaft ins Nichts auflöst, wie ein übriggebliebenes Nebelwölkchen am Morgen.“

Auch wenn Hofmannsthal Aussee bis zum Tode treu bleiben sollte - es war nicht mehr seine Welt, die nun ins Ausseerland reiste.

Die neuen Gäste, Bürger und Arbeiter, promenierten nicht mehr um den See und logierten auch nicht mehr im Hotel. Sie stiegen in die Berge, nächtigten in den Hütten des Toten Gebirges oder in Zelten inmitten der freien Natur. Mit ihnen wuchs aber auch Mitte der Zwanzigerjahre wieder die Zahl der österreichischen Gäste, nachdem noch 1921 die Altausseer Pfarrchronik sorgenvoll „Fremde sehr viel, freilich beinahe lauter Schieber und Ausländer“ vermerkt hatte.

Auch die Künstler kamen wieder. Kein Ausseer Haus hat wohl jemals solch eine facettenreiche Künstlerkolonie beherbergt wie das „Sommerheim Seeblick“, das die Wiener Pädagogin Genia Schwarzwald 1920 erworben und in ein „Erholungsheim für geistige Arbeiter“ umgebaut hatte. Egon Friedell und Carl Zuckmayer, Raoul

Auernheimer und Felix Braun, Franz Theodor Csokor und Robert Musil waren ebenso im „Seeblick" zu Gast wie der Maler Oskar Kokoschka, die Regisseure Heinz Hilpert und Berthold Viertel, die Schauspielerinnen Elisabeth Neumann, Viertels spätere Frau, Sibylle Binder, Käthe Gold oder ihr Kollege Axel von Ambesser.

„Der Seeblick war eine so einzigartige, so eigenwüchsige Unternehmung, daß man kühnlich behaupten kann, ein solcher Versuch konnte nur in Österreich gemacht werden und auch nur in Österreich in so vollkommenem Maße gelingen" - die Erinnerung eines Gastes an das vor Unternehmungslust und Anregungsbedürfnis brodelnde Erholungsheim. Ein „Erschöpfungsheim" nannte es wohl nicht zu Unrecht Carl Zuckmayer, der sich am Grundlsee vor allem als Sänger und Lautenspieler hervortat.

Der Ausseer Fremdenverkehr jener Jahre partizipierte aber auch an den Salzburger Festspielen. Viele ihrer Besucher kamen vor oder nach den Aufführungen nach Aussee. Auch einige Schauspieler wie Paula Wessely und Attila Hörbiger schlossen sich ihnen an. „Sie wohnten weit außerhalb von Salzburg, in Gößl am Grundlsee, und nach den Vorstellungen fuhr mein Vater meine todmüde Mutter über den damals noch etwas an den Wilden Westen erinnernden Paß Gschütt nach Hause, durch Schnürlregen und durch sternenklare Nächte", nach Gößl zum Bauernhof des Ötzer, wo das jungverheiratete Paar seine ersten Sommer verbrachte und „wenig später wir Kinder mit dem jeweiligen Kinderfräulein hausten." - Elisabeth Orth, die auch ihr Herz an Aussee verlor, über die Sommerfrische der Eltern.

Die Ausseer haben vielen ihrer Gäste Denkmäler gesetzt, Wege und Promenaden nach ihnen benannt. Der schlichte Stein, der 1925 am Weg von Gößl zum Toplitzsee errichtet wurde, erinnert an einen Gast, dem das Ausseerland mehr als allen anderen Sommerfrischlern zur geliebten zweiten Heimat wurde, und der für die Menschen dieses Landes auch mehr als alle anderen Besucher getan hat: Konrad Mautner.

Der Wiener Industriellensohn half, die schon zur Jahrhundertwende bedrohte Volkskultur des Ausseerlandes und damit die Identität seiner Menschen zu retten.

1882 waren seine Eltern, Isidor und Jenny Mautner, zum ersten Mal auf Sommerfrische nach Aussee gekommen. Isidor Mautner war Besitzer des größten mitteleuropäischen Textilkonzerns. Über 20.000 Menschen arbeiteten in den über die ganze Monarchie verstreuten Fabriken. Die Stadtwohnung der Mautners in der Löwelstraße und ihr Sommersitz in Pötzleinsdorf waren ein Treffpunkt des kulturellen Wien: Hofmannsthal, Schnitzler, Gerhard Hauptmann, Richard Strauss und viele Schauspieler, allen voran Josef Kainz, zählten zu den Gästen.

Konrad (1880-1924) war das zweitälteste ihrer vier Kinder. Stefan, der Älteste, Erbe des väterlichen Unternehmens, machte sich auch als Schriftsteller, Maler und Graphiker einen Namen. Ebensolches Talent hatten die Schwestern Katharina und Marie geerbt. Einige von Maries Bildern hängen heute noch in Gößl, im Saal des Veit'schen Gasthofes, wo die Mautners lange Jahre ihre Sommerfrische verbrachten und in der Gößler Dorfkirche.

Der junge Konrad war schon Arthur Schnitzler aufgefallen: „Conrad Mautner, Bub von fünfzehn Jahren, großes Talent", schrieb Schnitzler 1895 in sein Tagebuch.

In Gößl wurde der Veit Sepp, eines der fünf Wirtskinder, Konrads bester Freund. Von ihm, dessen Geschwistern, vom alten Wirt Hias selbst und von vielen anderen Gößlern hörte Konrad all die Gstanzln, Jodler, Lieder und Gasslreime, die er in einer der außergewöhnlichsten Volksliedersammlungen deutscher Sprache zusammenfaßte: 1910 erschien das „Steyerische Rasplwerk, Vierzeiler, Lieder und Gasslreime aus Goessl am Grundlsee". Auch die Illustrationen der bibliophilen Kostbarkeit stammten aus Konrads Hand, während der Wintermonate im ungeliebten väterlichen Büro auf Löschpapier gemalt. Isidor Mautner akzeptierte aber die Ambitionen seines Sohnes, kaufte ihm sogar das kleine Kanzler-Haus in Gößl. Konrad selbst erwarb später noch ein großes altes Haus in Grundlsee. Sein Herz aber hing an Gößl.

„Liebe gnädige Frau ... in mir wird nichts von Konrad Mautners Gestalt weder verloren gehen, noch verblassen ..." - Hugo von Hofmannsthal in seinem Kondolenzschreiben an Konrad Mautners Witwe Anna.

„Dort - und nur dort - war er wirklich zu Hause", schrieb der steirische Volkskundler Victor von Geramb. „Wenn er, eine Pfeife rauchend, mit den Holzknechten am Herde der ‚Hruaßkuchl' der alten Eggin sitzen durfte, schien er wunschlos glücklich zu sein. Mit jedem Einheimischen verband ihn das trauliche Du und mit seinen Grundlseer Altersgenossen ein wahrhaft brüderliches Verhältnis. In Freud und Leid, in Spiel und in Abenteuern, im Holzschlag und auf dem See, in der Almhütte wie im Wirtshaus lebte der ‚Hrad' (Konrad) unter und mit ihnen völlig als ihresgleichen.

Er sprach ihre Mundart genau wie sie selbst, er trug ihre Tracht, er ‚jagerte', fischte, fuhr Plätten und Holzschlitten wie sie, er sang und ‚jugizte', tanzte, ‚paschte', liebte, rauchte und arbeitete mit ihnen und wie sie."

1919 folgte Konrads zweites Buch „Alte Lieder und Weisen aus dem steyermärkischen Salzkammergut", ein Werk, das in der Notzeit des ersten Nachkriegsjahres nur unter großen finanziellen Opfern Mautners erscheinen konnte.

„Man wird in seinen Schriften auch nicht die Spur jener seichten und kitschigen ‚Almbleamerl'-Seligkeit finden, die den Ergüssen bloßer ‚Liebhaber' oft so unangenehm eignet", schrieb Geramb über den Freund, den er 1914 inmitten seiner Vorbereitungsarbeiten zur Gründung des steirischen Volkskundemuseums kennengelernt hatte. „Mautner hatte sich damals schon in jahrelangem Sammeln eine ‚Trachtenkammer' eingerichtet, die eine beträchtliche Zahl schöner alter Trachtenstücke aus dem steirischen Salzkammergut barg. Neben dieser fortwährend erweiterten Trachtenkammer hatte er im eifrigen Sammeln und in genauer Kenntnis des Bildermarktes bei Kunsthändlern, Antiquaren und Händlern eine Fülle von alten Kostümblättern und Trachtenbildern der österreichischen Alpenländer zusammengetragen, die alsbald das Entzücken der Kenner erregte."

Hermann Brochs ‚Hausleut': Franz und Thres Gaiswinkler vulgo Kronhütter aus Gößl/Schachen

Diese Sammlung sollte auch der Grundstock des „Steirischen Trachtenbuches" werden, das Konrad Mautner nach dem Ende des Weltkrieges, als das Mautnersche Textilimperium bereits zu wanken begann, mit seinen schmal gewordenen Mitteln begründete. Geramb hatte es nach dem frühen Tode Konrads im Jahre 1924 weitergeführt, konnte es aber erst 1932 vollenden.

Wenige Jahre später wurde Mautners Witwe Anna mit ihren Kindern aus Österreich vertrieben, „Nicht-Ariern" per Erlaß das Tragen von Trachten verboten, die Gedenktafel für Mautner zerschlagen. Die Erinnerung an den jüdischen Wiener Großbürger, der - so Victor von Geramb - „ein so tiefes und letztes Verständnis für die innersten Fragen unserer Volkstum- und Heimatpflege aufbrachte wie kaum einer meiner Rasse- und Volksgenossen" schien für immer gelöscht.

„Tracht ist nicht, wie oft vermutet wird, Ausdruck und Relikt der Ära von Blut, Boden und Rasse, sondern des Protests gegen diese" hat Hans Weigel den Unwissenden und denen, die wissentlich gegen die Tracht polemisieren, geantwortet. „Sie ist auch durchaus keine Uniform, sondern deren Gegenteil, ist Ausdruck des extremen Individualismus und nicht nur von Tal zu Tal, sondern sogar von Ort zu Ort, von Dorf zu Dorf verschieden. Anderswo ist sie nicht immer und unbedingt stilrein, ist modisch degeneriert, konfektioniert. Hier in Bad Aussee befinden wir uns in einer ihrer Hochburgen."

Im März des verhängnisvollen Jahres 1938 wurde ein Schriftsteller, der etliche Jahre Gast im Ausseerland gewesen war, in Bad Aussee von vier Schwerbewaffneten verhaftet und ins Ausseer Gericht eingeliefert: Hermann Broch. 1932 war der Dichter zum ersten Mal zur Sommerfrische, vor allem aber zum Arbeiten, nach Aussee an den Grundlsee gekommen. „Wunderschön", schwärmte er am 16. Juli 1932, dem Tag seiner Ankunft in Gößl „und billig! S 2.- fürs Zimmer und alles übrige ist auch nicht teuer!"

Als ihn sein Verleger Daniel Brody in Gößl besuchen will, warnte ihn Broch allerdings: „Die Unterkunft ist ein wenig primitiv, daran dürfen Sie sich nicht stoßen." Das Quartier befand sich im Schachen, zuerst bei der Familie Mauskoth, dann beim „Kronhütter", dem Ehepaar Franz und Thres Gaiswinkler. In ihrem Haus wollte Broch auch anfangs „Die Verzauberung" schreiben. In einem Brief erwähnt er, daß der Roman „im Gebirge unter lauter Fronzen und Thresen spielt". Vielleicht war der Holzknecht Gaiswinkler auch Vorbild für den Häusler Suck in Brochs Werk. Zu den Besuchern in Gößl zählten u.a. auch Robert Neumann und Friedrich Torberg. Noch ein Jahrzehnt später erinnerte sich Torberg an die „einstige Peripatetik auf der Strecke (...) Gößl-Toplitzsee."

Broch wiederum besuchte noch im September 1932 Jakob Wassermann in Altaussee. Dorthin folgte der Dichter dann nach 1935 einer Einladung des Wiener Industriellen-Ehepaares Ernst und Trude Geiringer. In ihrem Sommerhaus sollte Broch die Arbeit am „Tod des Vergil" beginnen, es auch mit wenigen Unterbrechungen bis zum Frühjahr 1938 bewohnen. Das Abonnement einer russischen Zeitung war Grund für Brochs Verhaftung gewesen. Freunde intervenierten, konnten die neuen Machthaber von der politischen Harmlosigkeit des Schriftstellers überzeugen. So durfte Broch in der Zelle wenigstens weiterarbeiten. Hinter Ausseer Kerkermauern entstand so ein Teil des „Vergil". Brochs Zellengenosse war der als Orginal bekannte Salinenarbeiter Josef Khälß. Er, der später Bürgermeister von Altaussee werden sollte, half dem Dichter über die Tage der Haft hinweg. Broch dankte es ihm mit einem Photo und der Widmung „Zum Namenstag in einer Zelle. - Dem Seppl Khälß - Dein Haftgeselle!" Im April aus dem Gefängnis entlassen, emigrierte Broch wenig später nach England und kam im Oktober mit Hilfe Thomas Manns und Albert Einsteins nach Amerika. Dort ist er auch 1951 gestorben, ohne Österreich, ohne Aussee, das ihm letzte europäische Heimat gewesen war, wiederzusehen.

Hermann Broch (1886-1951), Widmung für Josef Khälss

Auch dem Wiener Lyriker Ernst Waldinger blieb die Rückkehr in das Land, in die Sommerfrische „der verlorenen Kindheit" für immer verwehrt. In den USA, in denen er zuletzt als Professor für deutsche Sprache und Literatur gelehrt hatte, galt Waldinger bis zu seinem Tod als einer der bedeutendsten österreichischen Dichter. Zu seinem 70. Geburtstag erhielt er noch ein Telegramm aus der alten Heimat. Ein Amtsrat aus dem fernen Österreich teilte ihm mit, daß er die Goldene Ehrenmedaille der Stadt Wien zugesprochen bekommen hätte. Die Telegrammgebühr war allerdings beim Empfänger einzuheben...

Hermann Broch wurde nicht einmal solcher Ehren teilhaftig. Als das Nobelpreis-Komitee – Broch war für den Literatur-Preis vorgeschlagen worden - in Wien rückfragte, erhielt es die Auskunft, daß der Dichter „hierorts unbekannt sei"...

Der Schriftsteller, Dramaturg und Regisseur Berthold Viertel hingegen kehrte wieder heim, inszenierte noch Aufsehen erregende Burgtheater- und Akademietheateraufführungen. Und er kam auch wieder nach Aussee, bezog mit seiner Frau Elisabeth das Holzhaus am Grundlsee, das einst dem Schauspieler Ludwig Gabillon gehört hatte. In seinen autobiographischen Fragmenten „Kindheit eines Cherub" schrieb er über die Heimkehr: „Hier im Salzkammergut, gar am Grundlsee, einem idyllischen Orte, der sogar von der sommerlichen Völkerwanderung des Fremdenverkehrs fast gar nicht berührt wurde, war alles beim Alten, ja beim Uralten geblieben. Hier befanden wir uns mitten in einer Natur und einem Kleinleben, die auch während unserer Kindheit, vor dem Weltkrieg, im letzten Jahrzehnt eines Friedens, der für immer festzustehen schien, nicht um ein Jota anders ausgesehen hatten. Die Tiefe des Sees hatte das Dritte Reich zu militärischen Übungen herangelockt, die man aber bald wieder abbrach. Kriegsgefangene, hauptsächlich Franzosen, hatten hier ihren Zwangsaufenthalt gehabt und etwa einer Grundlseerin ein Kind hinterlassen, die lebendige Spur ihres Hiergewesenseins. Etwaige Wunden, vom Krieg geschlagen, die auch hier nicht fehlten und auf dem Marterl eines Grabes einheimischer Soldaten verzeichnet standen, hatten sich wieder geschlossen.

Die Holz- und Salinenarbeiter, Kleinbauern und Jäger, die seit früher Zeit hier ansässig waren, in ihren Trachten ein stattliches Geschlecht, sangen ihre alten Lieder, stießen ihre alten Jodler aus und schwangen sich in alten, würdevollen und zeremoniellen Tänzen, viele von ihnen Sozialdemokraten vom alten Schlage und kaum je, wenn nicht der Krieg sie fortrief, aus dem von Bergen, wie von teils blühenden, teils unbewachsen steinigen Kulissen umgrenzten engen Rund hinausgekommen in eine Welt, von der sie voraussetzten, daß sie ihnen nicht so wohlgefallen würde wie ihre eigene des geliebten Sees, in dem Boot zu fahren, zu baden und zu fischen sie nicht überdrüssig wurden..." So schließt sich der Kreis einer Landschaft, die bis heute eine Kostbarkeit geblieben ist. Kostbar den „Einheimischen", den Ausseer, Altausseern und Grundlseern, denen sie gehört. Kostbar aber auch den anderen, die sie genau so lieben, den „Zweiheimischen" den Gästen des Ausseerlandes.

Victor Hammer (1882-1976) „Die Grundlseer Bäuerin Schanzl Flora in alter Tracht", 1933

Alt-Aussee oder Die Erfüllung eines Kindertraumes

Als Großstadtkind ist man für die Reize der Natur nicht besonders empfänglich, zumal wenn man sie in der Sommerfrische aufgenötigt bekommt, wo man sich doch für ganz andere Dinge interessiert. Spätestens mit zehn Jahren hält man Ausschau nach einer Möglichkeit zum Fußballspielen, und spätestens mit vierzehn hält man Ausschau nach den Mädchen. In beiden Fällen ist die Natur eine lästige Ablenkung. Wenn ich an die Schulferien meiner Knabenzeit zurückdenke, fallen mir Wanderungen ein, die ich nicht unternehmen wollte, Berggipfel, die ich nicht bewundern wollte, und elterliche Anweisungen, denen ich nicht nachkommen wollte, zum Beispiel: dem lieben Gott dankbar zu sein, daß er mich all diese von ihm geschaffenen Wunder erleben ließ. Da war ich noch eher bereit, tief zu atmen, weil das angeblich gesund war. Ich hatte, nehmt alles nur in allem, in den schönsten Gegenden keine schöne Kindheit.

Plötzlich aber geschah etwas völlig Unvorhergesehenes und, wie ich glaube, Einmaliges. Es geschah mir in der Übergangsphase zwischen Fußball und Mädchen, also im Alter von zwölf oder dreizehn Jahren. Wir verbrachten den Sommer nicht (wie sonst zumeist) in Ischl, dem klassischen, noch von Kaiser Franz Joseph geadelten Ferienort der österreichischen Bürgerfamilien, sondern in Alt-Aussee. Und es war tatsächlich die Landschaft, die mich augenblicks gefangen nahm und mich mit einem nie gekannten Wohlgefühl erfüllte, so restlos erfüllte, daß ich - Fußball hin, Mädchen her - keinen andern Wunsch empfand als sie zu durchforschen, als mit ihr vertraut zu werden. Ich ging freiwillig spazieren, ich verlangte von selbst nach Ausflügen und Wanderungen, ich war beglückt und beseligt von allem, was ich sah, ich konnte gar nicht genug bekommen von dieser Landschaft, von den Streifzügen durch ihre Wälder, vom Rundgang um den See, von der Seewiese, von der Klause, vom Tressenstein, von der Blaa-Alm. Und ich wäre auf Verlangen jederzeit bereit gewesen, dem lieben Gott dankbar zu sein. Vielleicht war ich das sogar und wußte es bloß nicht.

Überhaupt wußte ich nicht, warum mir Alt-Aussee so gut gefiel. Ich verspürte auch kein Bedürfnis, dahinterzukommen. Dazu trieb es mich erst viel später, als ich die Untersuchung und Formulierung von Gefühlsregungen und Seelenzuständen hauptberuflich betrieb, also zum Schriftsteller geworden war. Es könnte übrigens sein, daß meine literarischen Neigungen, die sich bei mir sehr frühzeitig zu Wort gemeldet hatten, dort und damals einen entscheidenden Anstoß empfingen.

Tatsache ist, daß ich schon damals, bei meiner Kindheitsbegegnung mit Alt-Aussee, und erst recht in den folgenden Jahren, als die Zukunftsträume des Heranwachsenden aufzuwuchern begannen - daß ich auf die Frage, was ich mir vom Leben wünsche, Erfolg und Ruhm, Reichtum und Ansehen, Titel und Rang oder was immer, nur eines geantwortet hätte: „Ich möchte ein Haus in Alt-Aussee haben."

Nun, so weit habe ich's nicht gebracht, aber ich habe immerhin in einem schönen, hügelaufwärts gelegenen Haus ein Stockwerk gemietet und kann mich nach Alt-Aussee zurückziehen, so oft ich will. Und ich will, je älter ich werde, immer öfter!

Friedrich Torberg, 1978

Aussee bleibt mir das Schönste! Woran liegt es, daß seine Berg- und Seenlandschaft für so viele zur Seelenlandschft wurde? An der Sehnsucht? An der Sehnsucht der Vertriebenen?

„Wenn ich in Amerika Heimweh habe, ist es niemals Heimweh nach Wien, immer Heimweh nach Aussee, nach einem bestimmten Waldweg, einer bestimmten Aussicht, nach dem Geruch", schrieb Gina Kaus in Los Angeles.

Liegt es an der Erinnerung? Diesem einzigen Paradies, aus dem wir nicht vertrieben werden können? Ernst Schönwiese verwob in ihr das Andenken an einen geliebten Menschen mit der Ausseer Landschaft:

"Was ich dir war, wird niemals dir genommen:
Den Hügel Lenaus will mit dir beschreiten
Ich so wie einst, wenn die Narzisse blüht!
Ist Dir mein Bild in Tränen fortgeschwommen?
Der Seele kann es nimmermehr entgleiten.
Ich bin bei dir, so oft dein Herz erglüht!"

Liegt es an der Geborgenheit in der Landschaft? Einer idealen Landschaft in den Augen derer, die dort Zuflucht fanden, Blumengarten und Dichtergarten in einem. Wie für Bruno Brehm: „Täglich stehe ich vor dem blühenden Rittersporn im Garten. Löse ich mich von den dunklen Blüten und blicke auf, dann sehe ich, wie hinter dem Sandling der Föhn Purpur mengt in das tiefe Blau des aufziehenden Wetters... Vom dunklen Rittersporn gehe ich weiter zu den hellen Blüten, höre die Bienen summen und spähe nach den letzten Fleckchen blauen Himmels, das bald verschlungen sein wird."

Oder liegt es auch an dem anderen Gesicht des Landes? Dessen Intensität nur eine Einheimische wie Barbara Frischmuth empfindet? „ Aber da gibt es auch noch ein ganz anderes Aussee, eines, in das man hineigeboren wurde, mit derselben Unausweichlichkeit, mit der eben jeder Mensch in eine bestimmte Familie, Gesellschaft, Gegend hineingeboren worden ist. Ein magischer Ort, solange er der einzige bleibt, den man kennt, den die Phantasie als Projektionsfläche zur Verfügung hat. In ihm findet das erste bewußt erfahrene, tiefe Erschrecken statt und die Wiederholung des Schreckens. Das Gefühl, erdrückt zu werden von jenen Bergen, die ‚eine Pracht' sind und dazu auch noch ein Gesicht haben. Die Geborgenheit, die sich in Raumangst verkehrt, der Schnee, der einen zuzudecken droht, die sich fort- und forterzeugenden Kälteeinbrüche und als seelisches Äquivalent Selbstzerstörung und schwarze Melancholie... Es ist, als wäre all die Schönheit, die so beneidete Schönheit, nur die strahlende Kulisse vor einem tiefdunklen Hintergrund, ‚Wo viel Licht, da viel Schatten', sagt der Volksmund selbstgewiß, und daran ist schon etwas. Denn für jeden, der hier Kind gewesen, hat sich auch diese Schattenzone belebt."

„Es wird wohl ein Zusammenspiel all dieser Gefühle sein, Gefühle, die man in der Kindheit tiefer empfindet. Vielleicht ist Aussee „der seligste Schlupfwinkel für diejenigen, die ihre Kindheit heimlich in die Tasche gesteckt und sich damit auf und davon gemacht haben" – um Max Reinhardt zu zitieren. Auch er war oft in Aussee gewesen.

Für Friedrich Torberg wurde Altaussee wohl dieser Schlupfwinkel und die Erfüllung eines Kindertraumes. Eine Erfüllung, die ihm nicht allzu lange gegönnt war. Er starb vor der Zeit.

Wenn Briefe „der schönste, unmittelbarste Lebenshauch sind" - ein Wort Goethes -, dann hat wohl Hugo von Hofmannsthal den Zauber der Ausseer Seelenlandschaft am schönsten in Worte gefasst. Helene von Nostitz war die Empfängerin eines der Briefe gewesen, eine Frau, die dem Dichter sehr nahestand.

„Aussee, Steyermark, Obertressen, 19. VII.1912. Liebe gnädige Frau", las sie, „ich lieb diese Landschaft so sehr, je älter ich werde, desto reicher wird sie mir, bin ich einmal ganz alt, so steigen mir wohl aus den Bächen, den Seen und den Wäldern die Kinderjahre wieder hervor - so schließt sich dann der Kreis – –".

Verlier mich nicht aus Deinen Träumen

3/6 Mit O. Clavier von Brunthaler gemiethet; -spazieren (allein) Moosberg - Frl. Christel Kerry; sie führt mich einen wunderbaren Weg über Narcissenbesätze Wiesen hinab.

Arthur Schnitzler, Tagebuch vom 3.6.1916

Altaussee, 16. Juli 1928

Liebe Mama, auch hier ist es heiß und gestern in Wildensee war es auch nicht kühl. Wir sind eine kleine Gesellschaft von 5 Personen und gingen über die Lahngang, die Du vielleicht noch aus Papas Beschreibung in Erinnerung hast, zur Jagdhütte hinüber, wo wir von Samstag auf Sonntag übernachteten. Der Sonnenaufgang über dem gegenüberliegenden Dachsteinmassiv, den ich morgens zw. 3 und 4 von der schmalen Veranda des Jagdhauses ganz allein genoß, war herrlich: ein Sinnbild des großen Schöpfungsaktes, das in der großen Einsamkeit der Bergwelt wahrhaft überwältigend wirkt. Abends waren wir wieder in Altaussee...

Raoul Auernheimer an seine Mutter Jenny

9. Aug. 67. Mit Wagen nach Aussee, abends spazierengegangen am Grundlsee. Am 10. Blick auf Karl-Schneefeld, im Pavillon gefrühstückt, in zwei Kutschen nach Altaussee gefahren. Da sieht man den Loser 6000 Fuß und den Dachstein 9491 Fuß. Auf den See gefahren, Saibling und Forellen gegessen. Am 11. drei Seen besucht, Grundlsee, Toplitzsee und Kammersee, im Mondschein spazieren.

Jakob Brahms in seinem Tagebuch über die Aussee-Reise mit seinem Sohn Johannes Brahms

10ten. - Diesen Abend erfreute ich mich an der schönen Berglandschaft, die zum ersten Male deutlich zu überschauen war; nur wenige Wolken schwebten noch unterhalb der Berggipfel hin, von der Sonne beleuchtet, beinahe so weiß wie der Schnee auf den Gipfeln. Der frisch gefallene Schnee ist fast ganz geschmolzen; es liegen aber noch große Massen in den Klüften und auf den Gipfeln der Berge.

Sir Humphry Davy, Tagebuch vom 10. Juni 1827

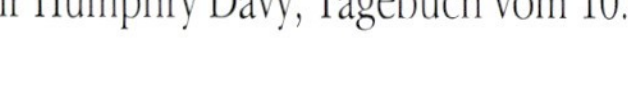

23. September, Alt-Aussee. Jom Kippur.

... Heute saß ich am See, und er war schön. Da dachte ich mir, wie es wäre, wenn ich im nächsten Frühling so am See von Genezareth sitzen könnte, und entschloß mich, zu schreiben.

Theodor Herzl, Tagebuch vom 23.9.1901

Aussee 30.07.1898

Schwämme gibt es leider noch nicht, wie ich mich auf einem 4 1/2 stündigen Weg durch die Wälder am Salzberg überzeugt habe, dafür regnet es und wir frieren nach Herzenslust... ich kann kaum schreiben vor Kälte.

Sigmund Freud an Wilhelm Fließ

6. Juli 1893. Die Tage fließen einförmig hin, aber diese ruhige Abgeschlossenheit thut mir wohl. Die Zeiten sind vorbei, wo für mich ein Berggipfel das Ziel innigster Wünsche war. Vorbei, vorbei - ich werde nicht mehr im Gebirge umherspringen. Es ist wieder ein prachtvoller Morgen. Rings Alles still und feierlich. Im See leise Bewegung, die zu sagen scheint, wir schweigen - aber wir leben!

Ludwig Gabillon, Tagebuch

21. Feber 51

Verehrter, lieber Herr Torberg,
... In Aussee leben wir mitten in einem idealen Altösterreich. Es ist alles direkt „Graf Bobby". Unsrem kleinen Kreis präsidiert der alte Botschafter Hindenburg - Vetter des altenH. - der bei einer uralten Gräfin Platen haust, und viele ebenso sympathische Namen sind um ihn gruppiert wie: Czernin, Hohenlohe oder Frankenstein. Der alte Hohenlohe ist von den Nazis einmal angeschossen worden - Kopfschuß - und stottert jetzt in höchst unterhaltender Art. Da er auch sonst ein Bobby ist, können Sie sich die Unterhaltung denken! Seine Nichte verdeutscht dann schwierige Passagen, wobei sie heftig böhmelt. Ja es ist eine Freude zu leben! Kaisers Geburtstag - 18. Aug. - wird vom befreiten Volk heftig gefeiert.....

Fritz von Herzmanovsky-Orlando an Friedrich Torberg

20. März 1951

Verehrter Freund, lieber Herr von Herzmanovsky,

... daß zu diesen Wünschen, und zwar zu ihren allerdringlichsten, auch ein Wiedersehen mit Ihnen gehört, brauche ich Ihnen wohl nicht zu sagen. Vielleicht wird es sich in Meran nicht bewerkstelligen lassen, aber dann umso sicherer in Alt-Aussee, das Sie mir durch Ihre höchst eindrucksvolle Schilderung der Herrschaften Hohenlohe, Hindenburg e tutti quanti consortes wirklich nur deshalb nicht schmackhafter gemacht haben, weil man mir Alt-Aussee nicht mehr schmackhafter machen kann: ich habe dort zahllose Sommer verbracht, und es hat sogar in meiner literarischen Produktion eine gewisse Rolle gespielt.

FriedrichTorberg an Fritz von Herzmanovsky-Orlando

1. Januar 1989 - Eugen und ich wandern am See entlang, die abendlich leuchtenden Gipfel spiegeln sich magisch im glatten Wasser. Stille. Nur ab und zu die Schreie der Enten.

aus dem Tagebuch von Erika Pluhar

Aussee, den 6. VII.14

So sitze ich auf meiner Waldbank, unter dem Schirm von Cretton, darüber der Sommerhimmel zwischen den Bäumen hereinleuchtend - und bin, ich muß es mir gestehen , wo ich von allen Orten am liebsten bin, am meisten ich selber bin. Der Ort, die Einsamkeit, die innere Klärung bringen mir wie im Spiegel heran, was auf der Welt mir am Herzen nahe ist...

Hugo von Hofmannsthal an Eberhard von Bodenhausen

Bad Aussee, 6. Dezember abends 1925

... So packe ich denn ein, und nehme Abschied von diesem kleinen Zimmer und von dem stillen guten Arbeitszimmer auf dem Ramgut, und auch noch einmal von Ihnen, lieber Carl, für dieses Jahr. Fast genau hundert Tage war ich nun hier, von der letzten Augustwoche bis zur ersten Dezemberwoche.

Hugo von Hofmannsthal an Carl Burckhardt

Aussee in Steiermark, 20. Juli 1840

Teuerste Emilie!

... Also bin ich in den herrlichen Alpen und denke mir tausendmal: wäret ihr auch da! Zwar ist das Wetter mit kurzen hellen Unterbrechungen sehr schlecht, doch in die wenigen schönen Stunden drängt sich mir eine reiche Fülle höchster Genüsse zusammen. Seit drei Tagen bin ich in Aussee... Hier in Aussee hab ich bereits eine ziemlich lange und, wie ich glaube, gute Szene gedichtet, womit mein Faust vermehrt wird..

Nikolaus Lenau an Emilie von Reinbeck

04/9. Mit Heini, Frl. Pollak, Frau Askonas, den Hofmannsthal-Kindern, Frl. Gerber über den Löcker (mir wurde sehr schwindelig) - Loserhütte - Loserspitze - Augstsee - Loserhütte (Rast und Mittag) - zurück (blauer Weg) ...

Arthur Schnitzler, Tagebuch vom 4.9.1916

20/8. Auf der Knerzen Alm mit Arthur Kfm. , Kolap, Mimi Zuckerkandl, Christl Kerry. Auf der Alm in der Sonne gelegen, Enzian gepflückt, auf schattigen Wiesen geruht.

Arthur Schnitzler, Tagebuch vom 20.8. 1921

Grundlsee, 12. Oct. 1895

Geliebte Frau, ...eine große Ruhe liegt über den Bergen hier - trotz des prachtvollen Wetters sind wir fast die einzigen am Berg- eine Ruhe wie zwischen zwei, die sich geliebt haben und nun nebeneinander liegen und eins sind in sich...

Brief eines Unbekannten

Meine liebe gute Stefanie,

... daß ich viel an Dich denke, braucht es die Versicherung? Fast quält mich der Gedanke, Dich so lange, wer weiß wie lang, nicht sehen zu können - aber ich will heraus aus der Verbundenheit, ich will, ich kann, ich darf nicht lieben, ohne geliebt zu werden ... Verlier mich nicht aus Deinen Träumen...

Jakob Wassermann an Stefanie Bachrach

Bildnachweis

Foto Herbert Pirker:
Titelbild, S. 11, 18, 26, 34, 45, 47, 65, 83 unten, 84 rechts, 85, 86, 94, 99 unten, 104, 129 oben und unten
Neue Galerie am Landesmuseum Joanneum Graz:
Haupttitel, S. 38, 56 oben, 62 oben, 62 unten, 63, 68, 114, 118
Private Leihgeber:
S. 3, 4, 13, unten, 15 oben, 15 unten, 28, 31 unten, 33, 37, 39, 51, 54, 55, 56 links, 56 rechts, 57, 58, 67, 69, 78 rechts, 79, 80, 81 oben, 81 unten, 84, 88, 91, 101, 120, 122 rechts, 123 links, 123 rechts oben, 123 rechts unten, 124, 125 unten, 137, hinterer Umschlag
Kammerhofmuseum Bad Aussee:
S. 5, 7, 29 links, 29 rechts, 30, 95
Archiv des Autors:
S. 6, 9, 13 oben, 16, 27, 35, 43 oben, 61, 64, 76, 77, 89 links, 99 oben, 100 links, 107, 111, 112 links, 112 rechts, 115 unten, 121, 122 links, 127 oben und unten, 130, 132 links unten, 133 links, 136, 137, 140, 141
Foto Ingrid Rastl:
S. 8, 12 links, 12 rechts, 22 links, 22 rechts oben, 22 links unten, 23, 25, 50, 52 unten, 87, 110
Archiv Foto Rastl:
S. 19, 20, 31 oben, 32 rechts, 108, 116 links unten, 116 rechts oben, 117 unten, 132 links oben
Foto Albert Rastl:
S. 90 links oben, 93 links, 96, 98, 102 rechts, 105, 109, 128
Foto Franz Wimmer: S. 10, 17, 24, 43 unten, 71 unten
Forstverwaltung Bad Aussee: S. 14
Bildarchiv und Porträtsammlung der Österreichischen Nationalbibliothek: S. 32 links, 71 rechts oben
Herbert Stocker: S. 41 rechts, 42
Literaturmuseum Altaussee:
S. 36, 44, 74, 116 links oben, 117 oben, 133 rechts oben, 133 rechts unten, 134 oben
Kristian Bissuti: S. 49
Tourismusverband Ausseer Land: S. 53, 103
Dr. Günter Graf: S. 20, 59 oben, mitte und unten
Kunsthandlung Jesina Bad Aussee: S. 40, 60, 115 oben, 119
Maria Millim S. 66
OÖ. Landesmuseum Linz: S. 77, 100 rechts, 113
Familie Hopfer: S. 71 rechts unten
Thomas Schilcher: S. 72 oben
Eduard Schaar: S. 73 oben, 73 unten
Wolfgang Heitzmann: S. 75
Verein Schloß Trautenfels:
S. 78 links, 89 rechts, 93 rechts, 102 links
Anatole Richter: S. 82
Janos Kalmar: S. 83 oben, 106
Elsa Kitzer: S. 90 unten, 97
Gundi Priller: S. 126 oben und unten
Dr. Franz C. Lipp: S. 131
Alex Storm: S. 132 rechts
Max Gründwald: S. 134 unten
Robin Mautner: S. 135 oben und unten
Josef Khälß: S. 137 links
Thomas Ramstorfer: S. 48
Josef Amon: S. 90 links unten
Ali Schaffler: hintere Klappe

Literaturverzeichnis

Andrian, Ferdinand von: „Die Altausseer", Wien 1905
Arnold, Dr. R.F.:
„Aussees Franzosenzeit", Verlag des Historischen Vereines für Steiermark, Graz 1906
Auernheimer, Raoul:
„Das Wirtshaus zur verlorenen Zeit" Ullstein Verlag, Wien 1948
Axmann, David (Hrsg.):
„Und Lächeln ist das Erbteil meines Stammes - Erinnerung an Friedrich Torberg", Edition Atelier, Wien 1988
Baumann, Alexander:
„Aus der Heimath", Verlag Hofmann, Berlin 1857
Beer - Hofmann, Richard:
„Paula - ein Fragment", Verlag der Johannespresse, New York 1949
Bettelheim-Gabillon, Helene:
„Ludwig Gabillon", Hartleben's Verlag, Wien-Budapest-Leipzig 1900
Brandauer, Klaus Maria:
„Bleiben tu ich mir nicht", Verlag für Jugend und Volk, Wien 1991
Brehm, Bruno: „Warum wir sie lieben", Verlag Styria, Graz
Broch, Hermann:
„Hofmannsthal und seine Zeit", Piper Verlag, München 1964
Burger, Hilde (Hrsg.):
„Hugo von Hofmannsthal - Harry Graf Kessler-Briefwechsel", Insel Verlag, Frankfurt 1968
Castle, Prof. Dr. Eduard:
„Lenau und die Familie Löwenthal", Max Hesses Verlag, Leipzig 1906
Chezy Helmina:
„Norika - neues ausführliches Handbuch für Alpenwanderer und Reisende", Verlag Fleischmann, München 1833
Elon, Amos:
„Morgen in Jerusalem - Theodor Herzl - sein Leben und Werk", Verlag Fritz Molden, Wien-München-Zürich 1975
Eltz, Johanna Gräfin zu:
„Das Ausseer Land", Österreichischer Verlag für Belletristik und Wissenschaft, Linz 1947
Ertl, Emil:
„Feuertaufe - neues Novellenbuch", Verlag L. Staackmann, Leipzig 1905
Felmayer, Rudolf:
„Repetenten des Lebens", Stiasny Verlag, Wien und Graz 1963
Fournier, August:
„Erinnerungen", Drei Masken Verlag, München 1923
Frischmuth, Barbara:
„Wassermänner", Residenz Verlag, Salzburg und Wien 1991
Frischmuth, Barbara:
„Tage und Jahre", Residenz Verlag, Salzburg und Wien 1971
Frischmuth, Felicitas:
„Manchmal lächelt auf den Wegen"...", Europäischer Verlag, Wien 1956
Frischmuth, Felicitas:
„Das Dorf Altaussee in Steiermark", phil. Dissertation, Innsbruck 1946
Gaiswinkler, Erich:
„Spazierwege - Wanderungen - Bergtouren im Steirischen Salzkammergut", Altaussee 1995
Geramb, Viktor von:
„Verewigte Gefährten", Verlag Kienreich, Graz 1952
Graf, Günter:
„Emmerich Millim", Schriftenreihe des Kammerhofmuseums Bad Aussee, Band 9
Hager, Christian:
„Die Eisenbahnen im Salzkammergut", Wilhelm Ennsthaler Verlag, Steyr 1992
Hamann, Brigitte (Hrsg.):
„Kaiserin Elisabeth - Das poetische Tagebuch, Verlag der Österreichischen Akademie der Wissenschaften, Wien 1984
Hevesi, Ludwig:
„Zerline Gabillon - Ein Künstlerleben", Verlag Adolf Bonz, Stuttgart 1894
Hofmannsthal, Hugo von:
„Erzählungen", S.Fischer Verlag, Frankfurt
Hofmannsthal, Hugo von:
„Briefe der Freundschaft - Eberhard von Bodenhausen", Eugen Diederichs Verlag, Berlin 1953
Hofmannsthal, Hugo von:
„Briefe 1900 - 1909", Berman Fischer Verlag, Wien
Hollwöger, Franz: „Das Ausseer Land", Norbertus-Druck, Wien
Ilwof, Fanz:
„Erzherzog Johann und seine Beziehungen zu den Alpenländern", Zeitschrift des Deutschen und Österreichischen Alpenvereins, Wien 1882
Ilwof, Franz:
„Aus Erzherzog Johanns Tagebuch - Eine Reise in Obersteiermark im Jahre 1810", Leuschner & Lubensky, Graz 1882
Jaffé, Dr. Walther:
„Alexander Baumann - Ein Beitrag zum Wiener literarischen Vormärz und zum volkstümlichen Lied in Österreich", Duncker Verlag, Leipzig 1913
Kandolf, Hans Gerhard (Hrsg.):
„Hans Vlasics oder Exil in der Heimat", Schriftenreihe des Kammerhofmuseums Bad Aussee, Band 11, Bad Aussee 1989
Kaus, Gina:
„Ein Mädchen aus Wien - und was für ein Leben", Albrecht Knaus Verlag, Hamburg 1979
Kienzl, Wilhelm:
„Meine Lebenswanderung - Erlebtes und Erschautes", Verlag Engelhorn, Stuttgart 1926
Kitzer Elsa:
„Flurdenkmäler im Ausseerland"Schriftenreihe des Kammerhofmuseums Bad Aussee, Band 13, Bad Aussee 1992
Kohl, Johann:
„Reise in Steiermark und im baierischen Hochlande", Arnoldsche Buchhandlung, Dresden und Leipzig 1842
Komarek, Alfred:
„Ausseerland - Die Bühne hinter den Kulissen", Verlag Kremayr & Scheriau, Wien 1992
Kos, Wolfgang und Krasny, Elke (Hrsg.):
„Schreibtisch mit Aussicht", Verlag Carl Ueberreuter, Wien 1995
Koschatzky, Walter (Hrsg.):
„Der Brandhofer und seine Hausfrau", Leykam, Graz 1978
Lambauer, Dr. Hannes:
„Erzherzog Johann - Sein Leben in den Bergen", Akademische Druck- und Verlagsanstalt, Graz 1982
Landgrebe, Erich:
„Österreich", Verlag Kremayr & Scheriau, Wien 1975
Langer Friedrich (Hrsg.):
„Ausseer Regenbüchlein", Eigenverlag, Bad Aussee
Leitner, Carl Gottfried:
„Die Seen bey Aussee", Steiermärkische Zeitschrift, Graz 1830

Lingens, Peter Michael:
„Das weite Land", Diners Club Magazin, Wien 1994
Lipp, Franz C.:
„Das Ausseer Gwand", Schriftenreihe des Kamemrhofmuseums Bad Aussee, Band 14, Bad Aussee 1992
Lützeler, Paul Michael:
„Hermann Broch - Eine Biographie", Suhrkamp Verlag, Frankfurt 1985
Mautner, Konrad:
„Steyerisches Rasplwerk - Vierzeiler, Lieder und Gasslreime aus Goessl am Grundlsee", Stähelin und Lauenstein, Wien 1910
Mautner, Konrad:
„Unterhaltungen der Gössler Holzknechte" Verlag des Vereines für österreichische Volkskunde, Wien 1910
Mautner, Konrad:
„Alte Lieder und Weisen aus dem steyermärkischen Salzkammergut", Stähelin und Lauenstein, Wien 1919
Mautner, Konrad und Geramb, Viktor von:
„Steirisches Trachtenbuch", Leuschner & Lubensky, Graz 1932
Mayrhuber, Alois:
„Künstler im Ausseerland", Verlag Styria, Graz 1985
Mayrhuber, Alois und Suchy, Viktor:
„Hugo von Hofmannsthal und die Kultur im steirischen Salzkammergut", Katalog zur Ausstellung Bad Aussee 1979
Messner, Reinhold (Hrsg.):
„Freiklettern mit Paul Preuß", BLV Verlagsgesellschaft, München Wien Zürich 1986
Nickl, Therese und Schnitzler Heinrich (Hrsg.):
„Hugo von Hofmannsthal - Arthur Schnitzler Briefwechsel", Fischer Taschenbuch Verlag, Frankfurt 1983
Noé, Heinrich:
„Österreichisches Seenbuch", Hugendubel Verlag, München 1983
Nowotny, Ernst (Hrsg.):
„Die Erlebnisse der Ausseer Pfeiferlbuben in der Kaiserstadt Wien - Das Reisetagebuch Albin Schramls", Schriftenreihe des Heimatmuseums „Ausseerland", Heft 2, Bad Aussee 1978
Nowotny, Ernst:
„Ein Kunstführer durch das Ausseerland", Schriftenreihe des Heimatmuseums „Ausseerland", Band 3, Bad Aussee 1981
Oberhammer, Monika:
„Sommervillen im Salzkammergut", Verlag Galerie Welz, Salzburg
Orth Elisabeth:
„Märchen meines Lebens", Verlag Fritz Molden, Wien-München-Zürich 1975
Orth Elisabeth:
„An meine Gegend", Verlag der Alpenpost, Bad Aussee 1995
Otte, Wolfgang:
„Ein Blick ins Ausseerland - Aus Albert Rastls Fotoalbum", Kleine Schriften der Abteilung Schloß Trautenfels am Steiermärkischen Landesmuseum Joanneum, 1993
Palme, Johanna:
„Eine Welt für sich - Gössl und seine Dorfgemeinschaft", Verlag der Alpenpost, Bad Aussee 1994
Pickl, Othmar (Hrsg.):
„Erzherzog Johann von Österreich - Sein Wirken in seiner Zeit", Selbstverlag der Historischen Landeskommission für Steiermark Graz 1982
Plazer, Marie von:
„Traunkirchen-Aussee. Historische Wanderungen", Verlag Moser, Graz 1907
Pohl, Eduard:
„Der Curort Aussee in Steiermark", Verlag Wilhelm Braumüller, Wien 1871
Popper, Karl R.:
„Ausgangspunkte - Meine intellektuelle Entwicklung", Hoffmann und Campe, Hamburg 1979
Perl, Walter H. (Hrsg.):
„Hugo von Hofmannsthal - Leopold von Andrian, Briefwechsel", S. Fischer Verlag, Frankfurt 1968
Prell, Gerhart:
„Totes Gebirge", OÖ. Landesverlag, Linz 1985
Rastl, Albert:
„Ausseer Land mit Dachstein", Verlag Welsermühl, Wels 1958
Rosegger, Peter:
„Wanderungen in der Heimat", L. Staackmann Verlag, München
Sartori, Dr. Franz:
„Neueste Reise durch Oesterreich ob und unter der Ens, Salzburg, Berchtesgaden, Kärnthen und Steyermark", Verlag Anton Doll, Wien 1811
Schaubach, Adolph:
„Salzburg, Obersteiermark, das Oesterreichische Gebirge und das Salzkammergut für Einheimische und Fremde", Verlag Frommann, Jena 1865
Scheible Hartmut:
„Literarischer Jugendstil in Wien", Artemis Verlag, München Zürich 1984
Schlossar, Dr. Anton:
„Erzherzog Johann von Oesterreich und sein Einfluß auf das Culturleben der Steiermark", Verlag Wilhelm Braumüller, Wien 1878
Schnitzler, Arthur:
„Jugend in Wien - Eine Autobiographie", Fischer Taschenbuch Verlag, Frankfurt 1981
Schnitzler, Arthur:
„Tagebuch 1879 - 1926", acht Bände, Verlag der Österreichischen Akademie der Wissenschaften, Wien 1987 - 1995
Schorske,Carl E.:
„Wien. Geist und Gesellschaft im Fin de Siècle" S. Fischer Verlag, Frankfurt 1982
Schosser, Anton:
„Naturbilder aus dem Leben der Gebirgsbewohner in den Grenzalpen zwischen Steyermark und dem Traunkreise", Verlag Sandböck, Steyr 1850
Schröckinger, Julius von:
„Reisegefährte durch Ober-Oesterreichs Gebirgsland", Verlag Vinzenz Fink, Linz 1851
Schultes, Joseph August:
„Reisen durch Ober-Oesterreich in den Jahren 1794, 1795, 1802, 1803, 1804 und 1808", Cotta'sche Buchhandlung, Tübingen 1809
Schumacher, August:
„Bilder aus den Alpen der Steyermark", Gräffer'sche Buchhandlung, Wien 1820
Schutting, Julian:
„Wasserfarben", Residenz Verlag, Salzburg und Wien 1991
Schweiger, Werner J. (Hrsg.):
„Das große Peter Altenberg Buch", Paul Zsolnay Verlag, Wien Hamburg 1977
Seiberl Herbert und Palme Johanna (Hrsg.):
„Gstanzln aus dem Salzkammergut - 730 Vierzeiler", Verlag der Alpenpost, Bad Aussee 1992
Stadler, Franz:
„Ausseerland - Erinnerungen in Bild und Wort 1860 - 1920", Bad Aussee
Seidl, Johann Gabriel:
„Wanderungen durch Steiermark", Georg Wigand's Verlag, Leipzig 1841
Spitzer, Daniel:
„Wiener Spaziergänge", bei Georg Müller, München und Leipzig 1912
Stifter, Adalbert:
„Feldblumen", Reclam-Verlag- Stuttgart
Thiess, Frank:
„Die Straßen des Labyrinths", Paul Zsolnay Verlag, Hamburg Wien 1951
Torberg, Friedrich:
„In diesem Sinne... Briefe an Freunde und Zeitgenossen", Ullstein Buch, Wien 1981
Torberg, Friedrich:
„Die Tante Jolesch oder Der Untergang des Abendlandes", Deutscher Taschenbuch Verlag, München 1986
Torberg, Friedrich:
„Die Erben der Tante Jolesch", Deutscher Taschenbuch Verlag, München 1985
Torberg, Friedrich:
„Auch Nichtraucher müssen sterben", Langen Müller, München Wien 1985
Traun, Julius von:
„Exkursionen eines Österreichers 1840-1879", Verlag Duncker & Humblot, Leiptig 1881
Trimmel, Emil:
„See- und Alpenbesuche in den Umgebungen Ischl´s", Typographische Kunstdruckerei Wien 1842
Viertel, Berthold:
„Kindheit eines Cherub", Antifaschistische Literatur und Exilliteratur, Wien
Waldinger Ernst:
„Noch vor dem jüngsten Tag" Otto Müller Verlag, Salzburg 1990
Waldstein, Wilhelm:
„Waage des Lebens", Leykam-Verlag, Graz 1956
Wallner, Julius:
„Beiträge zur Geschichte des Fischereiwesens in der Steiermark", Styria Graz 1911
Wassermann, Jakob:
„Tagebuch aus dem Winkel", Langen Müller, München Wien 1987
Wehle, Peter:
„Der lachende Zweite - Wehle über Wehle", Ueberreuter, Wien 1983
Weigel, Hans:
„O Du mein Österreich", Artemis Verlag, Zürich 1967
Wellesz, Egon und Emmy:
„Egon Wellesz - Leben und Werk", Paul Zsolnay Verlag, Wien Hamburg
Wunberg, Gotthart (Hrsg.):
„Die Wiener Moderne-Literatur, Kunst und Musik zwischen 1890 und 1910", Reclam, Stuttgart
Zacharasiewicz, Traute:
„Nachsommer des Biedermeier-Emilie von Binzer", Adalbert Stifter-Institut des Landes Oberösterreich, Linz 1983
Zand, Herbert:
„Kerne des paradiesischen Apfels" Europa Verlag, Wien 1971

„Weniger ist mehr"

…sagte mir mein Verleger, „das Buch will auch verkauft werden!" So strich ich schweren Herzens das Manuskript zusammen, Seite für Seite. Die Salzgewinnung fiel dem Rotstift zum Opfer, so widersinnig das in einem Buch über Aussee auch klingen mag. Aber die Schilderungen des Salzabbaus waren in der Mehrzahl trockene technische Beschreibungen, bar jedes literarischen Wertes. Die unvergleichlich schönen alten Häuser des Ausseerlandes sind in diesem Buch nicht erwähnt. Auch kam die Tracht zu kurz. Es fehlen viele Landschaftsimpressionen junger Autoren. Viele Bilder, Dutzende fotografische Dokumente blieben ungenutzt, obwohl aus geplanten 120 Abbildungen ohnedies 180 wurden. Daß der Zahn der Zeit an manchen deutliche Spuren hinterließ, bitte ich nachzusehen – Originalität ging mir manchmal vor fotografischer Qualität.

Das Buch hat zwar nur einen Autor, ist aber in Wahrheit das Werk vieler. Ausseer waren es vor allem, die mir geholfen haben.

Den Fotografen sei zuvor gedankt: vor allen anderen – in schöner Ausseer Dreieinigkeit – Ingrid Rastl aus Grundlsee, Herbert Pirker aus Bad Aussee und Franz Wimmer aus Altaussee. Ganz besonders aber auch Hans Rastl, der mir in mühevoller Arbeit das umfangreiche Archiv des unvergessenen Albert Rastl erschloß.

Erich und Monika Gaiswinkler stellten mir ebenfalls ihre reiche Fotosammlung zur Verfügung, halfen zudem mit ihrem Wissen, ebenso wie Herbert Stocker.

Dr. Rainer Hilbrand und Hans Linortner öffneten mir den Weg ins Archiv des Altausseer Literaturmuseums, Erika und Ferdinand Selzer, Cornelia Köberl und Dr. Günter Graf den zu den Raritäten des Kammerhofmuseums in Bad Aussee.

Ungenannt – weil wirklich im Besitz von Schätzen – aber nicht unbedankt sollen die Personen, Familien und traditionsreichen Ausseer Häuser bleiben, die mir Gemälde, Aquarelle und Zeichnungen aus zwei Jahrhunderten abzulichten erlaubten.

Ganz besonders danke ich den Damen der Kulturellen Arbeitsgemeinschaft Grundlsee: Nora Schönfellinger vor allen anderen, durch deren Hände und über deren Computer viele Manuskripte gingen, Dr. Johanna Palme, die mir ihr umfangreiches Gößler Archiv öffnete und zudem viele Korrekturfahnen las, Gundi Priller, die mir mit einem musikalischen Familienschatz aushalf.

Herbert Seiberl, Michael Roithner und Peter Musek waren es, die mich zu diesem Buch ermunterten.

Mag. Christiane Holler von der Neuen Galerie des Joanneums und Dr. Hannes Lambauer von der Steiermärkischen Landesbibliothek halfen mir von Graz aus mit Rat und Tat in Bild und Wort. Alexander und Claus Jesina von der gleichnamigen Galerie taten dies in Wien.

Zuletzt danke ich meiner Frau, die sich geduldig durch Berge von Papier wühlte und – unterstützt von Marietta Torberg – die Korrekturen las.

„Aussee bleibt mir das Schönste" hätte aber nicht geschrieben werden können ohne die Arbeiten dreier Männer: des Ausseer Lehrers Franz Hollwöger, des Altausseer Gendarmen Alois Mayrhuber und des Wiener Literaturwissenschaftlers Viktor Suchy. Wer sich noch mehr für Geschichte, Kunst und Kultur des Ausseerlandes, für seine Menschen interessiert, der greife zu ihren Büchern. Er wird sie im Literaturverzeichnis neben vielen anderen Titeln finden.

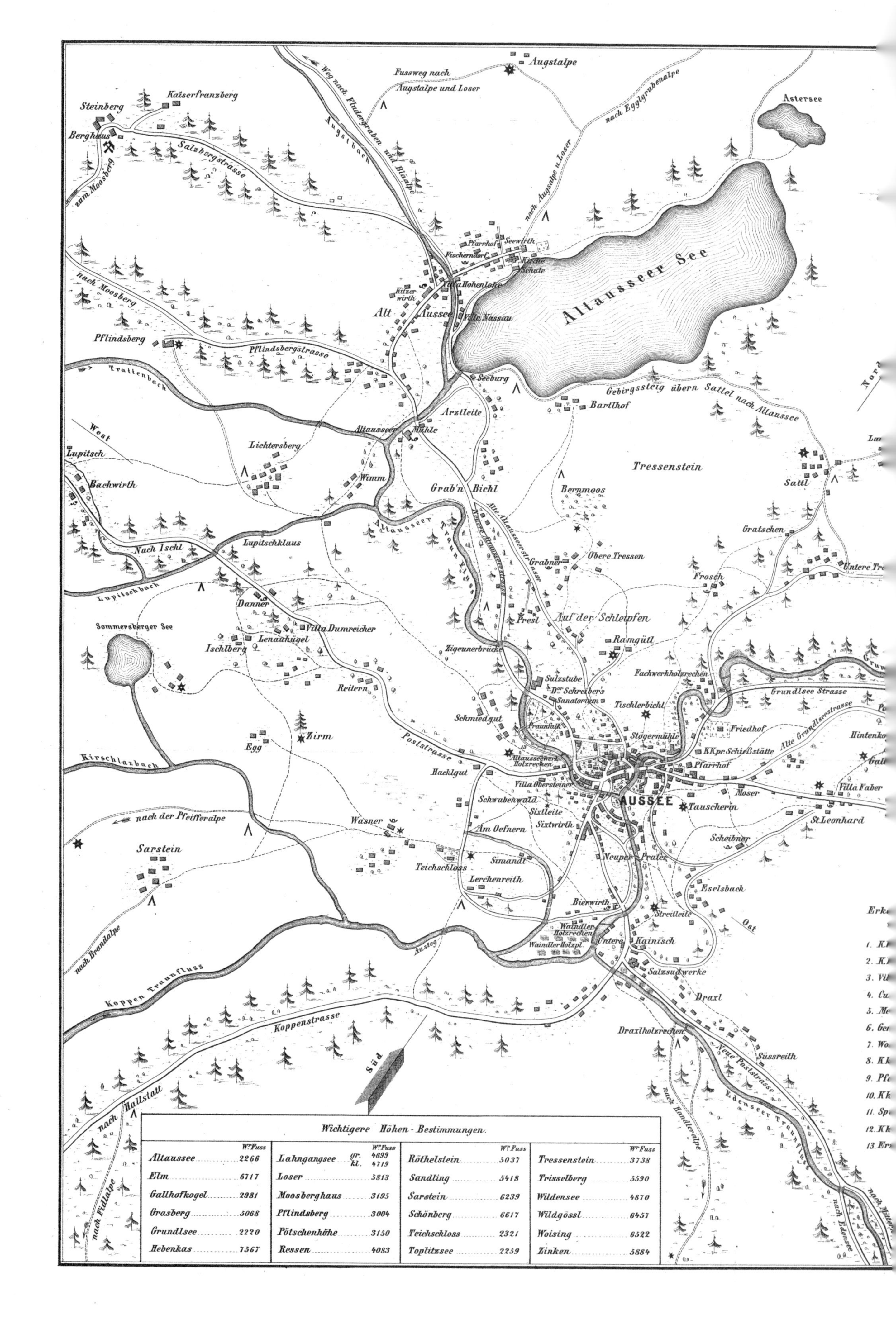

	Wr. Fuss		Wr. Fuss		Wr. Fuss		Wr. Fuss
Altaussee	2266	Lahngangsee gr. / kl.	4699 / 4719	Röthelstein	5037	Tressenstein	3738
Elm	6717	Loser	5813	Sandling	5418	Trisselberg	5590
Gallhofkogel	2981	Moosberghaus	3195	Sarstein	6239	Wildensee	4870
Grasberg	5068	Pflindsberg	3004	Schönberg	6617	Wildgössl	6457
Grundlsee	2220	Pötschenhöhe	3150	Teichschloss	2321	Woising	6522
Hebenkas	7567	Ressen	4083	Toplitzsee	2259	Zinken	5884